中国特色现代化会计人才培养系列教材

总主编 姚凤民

财智睿读

U0709241

财务管理

主　编◎姚永红

副主编◎陈雪铃 杨俏文 李美玲 饶　磊

中国财经出版传媒集团

经济科学出版社

Economic Science Press

·北京·

图书在版编目（CIP）数据

财务管理 / 姚永红主编；陈雪铃等副主编.
北京：经济科学出版社，2025.1. --（中国特色现代化会计人才培养系列教材）. -- ISBN 978 – 7 – 5218 – 6634 – 6
Ⅰ. F275

中国国家版本馆 CIP 数据核字第 2025Y7Y683 号

责任编辑：冯　蓉
责任校对：郑淑艳
责任印制：范　艳

财务管理
CAI WU GUAN LI
主　编　姚永红
副主编　陈雪铃　杨俏文　李美玲　饶　磊
经济科学出版社出版、发行　新华书店经销
社址：北京市海淀区阜成路甲 28 号　邮编：100142
总编部电话：010 - 88191217　发行部电话：010 - 88191522
网址：www.esp.com.cn
电子邮箱：esp@esp.com.cn
天猫网店：经济科学出版社旗舰店
网址：http://jjkxcbs.tmall.com
北京季蜂印刷有限公司印装
787×1092　16 开　18 印张　324000 字
2025 年 1 月第 1 版　2025 年 1 月第 1 次印刷
ISBN 978 - 7 - 5218 - 6634 - 6　定价：49.00 元
（图书出现印装问题，本社负责调换。电话：010 - 88191545）
（版权所有　侵权必究　打击盗版　举报热线：010 - 88191661
　QQ：2242791300　营销中心电话：010 - 88191537
　　　　电子邮箱：dbts@esp.com.cn）

总　序

　　中国史前人类创造计量记录符号的现实目标，是中国会计产生的历史起点①。可见，会计与人类社会的发展共生共存共进，会计学是人类历史上较为古老的知识体系，其知识谱系与方法的演进体现了人类生产的进阶与文明的进步。因此，会计人才的培养在任何时期都承载着其特有的历史使命。当今随着AI、大数据、云计算、区块链的赋能，会计逐步转向共享会计、智慧会计、数字会计，社会需要越来越多适应新时代要求的会计人才，这对会计人才培养提出了新要求、新挑战、新使命。如何提高会计人才培养质量，满足社会需求，已成为新时代我国会计教育所面临的重要任务。

　　会计教育的本质并非是单一的知识点传授，更是一种思维能力、跨学科能力、综合应用能力的培养；会计不仅仅是专业培养，更是一种职业教育，是技术含量非常高的、专业化的职业。面对当下复杂市场交易的世界以及数智技术的发展，会计人才培养应以提高系统能力与创新能力为目标，培养学生综合的会计思维与能力、数据思维与能力等，从而帮助其具备决策与创造价值的能力。会计人才能力培养的核心是会计相关课程，而课程的载体是教材，教材成为了人才培养的纽带。因此，编写能够满足社会需求和适应数智时代要求的教材是新时代给我们提出的新命题。一直以来，大多数会计类教材内容完整全面但略为繁杂，对民办高校本科学生来说存在着一些瓶颈性的学习困境。如何使"曼妙而充满魅力"的会计科学知识通过教材让教师简而精地教，让学生轻松愉快地学，同时增进学生对主动深入学习会计知识的浓厚兴趣，逐步引导其具有系统能力与创新能力，这应是当下会计教育实践中所追求的。

　　基于此，广州华商学院会计学院始终关注会计自动化和智能化、信息化和数据化、共享化和标准化的变革趋势与技术发展方向，在不断优化课程设置的基础上，组织编写了《中国特色现代化会计人才培养系列教材》。该系列教材的编写本着以下原则与理念：

　　1. 教材呈现内容更新。在教材内容上与时俱进，反映制度最新的变化以及领域最新的内容，例如反映最新的会计准则及会计法、公司法，适应新的会计准则要求和实际业务需求；反映企业数据资源相

---

① 郭道扬：《中国会计通史》第一册，中国财政经济出版社2023年版，第3页。

关会计处理，适应数字经济发展的需要；反映税法的最新变化，提升学生到岗后的宏观环境适应能力等。教材内容多维度呈现了会计专业领域的"现代化"元素。

2. 教材突出秉纲执本。"秉纲而目自张，执本而末自从"，本次教材的编写本着少而精的原则，突出重点，纲举目张。通过压缩教材内容"厚度"或"容量"，为学生留有更多的自主学习时间；通过教材内容的精，围绕能力提升而教，促使学生的提升自主学习能力。另外，本系列教材内容融入了思政元素，培养学生的家国情怀、诚信职业道德与法治意识。

3. 教材内容深入浅出。本系列教材通过知识逻辑结构图、引导案例、延伸阅读等方式体现循序渐进，由浅入深，尽量做到通俗易懂与生动有趣。特别是通过引导案例解读抽象的内容，变得更易掌握内容的逻辑或勾稽关系，更容易正确理解和把握其内容实质。

4. 教材突出基本训练。强化知识的掌握与技能的提升是教材的基本目标，教材不仅是知识传授的载体与纽带，更应该强化基本训练。本系列教材配备了学习指导书或相当数量的习题，训练的题目具有多样性、启发性，有助于学生理解应用基本知识和掌握解决问题的方法，有助于培养学生思维能力与习惯。

5. 教材形式的数字化。本系列教材在传统教材内容的基础上，通过设置二维码资源，添加视频、图片等多媒体元素，学生可通过扫描二维码的方式，链接到相关的视频等资源，增强学习体验，提高学习效果。同时，通过在教材页面设置二维码集聚相关知识内容，学生可扫码进行自主扩充学习。本系列教材中，《财务共享服务》《智能会计信息系统－基于用友 YonBIP 和用友 U8V15.0》两种教材被开创性地打造为数字教材，实现了教材形式以及教与学的创新与突破。

西汉刘安《淮南子·说林训》中所言"授人以鱼不如授人以渔"。教材不仅传授给受教者既有知识，更重要的是传授给受教者方法与能力。本系列教材尽可能地介绍清楚问题和概念的来龙去脉，尽可能地解释清楚解决问题的思路和方法，以提高学生的创新意识与探索精神。

以上是华商学院会计学院编写本套系列教材的理念与原则，本套系列教材的编写也是会计学院各位教师经多年深耕教学教研的结晶或众缘成就。受制于各种因素的影响，编写者可能做得并不是非常到位，存在着些许不足与遗憾，但也为编写者进一步完善教材提供了动力。我们希望使用这套系列教材的师生和读者多提宝贵意见，不断完善本套教材。最后，相信我们的会计教育工作者，无愧于新时代的召唤，会为我国的会计教育做出更大的贡献。

是为总序。

广州华商学院会计学院

2024 年 12 月

前　言

在经济管理的知识体系中，财务管理课程是核心支柱，对企业运营起着关键的支撑作用，在高校经济管理类专业里地位显著。

本书精心布局九章内容，其框架结构涵盖总论、财务管理的方法基础、筹资管理、筹资决策、投资管理、营运资本管理、利润分配管理、预算管理和财务分析与评价。姚永红担任主编，负责全书框架设计和编写大纲制定；陈雪铃、杨俏文、李美玲、饶磊担任副主编，负责全书的统稿。本书编写人员分工如下：姚永红、杨俏文编写第一章，饶磊编写第二章，李晶菁编写第三章，李小利编写第四章，董国平编写第五章，陈雪铃编写第六章，叶国安编写第七章，黄浠蕲编写第八章，李美玲编写第九章。

编写本教材，旨在满足学生的学习需求。考虑到学生实际情况，笔者努力让教材易懂，以简洁语言和生动案例解析复杂财务知识，助学生掌握要点。各章配备案例启示、法条链接等数字化内容，拓宽学生视野。同时，教材紧跟时代，融入新理论方法，契合理论与实践需求，期望成为学生学习和职业发展的好帮手。

本书的编写承蒙学校领导和专家教授们的大力支持与帮助，在此深表感谢。尽管我们努力使教材符合专业特点、遵循学科体系，但因编者水平有限，书中可能存在不足或错漏，恳请广大读者批评指正，以便后续进一步完善。

编者

2024 年 12 月

目 录

第一章 总论 ... 1
- 【学习目标】 ... 1
- 【本章知识逻辑结构】 ... 1
- 第一节 财务管理概述 ... 3
- 第二节 财务管理的目标 ... 9
- 第三节 财务管理的原则 ... 14
- 第四节 财务管理的环境 ... 16
- 【本章总结】 ... 22
- 【重要术语】 ... 23
- 【复习与思考】 ... 23

第二章 财务管理的方法基础 ... 24
- 【学习目标】 ... 24
- 【本章知识逻辑结构】 ... 24
- 第一节 货币时间价值 ... 25
- 第二节 风险与报酬 ... 35
- 【本章总结】 ... 42
- 【重要术语】 ... 42
- 【复习与思考】 ... 43

第三章 筹资管理 ... 44
- 【学习目标】 ... 44
- 【本章知识逻辑结构】 ... 44
- 第一节 企业筹资概述 ... 46
- 第二节 权益资金筹集 ... 53

第三节　债务资金筹集 ·· 60
　　第四节　混合性资金筹集 ·· 71
　　【本章总结】 ··· 75
　　【重要术语】 ··· 75
　　【复习与思考】 ··· 75

第四章　筹资决策 ··· 77

　　【学习目标】 ··· 77
　　【本章知识逻辑结构】 ·· 77
　　第一节　筹资方式的选择 ·· 79
　　第二节　筹资风险的衡量 ·· 92
　　第三节　资本结构优化 ·· 103
　　【本章总结】 ··· 112
　　【重要术语】 ··· 113
　　【复习与思考】 ··· 113

第五章　投资管理 ··· 114

　　【学习目标】 ··· 114
　　【本章知识逻辑结构】 ·· 114
　　第一节　投资管理概述 ·· 117
　　第二节　项目投资 ·· 121
　　第三节　证券投资管理 ·· 143
　　【本章总结】 ··· 152
　　【重要术语】 ··· 152
　　【复习与思考】 ··· 152

第六章　营运资金管理 ·· 154

　　【学习目标】 ··· 154
　　【本章知识逻辑结构】 ·· 154
　　第一节　营运资金管理概述 ·· 155
　　第二节　流动资产管理 ·· 158
　　第三节　流动负债管理 ·· 178
　　【本章总结】 ··· 184
　　【重要术语】 ··· 185
　　【复习与思考】 ··· 185

第七章　利润分配管理 ·· 186

　　【学习目标】 ··· 186

【本章知识逻辑结构】	186
第一节　利润分配概述	187
第二节　股利理论与股利政策	191
第三节　股票分割与股票回购	203
【本章总结】	208
【重要术语】	209
【复习与思考】	209

第八章　预算管理 ··· 210

【学习目标】	210
【本章知识逻辑结构】	210
第一节　预算管理概述	212
第二节　预算的编制方法	221
第三节　营业预算的编制	225
第四节　财务预算的编制	232
【本章总结】	235
【重要术语】	236
【复习与思考】	236

第九章　财务分析与评价 ··· 237

【学习目标】	237
【本章知识逻辑结构】	237
第一节　财务分析概述	238
第二节　财务分析的依据和方法	243
第三节　财务指标分析	247
第四节　综合财务分析	264
【本章总结】	270
【重要术语】	271
【复习与思考】	271

参考文献 ··· 272

附录 ··· 273

第一章

总 论

【学习目标】

1. 了解企业的几种不同的组织形式及其特点；
2. 理解财务管理的概念及其内容；
3. 掌握财务管理的目标的几种观点及其优缺点；
4. 理解财务管理的几种原则；
5. 了解财务管理的环境概念，理解金融市场的分类及其特点。

【本章知识逻辑结构】

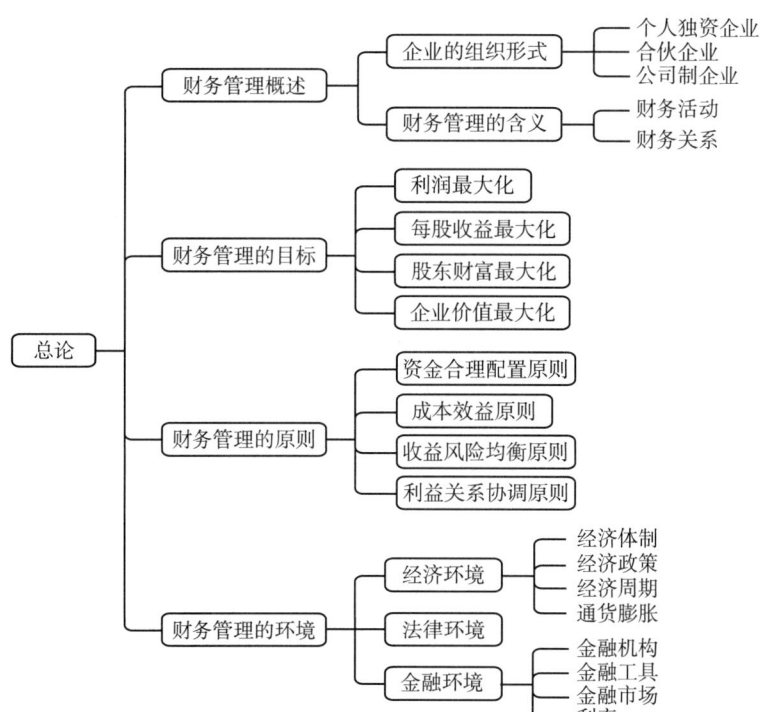

【引导案例】

海尔集团：财务管理创新驱动企业发展

在当今全球化与数字化浪潮汹涌的商业环境中，海尔集团作为全球知名的大型企业，其财务管理创新实践为我们理解财务管理提供了一个极具价值的范例。

海尔集团自成立以来，始终坚守"创业创新"理念，积极适应时代变迁，从工业时代稳步迈向互联网、物联网乃至量子时代。在这一发展进程中，海尔财务部于2007年开启了意义非凡的财务转型之旅，踏上了数字化财务管理创新的道路。

以"智算宝"这一客户履约管理平台为例，其借助先进算法与模型，将合同文本转化为结构化代码，实现模块化管理。用户可自助编辑合同，系统自动生成IT代码与计算逻辑，达成开发零等待，电子印鉴的应用还实现了签约零距离。这一创新举措使合同周期大幅缩短，从原来的10~15天锐减至0.5小时，同时每年节约开发成本90万元，纸张150万张，有效规避了线下签约风险，极大提升了工作效率。

"信用360"客户信用风险管理系统更是展现了数字化思维在风险规避中的关键作用。该系统从横向整合客户内外信息，构建360度视图；纵向贯穿客户全流程信用管理，实现与保险公司直联，一键申请、一秒申报。风险预警模块每日对海量客户进行风险扫描，自动推送预警，使风险管理全程可视，显著降低系统性操作风险。

海尔采用的非线性管理模式以"人单合一"为核心，以用户需求为导向。以"信用360"平台为例，通过沉淀业务数据，建立信用评估模型，为中小企业提供信用评估，助力其获取授信，实现金融机构与小微客户双赢。"智算宝"则通过收集签约履约数据建模分析，为签约决策、营销策略调整及网络质量监控提供有力支持，实现数据赋能。

从海尔的案例可以清晰看出，财务管理绝非简单的财务核算与资金管理。在企业发展中，财务管理通过创新应用新技术、构建数字化思维体系、实施非线性管理模式等手段，深度融入企业战略与业务流程。它涉及资金筹集、使用效率提升、风险管控、数据价值挖掘等多方面工作，以实现企业价值最大化、保障企业可持续发展为目标，这便是财务管理的核心内涵所在。

引导案例启示

资料来源：笔者根据中国总会计师：《海尔集团管理会计创新与探索：财务管理创新为财务转型赋能增值》，载于《中国总会计师》2018年第10期，第183页相关内容整理得来。

第一节 财务管理概述

在当今经济格局下，企业作为以营利为目的的经济组织，活跃于商品生产与销售以及劳务供应与协作的领域，依经济核算制原则而成为基本的生产经营单位。市场经济环境中，商品货币关系的存在必然促使价值规律充分施展其作用。由此可见，每一个企业若要谋求生存与发展，务必遵循经济规律，在国家宏观调控的指引下，以市场为导向，全力践行增产节约、增收节支，持续提升自身的经济效益与社会效益，从而实现企业的自我完善与自我发展。而财务管理则作为企业加强经济核算和生产经营管理极为关键的一项经营管理工作，贯穿企业运营的各个环节，对企业的决策制定、资源配置、风险管控等起着举足轻重的作用。只有扎实掌握财务管理知识与技能，企业才能在复杂多变的市场环境中稳步前行。那么，先让我们来了解企业的不同组织形式，以便更好地理解财务管理在各类企业中的具体应用。

一、企业的组织形式

企业组织形式是指企业存在的形态和结构方式。它反映企业的产权构成、责任承担及管理架构等。典型的企业组织形式主要有个人独资企业、合伙企业和公司制企业三类，不同组织形式在财务管理方面各具特点。理解企业组织形式有助于更好地进行财务决策与管理，以适应不同的市场环境与发展需求。

（一）个人独资企业

个人独资企业，是指依法在中国境内设立，由一个自然人投资，财产为投资人个人所有，投资人以其个人财产对企业债务承担无限责任的经营实体。个人独资企业不具有法人资格，也无独立承担民事责任的能力。但个人独资企业是独立的民事主体，可以以自己的名义从事民事活动。同时，个人独资企业的分支机构的民事责任由设立该分支机构的个人独资企业承担。在我国，个体户和私营企业大部分都属于个人独资企业。

法条链接——个人独资企业的设立条件

1. 个人独资企业的优点

（1）设立与解散的程序简单。设立和解散程序相对简单，无须与他人协商并达成一致意见。在设立方面，只需要满足一定的基本条件，如投资人身份要求等，准备相应的材料并提交给相关登记机关，经审核通过即可完成设立。而在解散时，投资人自行决定即可，完成相应的清算程序并办理注销登记。设立时对注册资金金额要求较低，降低了企业的设立门槛。

（2）经营管理的灵活自由。企业的资产所有权、控制权、经营权和收益权高度统一于投资人。政府对个人独资企业的监管相对较少，投资人能够完全根据自己的意愿确定经营策略，进行管理决策，可快速响应市场变化。

（3）不需要缴纳企业所得税。个人独资企业不缴纳企业所得税，而是缴纳个人所得税。个人所得税的计算方式分为两种：对于收入所得，适用5%~35%的五级超额累进税率；对于利息、股息、红利所得，则单独作为投资者个人的所得，按相关规定计算缴纳个人所得税。

2. 个人独资企业的缺点

（1）业主对企业债务承担无限责任。当企业资产无法清偿债务时，业主需以个人财产偿付。这虽有利于保护债权人利益，但因其风险承担方式，不适宜风险较大的行业。

（2）企业的规模有限。企业的经营所得有限、企业主个人财产有限、工作精力与管理水平有限等，这些都制约着企业经营规模的扩大。

（3）企业连续性差。企业所有权与经营权高度统一的产权结构，虽赋予企业充分自主权，但也意味着企业与业主紧密相连。业主的病、死以及其个人和家属知识、能力的缺乏，都可能导致企业破产，企业寿命有限。

法条链接——个人独资企业的解散和清算

（4）外部融资困难。个人资金有限且以个人名义借贷难度较大，使得独资企业难以从外部获得大量资本用于经营，从而限制了企业的扩展和大规模经营。

（二）合伙企业

合伙企业是指自然人、法人和其他组织依法在中国境内设立的普通合伙企业和有限合伙企业。通常，合伙人是两个或两个以上的自然人，有时也有法人或其他组织。合伙协议是合伙人享受权利和承担义务的依据。合伙企业分为普通合伙企业（其中包括特殊的普通合伙企业）和有限合伙企业。

法条链接——普通合伙企业的设立

普通合伙企业由普通合伙人组成，合伙人对合伙企业债务承担无限连带责任。普通合伙企业中包括的特殊的普通合伙企业，是指以专门知识和技能为客户提供有偿服务的专业机构，如律师事务所、会计师事务所、设计师事务所等。特殊的普通合伙企业必须在其企业名称中标明"特殊普通合伙"字样，以区别于普通合伙企业。特殊的普通合伙企业中，一个合伙人或数个合伙人在执业活动中因故意或者重大过失造成合伙企业债务的，应当承担无限责任或者无限连带责任，其他合伙人则仅以其在合伙企业中的财产份额为限承担责任。根据规定，国有独资公司、国有企业、上市公司以及公益性的事业单位、社会团体不得成为普通合伙人。

有限合伙企业由普通合伙人和有限合伙人组成，普通合伙人对合伙企业债务承担无限连带责任，有限合伙人以其认缴的出资额为限对合伙企业债务承担责任。有限合伙企业一般由 2 人以上、50 人以下的普通合伙人和有限合伙人组成，其中普通合伙人和有限合伙人都至少有 1 人。

法条链接——有限合伙企业

1. 合伙企业的优点

（1）筹资能力增强。相对于个人独资企业，合伙企业可从众多合伙人处筹集资本，且合伙人共同偿还债务，降低了银行贷款风险，使得企业筹资能力显著提高。

（2）优势互补共进。与个人独资企业相比，合伙企业能促使更多投资者在技术、知识产权、土地和资本等方面实现优势互补。众多投资者因切身利益共同谋划，集思广益，有效提升企业综合竞争力。

（3）避免双重纳税。合伙企业实现盈利后缴纳个人所得税而非企业所得税，与一般公司制企业相比，可避免双重纳税。

2. 合伙企业的缺点

（1）债务责任沉重。合伙企业的所有合伙人对于企业债务需承担无限、连带责任。这意味着每个合伙人都面临因偿还企业债务而损失其原始投资以外个人财产的风险。一旦有合伙人无力偿还应承担的债务，其他合伙人必须承担连带责任。

（2）所有权转移受限。在合伙企业中，所有权转移比较困难。法律规定合伙人转让其所有权时，需取得其他合伙人的同意，且有时甚至还需修改合伙协议。

（3）决策效率受限。由于合伙人众多，在决策过程中往往需要协商一致，容易导致决策效率低下。尤其是在意见分歧较大时，可能会陷入决策僵局，影响企业的运营和发展。

（4）合伙人关系风险。合伙人之间的关系对企业的稳定至关重要。如果合伙人之间出现矛盾、纠纷或信任危机，可能会影响企业的正常经营，甚至导致企业解体。

（5）规模扩张受限。合伙企业的规模扩张可能受到合伙人数量、资金实力和管理能力等因素的限制。与公司制企业相比，合伙企业在筹集大规模资金和进行大规模扩张方面可能面临更大的困难。

（三）公司制企业

公司是指依法在中华人民共和国境内设立的有限责任公司和股份

有限公司。公司是企业法人，有独立的法人财产，享有法人财产权。公司以其全部财产对公司的债务承担责任。其主要形式分为有限责任公司和股份有限公司两种。有限责任公司的股东以其认缴的出资额为限对公司承担责任；股份有限公司的股东以其认购的股份为限对公司承担责任。

1. 公司制企业的优点

（1）风险有限可控。公司制企业具有有限债务责任的优势。在公司中，债务属于法人而非所有者，所有者仅以其出资额为限承担有限责任。这一特点有效降低了所有者的风险，使得投资者在参与公司经营时能够更加明确自身风险边界，从而更有信心进行投资。

（2）存续稳定持久。公司可以无限存续。即使最初的所有者和经营者退出，公司依然能够依靠完善的治理结构和管理体系继续存在。这种稳定性为企业的长期发展提供了坚实基础，有利于制定和实施长期战略规划，吸引长期投资和合作伙伴。

（3）股权流转灵活。公司制企业的所有者权益被划分为若干股权份额，便于转让。尤其是股份有限公司，其股份可以自由转让，这使得投资者能够根据自身需求和市场情况灵活调整投资组合。同时，活跃的股权交易市场也为企业吸引了更多潜在投资者，提高了企业的资本流动性和价值发现功能。

（4）融资渠道多元。公司制企业容易筹集所需资金。相比个人独资企业和合伙企业，公司制企业在规模上通常较大，资本实力较强。其融资渠道丰富多样，可通过发行股票、债券等方式从资本市场筹集大量资金，也可以向银行等金融机构申请贷款。多元化的融资渠道为企业的发展提供了强大的资金支持。

（5）治理结构规范。公司制企业拥有较为规范的法人治理结构，包括股东大会、董事会、监事会等机构，各机构之间相互制衡、协调运作，能够有效保障企业决策的科学性和民主性。规范的治理结构有助于提高企业的管理效率和运营透明度，增强投资者信心。

2. 公司制企业的缺点

（1）设立成本较高。在法律层面，设立公司的要求相较个人独资企业和合伙企业更为严格，需提交一系列法律文件，且审批流程通常耗时较长。这不仅涉及复杂的法律程序和文件准备工作，还可能需要专业人士的协助，从而导致开办成本较高。

（2）代理问题凸显。所有权与经营权分离易引发代理问题。所有者作为委托人，将企业经营权交予经营者即代理人后，代理人可能出于自身利益考量而作出损害委托人利益的行为。这种代理问题可能表现为经营者追求短期业绩而忽视企业长期发展、过度在职消费等，对企业的可持续发展造成潜在威胁。

(3) 双重税负。作为独立法人，公司利润需先缴纳企业所得税。当企业利润分配给股东后，股东还需缴纳个人所得税。双重纳税加重了企业和股东的负担，在一定程度上影响了企业的盈利能力和股东的投资回报。

(4) 决策流程复杂。公司制企业决策流程相对复杂。由于存在多层治理结构，重大决策往往需要经过股东大会、董事会等多个机构的审议和批准。这虽然有助于保障决策的科学性和民主性，但也可能导致决策效率低下，错失市场机遇。

(5) 信息披露要求高。公司制企业通常面临较高的信息披露要求。为了保护股东和其他利益相关者的权益，公司需要定期向公众披露财务报表、重大事项等信息。这不仅增加了企业的管理成本，还可能面临信息泄露的风险。

二、财务管理的含义

财务管理是在一定的整体目标下，关于资产的购置（投资），资本的融通（筹资）和经营中现金流量（营运资金），以及利润分配的管理工作。简而言之，它是组织企业财务活动、处理财务关系的一项经济管理工作。企业财务是财务活动和财务关系的统一，具体指企业生产经营过程中的资金运动及其产生的经济关系。

延伸阅读——"胖东来"利益相关者财务关系与企业价值分析

（一）财务活动

企业财务活动是生产经营中的资金运动，表现为资金周转。从生产经营企业视角看，其资金运动包含以下经济内容：

1. 筹资活动

筹集资金管理是企业财务管理的重要内容。企业需根据生产经营、发展战略、投资及资本结构等需求，通过筹资渠道和资本市场，运用筹资方式，依法、经济有效地筹集资金并进行管理。一方面要科学预测筹资规模以确保所需资金；另一方面要确定合理筹资结构，降低资本成本、增加公司利益并控制风险。

2. 投资活动

投资是企业生存、发展及获利的前提。企业将筹集资金投入使用以谋求经济效益，需考虑投资规模，选择投资方向和方式以确定合适的投资结构，提高效益、降低风险。投资有对内（如购置固定资产、无形资产等）和对外（如购买股票、债券、出资组建公司等）之分。投资决策关乎企业兴衰，要科学做好投资管理。

3. 经营活动

企业日常生产经营中会发生流动资产和流动负债资金的收付。营运资金管理包括流动资产和流动负债管理，涵盖现金持有计划、应收账款信用政策、存货计划、短期借款及商业信用筹资计划等。需节约资金成本、提高使用效率，做好流动资产投融资及流动负债管理规划。

4. 分配活动

企业经营及对外投资会产生利润。利润按规定程序分配，先弥补法定年限内以前年度亏损，缴纳所得税并弥补超年限亏损，余额可分配。要确定利润支付率，平衡投资人回报与企业留存资金。过高支付率影响企业再投资能力，过低则可能引起投资人不满，对上市公司可能导致股价下跌、公司价值下降。财务人员需确定最佳分配政策。

上述财务活动的四个方面，不是相互割裂、互不相关的，而是相互联系、相互依存的。这四个方面构成了完整的企业财务活动，也是财务管理的基本内容：筹资管理、投资管理、营运资金管理、利润及其分配的管理。

（二）财务关系

财务关系是指企业在组织财务活动过程中与各有关方面发生的经济利益关系。企业财务关系主要包括以下几个方面：

1. 企业同其所有者之间的财务关系

企业与所有者之间形成经济关系，主要表现为所有者向企业投入资金，企业向所有者支付投资报酬。所有者包括国家、法人单位、个人和外商四类。所有者按约定履行出资义务以形成资本金，企业利用资本金经营获利后按规定向所有者分配利润。企业同其所有者之间的财务关系，体现为经营权与所有权的关系，反映所有权性质。

2. 企业同其债权人之间的财务关系

企业向债权人借入资金，需按借款合同规定按时支付利息和归还本金。企业为满足经营和投资需求、扩大规模常借入资金，债权人有债券持有人、贷款机构、商业信用提供者等。企业同其债权人的关系，体现为债务与债权关系。

3. 企业同其被投资单位的财务关系

企业以购买股票或直接投资形式向其他企业投资，形成投资与受资关系。企业按约定承担出资义务并参与被投资单位利润分配。企业同其被投资单位的关系，体现为所有权性质的投资与受资关系。

4. 企业同其债务人的财务关系

企业以购买债券、提供借款或商业信用等形式出借资金给其他单位。企业作为债权人，有权要求债务人按约定支付利息和归还本金。这种企业同其债务人的关系，体现为债权与债务关系。

5. 企业内部各单位之间的财务关系

在企业内部经济核算制的施行条件下，供产销等部门以及各生产单位之间相互提供的产品与劳务需进行计价结算。良好的内部财务关系，能够有力地协调各单位的行动，对企业整体的生产经营流程进行优化，实现企业资源的科学合理配置，从而提升企业的整体经济效益与竞争力。企业内部各单位之间的财务关系，体现为资金结算关系，反映了企业内部各单位的利益关联。

6. 企业与职工之间的财务关系

企业向职工支付劳动报酬，涵盖工资、津贴、奖金及代为缴纳的各类保险和公积金等。其支付依据主要是职工所提供劳动的数量与质量。这种企业与职工之间的财务关系，体现为职工与企业在劳动成果上的分配关系。

7. 企业与税务机关的财务关系

任何企业都要按照国家税法的规定缴纳各种税款，以保证国家财政收入的实现，满足社会各方面的需要。及时、足额纳税是企业对国家的贡献，也是对社会应尽的义务。企业与税务机关的关系，体现为依法纳税和依法征税的权利义务关系。

第二节 财务管理的目标

财务管理在企业运营中占据着关键地位，而明确财务管理的目标则是开展有效财务管理工作的基石。财务管理的目标是企业在特定经济环境下，通过对财务活动的组织和管理，实现企业价值最大化或股东财富最大化等特定经济目标的导向性要求。财务管理的目标旨在为企业创造价值、实现可持续发展服务。它既反映了企业所有者的期望，也关乎各利益相关方的诉求。不同的财务管理目标会引导企业作出不同的决策，进而影响企业的发展路径。在当今复杂多变的经济环境下，深入探讨财务管理的目标，对于企业合理配置资源、提升经济效益、增强竞争力具有重大意义。接下来，我们将探讨几个具体的财务管理目标。

延伸阅读——ESG 理念下企业财务管理目标重塑与数字化实现：以"走出去"快递企业为例

一、利润最大化

在财务管理目标中，"利润最大化"曾被广泛视作企业追求的重要目标之一。利润最大化假定企业财务管理以实现利润最大化为导向。其被推崇的主要原因有以下几点：首先，人类进行生产经营活动的目的在于创造更多剩余产品，在市场经济环境下，利润可作为衡量剩余产品多少的重要指标；其次，在自由竞争的资本市场中，资本的使用权往往归于获利最多的企业，这促使企业努力追求利润最大化以获取更多资本支持；最后，只有每个企业都竭力创造利润，整个社会的财富才有可能实现最大化，进而推动社会的进步与发展。

然而，以利润最大化作为财务管理目标，在实践中存在诸多难以解决的问题。其一，利润通常指企业一定时期实现的税后净利润，该目标未考虑资金的时间价值。例如，去年获利100万元与今年获利100万元，若不考虑货币时间价值，难以准确判断哪个更符合企业目标。其二，它没有反映创造的利润与投入资本之间的关系。同样获得100万元利润，一个企业投入资本500万元，另一个企业投入资本600万元，若不与投入资本额相联系，无法作出正确判断。其三，未考虑获取利润与其所承担风险的大小。同样投入500万元且本年获利100万元，一个项目已全部转化为现金，另一个项目全部是应收账款且可能发生坏账损失，在不考虑风险的情况下难以抉择。其四，片面追求利润最大化可能导致企业短期行为，与企业发展的战略目标相背离，比如忽视科技开发、产品开发、人才开发、生产安全以及履行社会责任等。

由此可见，利润最大化目标只是对经济效益的浅层次认识，存在一定片面性。现代企业财务管理理论认为，利润最大化并非财务管理的最优目标。

二、每股收益最大化

每股收益是企业实现的归属于普通股股东的当期净收益同当期发行在外普通股的加权平均数的比值。将每股收益最大化作为财务管理目标，有一定的合理性。首先，它反映了企业盈利能力与股东投入之间的关系。相比利润最大化目标，每股收益最大化更加关注股东的投入回报，体现了对股东权益的重视。通过提高每股收益，企业能够向股东展示更好的经营业绩，吸引更多的投资者。其次，在一定程度上促使企业优化资本结构和经营决策，以实现更高的每股收益。企业会努力提高净利润水平，同时合理控制普通股股数，避免过度稀释股东权益。

然而，每股收益最大化目标也存在一些不足之处。一方面，它仍然没有考虑资金的时间价值。不同时期的每股收益不能简单比较，而不考虑时间价值可能导致决策的短视。例如，当前较高的每股收益可能是以牺牲未来收益为代价获得的。另一方面，每股收益最大化目标也没有充分考虑风险因素。企业为了追求高每股收益，可能会选择高风险的投资项目，这虽然可能在短期内提升每股收益，但也增加了企业面临的风险，一旦项目失败，可能给股东带来巨大损失。此外，每股收益最大化目标可能会忽视企业的社会责任和长期发展战略。企业可能为了追求短期的每股收益增长，而忽视对环境、员工和社会的责任，影响企业的可持续发展。

综上所述，每股收益最大化目标虽然在一定程度上改进了利润最大化目标，但也存在局限性，不能作为财务管理的最优目标。

三、股东财富最大化

股东财富最大化是指通过合理的财务经营，为股东创造尽可能多的财富，以此实现企业财务管理的目标。这一目标主要源于股东作为公司所有者，承担着大部分风险，故而应享有经营活动带来的全部税后收益，其在权利、义务、风险和收益方面均大于公司的债权人、经营者及其他员工。在股份制经济条件下，股东财富由所持股票数量和股票市场价格共同决定，在股票数量既定的前提下，股票价格达到最高时，股东财富也实现最大化，亦可表述为股票价格最大化。

与利润最大化相比，股东财富最大化作为理财目标具有积极意义。首先，股票内在价值是经风险调整折现率折现后的现值，该指标能考虑收益的时间因素和风险因素。其次，股票价值作为预期值，在一定程度上可克服企业追求利润的短期行为，保障企业长期发展。最后，股东财富最大化充分体现了企业所有者对资本保值增值的要求。

然而，追求股东财富最大化也存在一些缺陷。其一，只有上市公司才能较为清晰地反映股东价值，对非上市公司适用性较差。其二，它要求金融市场有效，而股票价格变动受众多因素影响，并非公司业绩的唯一反映，所以股票价格高低不能完全体现股东财富或价值大小。其三，它更强调股东利益，对其他相关者利益重视不足。

四、企业价值最大化

企业价值指的是企业全部资产的市场价值。企业价值最大化是指通过财务上的合理经营，采取最优的财务政策，充分利用资金的时间价值以及风险与报酬的关系，将企业的长期稳定发展置于首位，强调在企业价值增长过程中应满足各方利益关系，持续增加企业财富，使企业总价值达到最大。其具有深刻内涵，宗旨在于把企业长期稳定发展放在首位，着重强调必须正确处理各种利益关系，最大限度地兼顾企业各利益主体的利益。

以企业价值最大化作为财务管理目标，具有诸多优点。其一，考虑了货币的时间价值和投资的风险价值，使决策更加科学合理。其二，反映了对企业资产保值增值的要求，符合企业发展的根本目标。

其三，有利于克服管理上的片面性和短期行为，促使企业着眼于长远发展。其四，有利于社会资源合理配置，社会资本通常会流向企业价值最大化的企业或行业，进而实现社会效益的最大化。

然而，这一目标也存在一些问题。对于非上市企业而言，无法依靠股票市价进行评判，需通过资产评估的方式确定价值，但受评估标准和方式的影响，估价往往不够客观准确。此外，企业价值尤其是股票价值并非完全由企业控制，其价格波动与企业财务状况的实际变动不一定一致，这给企业实际经营业绩的衡量带来一定困难。

尽管企业价值最大化目标存在诸多不足，不能被视为理想的财务管理目标，但在现有条件下，从理论层面来看，企业价值最大化目标仍是最合理、最完善的。

思政窗口——企业的财务管理目标与社会责任：三鹿奶粉与鸿星尔克事件

五、不同利益主体在财务管理目标上的矛盾与协调

企业价值最大化目标与企业相关者的整体利益相契合。然而，不同的相关者有着各自不同的利益诉求，在实现财务管理目标的过程中必然会引发一定的矛盾，故而需要进行协调。在协调相关者的利益冲突时，应把握的关键原则是：力求使企业相关者的利益分配在数量与时间两个维度上实现动态的协调平衡。在所有的利益冲突协调当中，所有者与经营者之间以及所有者与债权人之间的利益冲突显得至关重要。

（一）所有者与经营者的矛盾与协调

所有者与经营者之间的矛盾主要表现为代理问题。在所有权与经营权合一、所有者与经营者为一体的情况下，不会出现代理问题。然而，当经营者未持有或者仅持有很少量的公司股权时，代理问题便会产生。企业价值最大化有助于所有者获取更多的净收益，而经营者通常只获得相对固定的薪酬以及一定数量的奖金。这种所有者与经营者收益增长的不同步，使得经营者有可能漠视企业价值，更倾向于追求自身的在职高消费，例如装修豪华办公室、购置高档小汽车等。甚至可能采用不正当手段，蓄意压低股票价格，以隐蔽方式进行投机买卖以从中获利，从而致使所有者利益遭受损害。为解决这一矛盾，可采取将经营者的报酬与绩效相挂钩的办法，并辅以一定的监督奖惩措施。

1. 解聘

这是一种通过所有者约束经营者的办法。倘若经营者在决策方面出现失误，经营成效不佳，且未能采取所有有效举措使企业价值实现最大化，那么所有者可对其予以解聘。鉴于此，经营者因担心被解聘，不得不竭尽全力去实现财务管理目标。这种机制促使经营者在经营管理过程中更加审慎地进行决策，积极采取各种有效措施提升企业的价值，以确保自身的职位稳定和职业发展。同时，也为所有者提供了一种有效的监督和激励手段，保障了所有者的利益。

2. 接收

这是一种通过市场约束经营者的办法。当某个企业由于管理不善而逐渐走向衰败，致使股价大幅下跌至低于预期的合理价位时，该企业极有可能被强行收购。一旦企业被合并或者收购，经营者通常会随之遭到解聘。为了规避这种风险，经营者务必采取一切可行措施来提升股票价格。这种市场机制促使经营者在经营管理过程中更加注重企业的绩效和价值创造，以避免企业因经营不善而被市场淘汰。同时，也为企业的所有者提供了一种间接的监督手段，保障了所有者的利益。

3. 激励

激励是将经营者的报酬与绩效紧密挂钩，以此促使经营者更积极主动地采取措施以达成企业价值最大化的目标。激励通常有两种方式：一是"股票期权"方式，它允许经营者在将来某一时期以固定的价格购买公司一定数量的股票，股票的价格越高于固定价格，经营者得到的报酬就越多，经营者为了获取更大的股票涨价收益，就必然主动采取能够提高股价的行为；二是"绩效股票"方式，它是公司以每股利润、资产报酬率等指标评价经营者的业绩，按其业绩大小给予经营者数量不等的股票作为报酬。经营者为了得到这些红利股份，必然会尽心尽力使公司业绩保持增长，使股价趋于上升。

一般情况下，所有者同时采用监督与激励两种方式来协调自己和经营者的矛盾，但是不管采用哪一种措施，都不能完全消除经营者背离所有者目标的行为。监督成本、激励成本和目标偏离损失之间此消彼长，相互制约，所有者要权衡轻重，力求找出能使三项之和达到最小的解决办法。

（二）所有者与债权人的矛盾与协调

企业向债权人借入资金，从而构建起企业与债权人之间的债务债权关系。然而，企业所有者的财务目标与债权人期望达成的目标往往可能产生矛盾。债权人将资金借给企业，旨在到期收回本金并获取约定的利息收入；而企业借款则是为了拓展经营规模，以获取更大的收益。

首先，所有者可能会要求经营者改变举债资金的原本用途，将其投入到风险和预期收益均较高的项目中。如此一来，偿债风险必然增加，债权人的负债价值也会实际降低。若高风险项目获得成功，额外的利润将由所有者独自享有，而债权人仅能得到约定的固定利息收入；若项目投资失败，债权人却要与所有者共同承担由此引发的损失，这对于债权人而言，风险与收益呈现出不对称性。

其次，所有者或股东可能在未征得现有债权人同意的情况下，要求经营者发行新债或举借新债，从而致使公司负债比例上升，提高了公司的财务风险。一旦企业破产，旧债权人和新债权人共同分配破产财产，使得旧债的风险增加，发生显性或隐性的贬值。

为协调所有者与债权人之间的利益冲突，企业管理当局必须公平对待债权人，严格遵守债务契约的条款约定。若需发行新债或改变原有债务资金的用途，应及时向债权人阐明情况和原因，争取他们的谅解与合作，必要时在经济上给予补偿。债权人通常可采取以下措施来保障自身利益：其一，在债务契约中加入限制性条款，对企业的投资决策、融资决策等进行约束；其二，对企业的财务状况进行密切监督，一旦发现企业有损害债权人利益的行为，及时采取措施加以制止；其三，在企业陷入财务困境时，积极参与企业的重组和清算过程，以最大限度地保护自己的债权。

企业除了与经营者和债权人有着紧密的财务关系之外，必然还会与其他诸多相关利益者，诸如政府、员工、顾客、供应商以及竞争对手等发生各式各样的关系。股东在谋求自身利益的同时，切不可损害他人利益。国家为了维护公众利益，颁布了一系列法律法规，例如《中华人民共和国公司法》《中华人民共和国反不正当竞争法》《中华人民共和国消费者权益保护法》《中华人民共和国产品质量法》《中华人民共和国环境保护法》等，以此来协调股东与社会公众之间的利益冲突。企业除了受到立法上的制约之外，还须受到商业道德的约束，接受政府有关部门的监督以及社会公众的舆论监督等。

企业作为经济社会中的重要主体，其行为不仅影响着股东的利益，也对众多相关利益者产生着重大影响。在经营过程中，企业必须遵守国家法律法规，规范自身行为，确保股东利益与社会公众利益的平衡。立法制约为企业行为划定了明确的边界，企业若违反相关法律法规，将面临法律制裁。同时，商业道德也是企业应当遵循的重要准则，良好的商业道德有助于企业树立良好的形象，增强竞争力。政府有关部门的监督能够促使企业合法合规经营，保障社会公共利益。而社会公众的舆论监督则为企业提供了外部压力，促使企业更加注重社会责任，积极回应社会关切。只有在各方面的共同作用下，企业才能实现可持续发展，为股东创造价值的同时，也为社会作出贡献。

第三节　财务管理的原则

财务管理的原则是企业组织财务活动、处理财务关系的基本准则，是对企业财务管理实践经验的高度凝练，也是企业理财活动的行为规范,充分体现了财务管理的基本要求。从财务管理的具体实施角度来看,主要应遵循以下几项原则。

一、资金合理配置原则

资金合理配置是指通过对资金活动的组织与调节,确保各项物质资源具备最优化的结构比例关系。企业的财务管理主要围绕企业全部资金的运用展开,通过对资金的管理形成各类物质资源,其目标在于使各种物质资源达到最优化的比例关系。从资金的占用形态来看,资金从货币资金起始,依次转化为储备资金、生产资金、成品资金、结算资金,最后又回归货币资金形态,每一次转化既是一种形态的终结,又是另一种形态的开端,因而资金的运动具有继起性特点。从资金占用形态在不同空间的分布来看,各种形态的资金同时分布于供、产、销等各个生产经营过程中,这是由生产经营的连续性所决定的,由此可知资金的运动还具有并存性特点。

如上述所言,资金在占用形态上和空间上所体现出的并存性与继起性,是企业资金运动的一项重要规律。只有将企业资金按合理比例配置于不同的生产经营环节,才能保证资金运动的继起与并存,进而确保生产经营活动的顺利进行。若企业银行存款过多、库存产品滞销、应收账款难以收回,且企业未能及时采取有效措施进行调整,那么企业的生产经营必然无法顺利开展,企业的发展也必将受到影响。因此,通过合理运用资金实现企业资源的优化配置,是企业财务管理的一项基本原则。

二、成本效益原则

财务管理的成本效益原则是对企业经济活动中的花费与所得进行比较分析,衡量经济行为的得失,促使成本与收益成正比。在市场经济条件下,企业财务管理的目标在于追求企业价值最大化,即经营活动要获取最大化的经济效益。财务管理要为这一目标服务,必然要讲求成本效益,树立成本效益观念。所谓成本效益观念,即财务管理要从"投入"与"产出"的对比分析来审视"投入(成本)"的必要性与合理性。考察成本高低的标准是产出(收入)与投入(成本)之比,该比值越大,表明成本效益越高,反之则越低;考察成本应否发生的标准是产出(收入)是否大于为此发生的成本支出,若大于,则该项成本有效益,应该发生,否则不应发生。例如,企业在筹资活动中有资本成本大小的比较问题;在投资决策中有投资报酬率的对比分析问题;在日常经营活动中有营业成本与营业收入的对比分析问题。企业一切成本、费用的发生，最终都是为了获得收益，通过它们的对比分析进行财务决策。因此，成本效益原则在企业财务管理活动中得到广泛应用。

三、收益风险均衡原则

收益风险均衡原则要求企业对每一项具体的财务活动全面分析其收益性与安全性，按照风险和收益适当均衡的要求制订财务方案，在实践中趋利避害，力争在降低风险的同时获取更多收益。在市场经济条件下，企业财务活动不可避免地会遭遇各种风险。一般而言，低风险对应低收益，高风险则往往可能带来高收益。例如，在流动资金管理方面，持有较多现金可提高企业偿债能力，降低债务风险，但银行存款利息很低，基本无收益；在企业对外投资活动中，投资债券的风险低于投资股票，但投资债券的收益往往低于投资股票的收益。因此，无论是投资者还是受资者，都要求收益与风险对等，即风险越大，要求的收益越高。企业财务管理中应对决策项目的风险和收益进行全面分析与权衡，以便选择最有利的方案，提高企业经济效益。

四、利益关系协调原则

在企业财务管理中，财务活动与财务关系紧密相连。不同的财务活动中存在着不同的财务关系，如企业在筹资活动中可能涉及与投资者或债权人的利益关系；在投资活动中涉及与受资者的利益关系；在经营活动中涉及与经营者或其他利益相关者的利益关系。因此，企业在实施财务管理活动过程中，应当协调好投资者、债权人、债务人、经营者等的经济利益关系，在维护有关各方合理权益的同时，充分调动其积极性，使他们为实现企业的财务目标而齐心协力。值得注意的是，在处理好各利益相关方的经济利益关系时，必须保证企业的生产经营能够顺利、高效地运行，同时要以遵守国家法律、法规，认真执行政策为前提。

第四节　财务管理的环境

财务管理的环境，也称为理财环境，是对企业财务活动和财务管理产生影响的企业外部条件的总称。环境构成了企业财务活动的客观条件。企业的财务活动是在特定环境下进行的，必然受到环境的影响。企业资金的取得、运用和收益分配，资金的配置和利用效率，企业成本的高低、利润的多少以及资本需求量的大小，乃至企业的兼并、破产与重整，都与环境的变化有着紧密的联系。因此，财务管理要取得成功，就必须深刻认识并认真研究自身所面临的各种环境。本节主要探讨企业难以控制的几种重要环境，即经济环境、法律环境和金融环境等。

一、经济环境

在影响财务管理的各类外部环境中，经济环境最为关键。经济环境是指企业进行财务活动所处的客观经济状况，包括经济体制、经济政策、经济周期、通货膨胀状况等。

（一）经济体制

在计划经济体制下，国家统筹企业资本，统一投资并统负盈亏，企业利润统一上缴，亏损由国家全额补贴。企业虽为独立核算单位，但无独立理财权。此时财务管理活动内容较为单一，方法也相对简单。而在市场经济体制下，企业成为"自主经营、自负盈亏"的经济实体，拥有独立的经营权和理财权。企业可根据自身需求合理确定资本需要量，到市场上筹集资本，再将筹集到的资本投放到高效益项目以获取更大收益，最后根据需要和可能进行收益分配。财务管理活动自始至终依据自身条件和外部环境作出各种决策并组织实施，内容丰富，方法复杂多样。

（二）经济政策

市场经济必须遵循公开、公平、公正原则。为确保这一市场竞争原则得到切实有效的施行，国家需适当干预市场，通过制定各种经济政策对市场经济进行宏观调控。不同的宏观经济政策对企业财务管理有着不同的影响。例如，金融政策中的货币发行量与信贷规模会影响企业投资的资金来源和预期收益；财税政策会影响企业的资金结构和投资项目选择；价格政策会影响资金投向、投资回收期及预期收益；会计制度的改革会影响会计要素的确认和计量，进而对企业财务活动的事前预测、决策及事后评价产生影响。总之，企业作为社会经济的基层组织，国家经济政策的调整和宏观调控必然影响其筹资、投资和分配活动。

（三）经济周期

经济周期是指经济运行中周期性出现的经济扩张与经济紧缩交替

更迭、循环往复的现象。这种循环一般经历复苏、繁荣、衰退和萧条4个阶段。尽管有时经济周期并不明显表现为4个阶段,但经济周期在经济发展中作为一种不平衡的波动是客观存在的。经济周期不仅对企业投融资环境产生重大影响,还会影响企业生产经营活动和资金运动,从而对企业财务管理产生重大影响。企业财务人员应审时度势,采取积极措施降低经济周期对企业的消极影响。

(四)通货膨胀

在商品社会中,通货膨胀是一种较为普遍的经济现象,是指物价持续上涨导致货币购买力下降的经济现象。通货膨胀给企业财务管理带来的不利影响主要有:一是引起企业资金占用量大幅增加,从而增大企业筹资总量;二是造成企业利润虚增的假象,使企业资金大量流失;三是社会资金紧张,特别是银行贷款紧缩,增加企业筹资难度;四是利率上升,增大企业资金成本等。为减轻通货膨胀对企业造成的不利影响,企业应采取措施予以防范。在通货膨胀初期,货币面临贬值风险,企业进行投资可避免风险实现资本保值;与客户签订长期购货合同可减少物价上涨造成的损失;取得长期负债可保持资本成本稳定。在通货膨胀持续期,企业可采用严格的信用条件,减少企业债权;调整财务政策,防止和减少企业资本流失等。

二、法律环境

法律环境是指企业在与外部发生经济关系时所应遵循的有关法律、法规和规章。主要涵盖《公司法》《证券法》《金融法》《证券交易法》《经济合同法》《税法》《内部控制基本规范》等。在市场经济体制下,市场经济本质上是法治经济,企业的经济活动必然在一定的法律规范范围内进行。法律一方面对企业的非法经济行为进行约束,另一方面也为企业从事各种合法经济活动提供有力保护。

国家相关法律法规按照对财务管理内容的影响情况可分为以下几类:

(1)影响企业筹资的各种法规主要有《公司法》《证券法》《金融法》《证券交易法》等。这些法规从不同层面规范或制约着企业的筹资活动。例如,《公司法》对公司的注册资本、股东出资方式等作出规定,为企业筹集资本提供了基本框架;《证券法》规范了企业通过证券市场进行融资的行为,确保融资活动的公开、公平、公正;《金融法》和《证券交易法》则从金融市场的角度对企业筹资进行监管,保障金融市场的稳定和投资者的利益。

(2)影响企业投资的各种法规主要有《证券交易法》《公司法》

等。这些法规从不同角度规范企业的投资活动。《证券交易法》对企业在证券市场上的投资行为进行约束，防止内幕交易、操纵市场等违法行为；《公司法》规定了企业对外投资的决策程序和权限，保障股东的合法权益。

（3）影响企业收益分配的各种法规主要有《税法》《公司法》等。这些法规从不同方面对企业收益分配进行规范。《税法》规定了企业所得税等税种的计算和缴纳方式，影响企业的税后利润；《公司法》对企业的利润分配顺序、股东分红等作出规定，确保股东的收益权。

法律环境对企业的影响是多方面的。在企业组织形式方面，《公司法》规定企业可以采用独资、合伙、公司制等形式。不同的组织形式下，业主（股东）的权利责任、企业的投融资决策、收益分配方式、纳税义务以及信息披露要求等各不相同，公司治理结构也存在差异。在公司治理结构方面，法律法规明确了股东、董事会、监事会和管理层的职责权限，规范了公司的决策机制和监督机制，保障公司的健康发展。在投融资活动方面，相关法规对企业的筹资渠道、投资方向、风险控制等进行了严格规定，确保企业的投融资行为合法合规。在日常经营方面，法律环境要求企业遵守《消费者权益保护法》等法律法规，规范企业的交易行为，维护市场秩序。在收益分配方面，《税法》和《公司法》等法规确保企业在合法的前提下进行利润分配，保障股东和其他利益相关者的权益。

综上所述，法律环境是企业财务管理的重要外部因素，各类法律、法规和规章分别从不同方面约束企业的经济行为，对企业财务管理产生深远影响。企业必须充分认识法律环境的重要性，严格遵守法律法规，依法开展财务管理活动，以实现企业的可持续发展。

三、金融环境

企业在投资和经营活动中，往往需要资金支持。资金的获取渠道除了自有资金外，主要源自金融机构和金融市场。金融政策的变动必然对企业的筹资、投资以及资金营运活动产生重大影响。因此，金融环境是企业最为关键的环境因素之一。影响财务管理的主要金融环境因素包括金融机构、金融工具、金融市场以及利率等。

延伸阅读——发展数字金融，推动培育新质生产力

（一）金融机构

金融机构主要分为银行和非银行金融机构。银行作为承担信用中介的金融机构，主要经营存款、放款、汇兑、储蓄等金融业务，包括各种商业银行和政策性银行，如中国工商银行、中国农业银行、中国

银行、中国建设银行以及国家开发银行、中国农业发展银行等。非银行金融机构主要有保险公司、信托投资公司、证券公司、财务公司、金融资产管理公司、金融租赁公司等。这些金融机构在企业的资金融通中发挥着重要作用。

(二) 金融工具

金融工具是指形成一方的金融资产并形成其他方的金融负债或权益工具的合同。通过金融工具，资金得以从供给方转移至需求方。金融工具可分为基本金融工具和衍生金融工具两大类。常见的基本金融工具有企业持有的现金、从其他方收取现金或其他金融资产的合同权利、向其他方交付现金或其他金融资产的合同义务等。衍生金融工具又称派生金融工具，是在基本金融工具的基础上，通过特定技术设计形成的新金融工具，常见的衍生金融工具包括远期合同、期货合同、互换合同和期权合同等，其种类极为复杂繁多，具有高风险、高杠杆效应的特点。一般认为，金融工具具有流动性、风险性和收益性的特征。流动性是指金融工具在必要时能够迅速转变为现金而不致遭受损失的能力。风险性是指购买金融工具的本金和预定收益遭受损失的可能性，如信用风险、市场风险等。收益性是指金融工具能定期或不定期地给持有人带来收益。

(三) 金融市场

金融市场是指资金供应者和资金需求者双方通过信用工具进行交易而融通资金的市场，即实现货币借贷和资金融通、办理各种票据和进行有价证券交易活动的市场。从广义层面而言，金融市场指一切资本流动的场所，涵盖实物资本与货币资本的流动。狭义的金融市场通常是指资金市场，包含货币市场（短期资金市场）与资本市场（长期资金市场）。以期限为划分标准，金融市场可分为货币市场与资本市场。

1. 货币市场

货币市场也称短期金融市场，是以期限在一年以内的金融工具为媒介，进行短期资金融通的市场。其主要功能在于调节短期资金的融通。主要特点如下：

（1）期限较短。一般为 3~6 个月，最长不超过 1 年。

（2）交易目的旨在解决短期资金周转问题。其资金来源主要是资金所有者暂时闲置的资金，而融通资金的用途通常是弥补短期资金的不足。

（3）货币市场上的金融工具具有较强的"货币性"，呈现出流动性强、价格平稳、风险较小等特性。

货币市场主要包括拆借市场、票据市场、大额定期存单市场以及短期债券市场等。拆借市场是指银行（包括非银行金融机构）同业之间进行的短期性资本借贷活动。此类交易一般无固定场所，主要通过电信手段达成，期限按日计算，通常不超过 1 个月。票据市场涵盖票据承兑市场和票据贴现市场。票据承兑市场是票据流通转让的基础；票据贴现市场则是对未到期票据进行贴现，为客户提供短期资本融通，包括贴现、再贴现和转贴现。大额定期存单市场是买卖银行发行的可转让大额定期存单的市场。短期债券市场主要交易一年期以内的短期企业债券和政府债券，尤其是国债。短期债券的转让可通过贴现或买卖的方式进行。短期债券以其信誉良好、期限短、利率优惠等优点，成为货币市场中的重要金融工具之一。

2. 资本市场

资本市场又称长期金融市场，是以期限在一年以上的金融工具为媒介，进行长期资金交易活动的市场。其主要功能是实现长期资本的融通。主要特点为：

（1）融资期限长。至少为 1 年，最长可达 10 年甚至 10 年以上。

（2）融资目的是满足长期投资性资本的需求，用于补充长期资本，以扩大生产能力。

（3）资本借贷量大。企业无论是扩大生产规模还是进行产品研发，都需要大量的资本作为支撑。

（4）收益较高但风险也较大。资本的收益通常与风险呈正比关系。高收益的投资往往伴随着更高的风险，因为不确定性越大，投资者所要求的回报也就越高。

资本市场主要包括债券市场、股票市场和融资租赁市场等。债券市场和股票市场由证券（债券和股票）的发行与证券的流通构成。有价证券的发行是一项复杂的金融活动，一般要历经证券种类的选择、偿还期限的确定以及发售方式的选择等重要环节。在证券流通中，除了买卖双方之外，中介机构也非常活跃。这些中介主要有证券经纪人、证券商，他们在流通市场中发挥着不同的作用。融资租赁市场是通过资产租赁实现长期资金融通的市场，具有融资与融物相结合的特点。融资期限一般与资产租赁期限相一致。

（四）利率

利率，又称利息率，是指资金增值额与投入资金成本额的比值。在企业财务管理领域，资金筹集、融通以及资金投放等财务活动构成了企业财务管理工作的核心内容。

在市场经济的大环境下，企业在筹集资金的过程中，必然需要付出相应的筹资代价。与此同时，资金提供者在转让资金使用权时，也

延伸阅读——中国的利率体系与利率市场化改革

必须获得与之相应的收益。这一现象清晰地表明，企业在资金市场中对资金这一特殊商品进行买卖的活动，需要依据一定的交易价格来完成。资金购买者需要向资金供应者支付比交易资金数额更多的资金，而高于交易资金额的这部分资金，即为交易资金的增值部分。单位交易资金，也就是单位投资额的增值资金量，通常以利率的形式来进行表示。

在金融市场中，资金如同其他任何商品一般，其交易价格基本上是由供应与需求这两个关键因素所决定。当供应大于需求时，资金的交易价格即利率便会下降；而当供应小于需求时，资金的交易价格即利率则会上升。此外，其他相关因素的变化同样也会致使资金的交易价格发生变动。

一般来说，资金的利率主要由三部分构成：纯利率、通货膨胀补偿率以及风险报酬率。其中，风险报酬率又可进一步分为违约风险报酬率、流动性风险报酬率和期限风险报酬率这三种类型。

因此，利率的一般计算公式可表示为：

$$\text{利率} = \text{纯利率} + \text{通货膨胀补偿率} + \text{违约风险报酬率} + \text{流动性风险报酬率} + \text{期限风险报酬率} \quad (1.1)$$

该公式清晰地反映了影响利率的各个因素，为分析和理解金融市场中的资金价格提供了重要的理论依据。纯利率体现了资金在无风险、无通货膨胀情况下的真实收益水平；通货膨胀补偿率是为了弥补因通货膨胀而导致的货币购买力下降所给予的补偿；违约风险报酬率是对债务人可能违约所带来风险的补偿；流动性风险报酬率反映了资产变现能力的差异所带来的风险补偿；期限风险报酬率则是由于资金期限长短不同所导致的风险补偿。在实际的金融市场中，这些因素相互作用，共同决定了资金的利率水平。

【本 章 总 结】

企业组织形式是指企业存在的形态和结构方式。它反映企业的产权构成、责任承担及管理架构等。典型的企业组织形式主要有个人独资企业、合伙企业和公司制企业三类，不同组织形式在财务管理方面各具特点。

财务管理是在一定的整体目标下，关于资产的购置（投资），资本的融通（筹资）和经营中现金流量（营运资金），以及利润分配的管理工作。简而言之，它是组织企业财务活动，处理财务关系的一项经济管理工作。

财务管理的目标是企业在特定经济环境下，通过对财务活动的组织和管理，实现企业价值最大化或股东财富最大化等特定经济目标的导向性要求。财务管理的目标旨在为企业创造价值、实现可持续发展服务。财务管理的目标主要有利润最大化、每股收益最大化、股东财富最大化和企业价值最大化。

财务管理的原则是企业组织财务活动、处理财务关系的基本准则,是对企业财务管理实践经验的高度凝练,也是企业理财活动的行为规范,充分体现了财务管理的基本要求。从财务管理的具体实施角度来看,主要应遵循的原则有资金合理配置原则、成本效益原则、收益风险均衡原则和利益关系协调原则。

财务管理的环境,是对企业财务活动和财务管理产生影响的企业外部条件的总称。影响企业财务活动的几种重要环境有经济环境、法律环境和金融环境等。在影响财务管理的各类外部环境中,经济环境最为关键。法律环境是企业财务管理的重要外部因素,各类法律、法规和规章分别从不同方面约束企业的经济行为,对企业财务管理产生深远影响。金融环境是企业最为关键的环境因素之一。影响财务管理的主要金融环境因素包括金融机构、金融工具、金融市场以及利率等。

【重要术语】

企业组织形式　个人独资企业　合伙企业　公司　财务管理　财务活动　财务关系　财务管理的目标　财务管理的原则　财务管理的环境　金融工具　金融市场　货币市场　资本市场　利率

术语释义

【复习与思考】

1. 什么是企业组织形式?不同的企业组织形式具有哪些特点?
2. 什么是财务管理?财务管理的内容包括哪些方面?
3. 什么是财务管理的目标?它有哪几种不同的观点?
4. 什么是理解财务管理的原则?它主要包括哪些?
5. 什么是财务管理的环境?
6. 什么是金融市场?

第二章 财务管理的方法基础

【学习目标】

1. 理解货币时间价值的概念；
2. 掌握货币时间价值的计算；
3. 理解风险的概念和分类；
4. 掌握单项资产风险与报酬的计量；
5. 掌握组合资产风险与报酬的计量。

【本章知识逻辑结构】

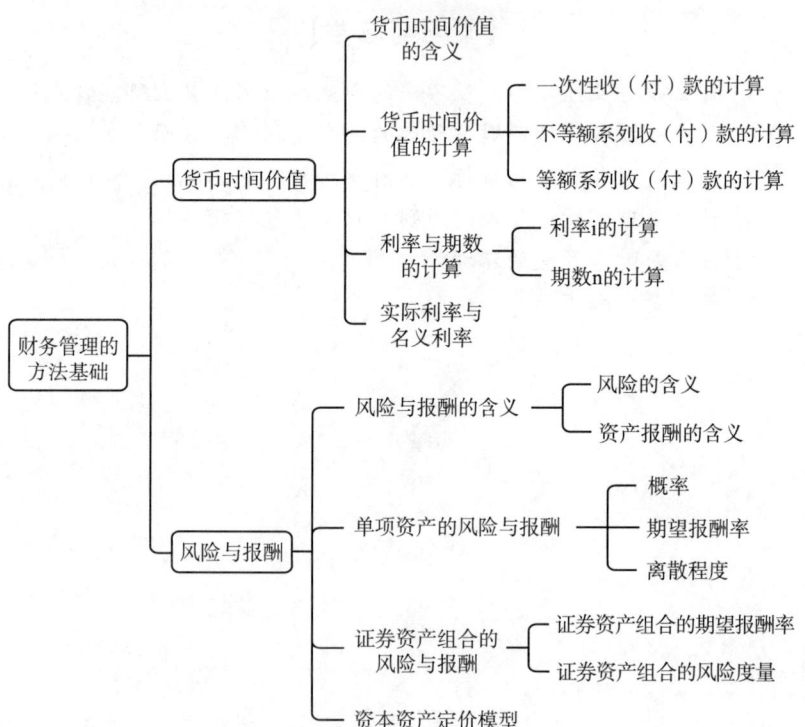

【引导案例】

比亚迪股份有限公司是一家致力于"用技术创新，满足人们对美好生活的向往"的高新技术企业。比亚迪成立于1995年2月，经过20多年的高速发展，已在全球设立30多个工业园，实现全球六大洲的战略布局。比亚迪业务布局涵盖电子、汽车、新能源和轨道交通等领域，并在这些领域发挥着举足轻重的作用。比亚迪是香港和深圳上市公司，营业额和总市值均超过千亿元。

比亚迪于2011年6月30日在深圳证券交易所上市，上市发行价是18.00元/股，募集资金约13.54亿元，市盈率为20.47。截至2024年11月11日收盘，比亚迪的股价为300.81元/股，累计涨幅达1 571.16%。

如果某投资者在比亚迪上市时，以18.00元的价格买入1 000股，一直持有到现在，他的收益额和收益率是多少？如何计算？哪些因素会影响他的收益？货币时间价值是他要考虑的因素之一吗？

如果该投资者在当时没有买入比亚迪的股票，而是将这笔资金存入银行，假如按10%的年利率，20年他的收益额和收益率又是多少？

投资者的这项投资有风险吗？存在什么风险？这些风险能够度量吗？这些风险对应的报酬是多少？

在类似这样的财务决策中，我们应清楚：什么是货币时间价值？如何计算货币时间价值？哪些因素影响货币时间价值？什么是风险？风险怎么衡量？风险与收益的关系是怎么样的？带着这些疑问，我们将进入本章货币时间价值、风险与报酬知识的学习。

资料来源：笔者根据东方财富网中比亚迪股份有限公司公开信息自编而成。

引导案例启示

第一节 货币时间价值

一、货币时间价值的含义

货币时间价值，亦称为资金时间价值，指的是货币在经历一段时间的投资与再投资后所产生的增值。在商品经济环境下，货币的价值会随时间变化，如现在的100元与一年后的100元，其经济价值并不等同。举例来说，若将现在的100元存入银行，年利率为10%，一年后将获得110元，这其中的10元增值即体现了货币的时间价值。在实际操作中，人们常以相对数值，即增值部分占原投入货币的比例来表示这一时间价值。

货币在投入生产经营过程中,其价值会随时间持续增长,这是客观存在的经济现象。每当资金完成一次循环,货币量就会有所增加,循环次数越多,增值也越大。总体而言,货币时间价值反映了货币在生产经营中的真实增值情况,其对应的价值率则代表了无风险报酬和通货膨胀条件下的社会平均利润率。在实务操作中,通常以利率或报酬率等指标来代替货币的时间价值。

二、货币时间价值的计算

在企业财务管理中,为正确进行财务决策,需明确不同时点上资金的价值关系。货币时间价值主要涉及现值和终值两大指标。现值又称为本金,是指未来某一时点上的一定量资金按一定的折现率计算得到的现在的价值,用 PV(present value)表示。终值又称为本利和,是指现在一定量资金按一定的利率计算得到的未来某一个时点的价值,用 FV(future value)表示。

利息计算通常分单利和复利两种。单利仅本金计息,而复利则是本金与逐期利息共同计息,即"利滚利"。短期内,两者差异不大,但长期而言,差异显著。例如,以 100 元投资,年利率 10%,1 年时两者终值相同;2 年时,单利终值为 120 元($100+100\times2\times10\%$),复利为 121 元(100×1.1^2),差异初现;而至 100 年,两者差异竟高达 1 376 961 元。本书中,除非特别说明,货币时间价值均按复利计算。

(一)一次性收(付)款项的计算

一次性收(付)款项的终值和现值简称为复利终值和复利现值。以下计算中以 i 表示利率或折现率(计算终值时一般叫作利率,而在计算现值时常被称为折现率,二者本质上相同),以 n 表示计算期间。

1. 复利终值

复利终值是指现在特定的资金按复利计算的在将来某一时点的价值,或者说现在的一定本金在将来一定时间按复利计算的本金与利息之和,简称为本利和。

复利终值的计算公式推导如下:

1 年后的终值:$F=P+P\times i=P\times(1+i)$

2 年后的终值:$F=[P\times(1+i)]\times(1+i)=P\times(1+i)^2$

3 年后的终值:$F=[P\times(1+i)^2]\times(1+i)=P\times(1+i)^3$

同理可推,第 n 年后的终值:$F=P\times(1+i)^n$。

上式是复利终值的一般计算公式，其中 $(1+i)^n$ 被称为复利终值系数或者 1 元的复利终值，用符号 (F/P, i, n) 表示。例如：(F/P, 10%, 3) 表示利率为 10%、期数为 3 的复利终值系数。为了方便计算，复利终值系数可查复利终值系数表。因此，复利终值公式又可以表示成：

$$F = P \times (F/P, i, n) \qquad (2.1)$$

【例 2-1】华商公司投资 1 000 万元，期限 5 年，年利率为 3%，每年复利一次，第五年年末本利和是多少？

F = 1 000 × (F/P, 3%, 5) = 1 000 × 1.1593 = 1 159.3（万元）

2. 复利的现值

复利现值是复利终值的倒数，是指未来一定时间的特定资金按复利计算的现在价值，或者说为取得将来一定本利和现在所需要的本金。

延伸阅读——
Excel 终值函数

复利现值的计算公式可由复利终值的计算公式推导得出：

因为：　　　　　　　$F = P \times (1+i)^n$

所以：　　　　　　　$P = F \times (1+i)^{-n}$

上式中，$(1+i)^{-n}$ 被称为复利现值系数或者 1 元的复利现值，用符号 (P/F, i, n) 表示。例如：(P/F, 10%, 3) 表示利率为 10%、期数为 3 的复利现值系数。为了方便计算，复利现值系数可查复利现值系数表。因此，复利现值公式又可以表示成：

$$P = F \times (P/F, i, n) \qquad (2.2)$$

【例 2-2】假如华商公司五年后要得到 1 000 万元，年利率 3%，那么现在应该一次性存入多少本金？

P = 1 000 × (P/F, 3%, 5) = 1 000 × 0.8626 = 862.6（万元）

延伸阅读——
Excel 现值函数

（二）不等额系列收（付）款项的计算

在实务中，企业除了会遇到一次性收（付）款项的业务之外，还可能会遇到多次收（付）款项且金额不相等的业务，此类收（付）款项简称为不等额系列收（付）款项。

1. 不等额系列收（付）款项的终值

不同时点的收（付）款项按照一定的利率计算的复利终值之和，称为不等额系列收（付）款项的终值。不等额系列收（付）款项的终值计算中，由于资金的发生没有规律，因此在计算时只能够先将每笔资金转化为复利终值，然后相加求和。计算公式如下：

$$F = \sum_{t=0}^{n} P_t (1+i)^{n-t} \qquad (2.3)$$

式 (2.3) 中，P_t 为第 t 时点的收付款项，i 为利率，n 为期数。

【例 2-3】华商公司第一年年初收入 200 万元，第二年年初收入

50万元,第三年年初收入200万元,年利率为3%,那么在第二年年末收入的终值是多少?

$F = 200 \times (F/P, 3\%, 2) + 50 \times (F/P, 3\%, 1) + 200$
$= 200 \times 1.0609 + 50 \times 1.0300 + 200$
$= 212.18 + 51.5 + 200$
$= 463.68$（万元）

2. 不等额系列收（付）款的现值

不同时点的收（付）款项按照一定的折现率计算的复利现值之和。同不等额系列收（付）款项的终值的计算原理一样,不等额的系列收（付）款项的现值也没有一成不变的公式。具体公式如下:

$$P = \sum_{t=0}^{n} F_t (1+i)^{-t} \qquad (2.4)$$

式（2.4）中,F_t为第 t 时点的收付款项,i 为利率,n 为期数。

【例2-4】假设银行的存款年利率是3%,华商公司计划在未来的几年里有几笔大的支出:第一年结束时需要10 000元,第二年结束时需要20 000元,到了第五年结束时还需要15 000元。那么华商公司现在应该向银行存入多少钱,才能确保在需要的时候正好有足够的资金呢?

$P = 10\,000 \times (P/F, 3\%, 1) + 20\,000 \times (P/F, 3\%, 2) + 15\,000 \times (P/F, 3\%, 5)$
$= 10\,000 \times 0.9709 + 20\,000 \times 0.9426 + 15\,000 \times 0.8626$
$= 9\,709 + 18\,852 + 12\,939$
$= 41\,500$（元）

延伸阅读——
Excel 净现值函数

（三）等额系列收（付）款项的计算

等额系列收（付）款项也可以称为年金（Annuity,简写为A）,它是指在一定时期内间隔相同且金额相等的系列款项。例如分期偿还贷款、发放养老金、分期支付租金等,都属于年金收（付）形式。按照收（付）时点和方式的不同,可以将年金分为普通年金、预付年金、递延年金和永续年金等形式,因此计算终值和现值时要区别对待。

1. 普通年金终值和现值

（1）普通年金终值。

普通年金又称为后付年金,是指每期期末等额的系列收（付）款。普通年金终值也可以简称为年金终值,它犹如零存整取的本利和。普通年金终值是一定时期内每期期末等额定期系列收付款项的复利终值之和。普通年金计算公式如下:

延伸阅读——普通年金终值计算公式推导

$$F = A \cdot \frac{(1+i)^n - 1}{i}$$

上式中，$\frac{(1+i)^n - 1}{i}$ 被称为年金终值系数，记作（F/A，i，n），为了方便计算，可以直接查阅书后的附表"年金终值系数表"。因此，年金终值公式又可以表示成：

$$F = A \cdot (F/A, i, n) \qquad (2.5)$$

【例 2-5】华商公司连续 4 年每年年末收入 400 000 元，年利率为 3%，那么在第 4 年年末收入的终值是多少？

F = 400 000 × (F/A，3%，4) = 400 000 × 4.1836 = 1 673 440（元）

（2）偿债基金。

偿债基金是指为使年金终值达到既定金额每期末应收（付）的年金数额。

根据普通年金终值计算公式：

$$F = A \cdot \frac{(1+i)^n - 1}{i}$$

可知：

$$A = F \cdot \frac{i}{(1+i)^n - 1}$$

上式中，$\frac{i}{(1+i)^n - 1}$ 叫作偿债基金系数，记作（A/F，i，n）。它可以把普通年金终值折算为每年需要收（付）的金额。偿债基金系数可根据普通年金终值系数倒数确定。因此，偿债基金的计算公式又可以表示为：

$$A = F \cdot (A/F, i, n) = \frac{F}{(F/A, i, n)} \qquad (2.6)$$

【例 2-6】华商公司有一个目标，那就是在 5 年之内偿清 200 万元的债务。为了实现这个目标，公司打算从现在起，每年年末都往银行存入一笔固定金额的钱。如果银行的年利率是 4%，那么华商公司每年应该存入多少钱才能确保 5 年后债务全部偿清呢？

$$A = \frac{2\ 000\ 000}{(F/A, 4\%, 5)} = \frac{2\ 000\ 000}{5.4163} \approx 369\ 255.77(元)$$

（3）普通年金现值。

普通年金现值是指一定时期内等额定期系列收付款项的复利现值之和。普通年金现值计算公式如下：

$$P = A \cdot \frac{1 - (1+i)^{-n}}{i}$$

上式中，$\frac{1 - (1+i)^{-n}}{i}$ 被称为普通年金现值系数，记作：（P/A，

延伸阅读——普通年金现值计算公式推导

i，n)，为了方便计算，可直接查阅书后的附表"年金现值系数表"。因此，年金现值公式又可以表示为：

$$P = A \cdot (P/A, i, n) \qquad (2.7)$$

【例2-7】华商公司投资了某个项目，从项目投产之日起，每年年底都能获得50 000元的收益。假设年利率为8%，现在需要计算这个项目在10年内所带来的总收益的现值是多少？

P = 50 000 × (P/A，8%，10) = 50 000 × 6.7101 = 335 505（元）

（4）年资本回收额。

年资本回收额是指在约定年限内等额回收初始投资额或者清偿所欠债务的金额。每次等额回收或清偿的数额相当于年金，初始所投入的资本或所欠的债务就是年金现值。

根据普通年金现值计算公式：

$$P = A \cdot \frac{1 - (1 + i)^{-n}}{i}$$

可知：

$$A = P \cdot \frac{i}{1 - (1 + i)^{-n}}$$

上式中，$\dfrac{i}{1 - (1 + i)^{-n}}$被称为资本回收系数，它可以把普通年金现值折算为年金。资本回收系数可根据普通年金现值系数确定。因此，资本回收额的计算公式又可以表示为：

$$A = P \cdot (A/P, i, n) = \frac{P}{(P/A, i, n)} \qquad (2.8)$$

【例2-8】假设华商公司以10%的利率借款2 000万元，投资于某个寿命为10年的项目，每年至少要收回多少现金才是有利的？

$$A = \frac{2\,000}{(P/A, 10\%, 10)} = \frac{2\,000}{6.1446} = 325.49（万元）$$

2. 预付年金终值和现值

（1）预付年金终值。

预付年金又称先付年金、即付年金，是指每期期初等额的系列收（付）款，它与普通年金的差别仅在于每期收（付）款的发生时间不同。预付年金终值计算公式如下：

$$F = A \cdot \frac{(1+i)^n - 1}{i} \cdot (1+i) = A \cdot (F/A, i, n) \cdot (1+i)$$

$$A \cdot \left[\frac{(1+i)^{n+1} - 1}{i} - 1 \right] = A \cdot \left[(F/A, i, n+1) - 1 \right] \qquad (2.9)$$

延伸阅读——预付年金终值计算公式推导

【例2-9】华商公司拟实施一个五年期投资计划，每年年初将投入500 000元，项目预期年化回报率为10%，那么5年后公司能够收回的款项是多少？

F = 500 000 × (F/A, 10%, 5) × (1 + 10%) = 500 000 × 6.1051 × 1.1 = 3 357 805（元）

或者：

F = 500 000 × [(F/A, 10%, 6) − 1] = 500 000 × (7.7156 − 1) = 3 357 800（元）

（2）预付年金现值。

预付年金现值计算公式如下：

$$P = A \cdot \frac{1 - (1+i)^{-n}}{i} \cdot (1+i) = A \cdot (P/A, i, n)(1+i)$$
$$= A \cdot \left[\frac{1 - (1+i)^{-(n-1)}}{i} + 1\right] = A \cdot [(P/A, i, n-1) + 1]$$
(2.10)

延伸阅读——预付年金现值计算公式推导

【例2-10】华商公司每年年初将收入50 000元，年利率为4%，那么第5年年末收入的终值是多少？

P = 50 000 × (P/A, 4%, 5) × (1 + 4%) = 50 000 × 4.4518 × 1.04 = 231 493.60（元）

或者：

P = 50 000 × [(P/A, 4%, 4) + 1] = 50 000 × (3.6299 + 1) = 231 495（元）

3. 递延年金的终值和现值

递延年金又称为延期年金，是指等额定期系列收付款项发生在第一期以后的年金。递延年金的收（付）形式如图2-1所示，前m期没有收（付）款项，后n期有等额收（付）款项。

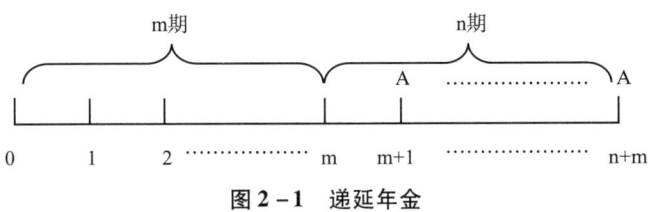

图2-1 递延年金

（1）递延年金的终值。

从图2-1可见，递延年金的终值与普通年金的终值计算方法是一样的，公式如下：

$$F = A \cdot (F/A, i, n) \quad (2.11)$$

注意：式（2.11）中的n表示A的个数，与递延期无关。

【例2-11】华商公司拟在B商场租赁铺位，租期为5年。租赁协议规定，前两年的租金全免，而从第三年年末起，公司需每年支付10万元的租金。在年利率为10%的条件下，试问到第五年年末，华商公司所需支付的总租金终值是多少?

依题意得:

F = 100 000 × (F/A, 10%, 3) = 100 000 × 3.3100 = 331 000（元）

(2) 递延年金的现值。

递延年金现值的计算方法有三种:

第一种方法，假设递延期间也有年金收（付），先求出（m+n）期的年金现值，然后扣除实际并未收（付）的递延期间（以 m 表示递延期数）的年金现值。其计算公式如下:

$$P = A \cdot (P/A, i, m+n) - A \cdot (P/A, i, m) \quad (2.12)$$

第二种方法：是把递延年金视为 n 期普通年金，求出递延期末（第 m 期期末）的现值，然后再将此现值调整到第一期期初。其计算公式如下:

$$P = A \cdot (P/A, i, n) \cdot (P/F, i, m) \quad (2.13)$$

第三种方法：先计算出递延年金终值，然后再将此终值调整到第一期期初。其计算公式如下:

$$P = A \cdot (F/A, i, n) \cdot (P/F, i, m+n) \quad (2.14)$$

【例 2-12】华商公司准备购置一处房产，付款条件是：从第 6 年开始，每年年末支付 15 万元，连续支付 10 次，共计 150 万元。假设该公司的资金成本率为 10%，则相当于该公司在第 1 年年初一次付款的金额为多少万元?（要求：用上述的三种方法进行解题）依题意得:

第一种方法：

P = 15 × [(P/A, 10%, 15) - (P/A, 10%, 5)] = 15 × (7.6061 - 3.7908) ≈ 57.23（万元）

第二种方法：

P = 15 × (P/A, 10%, 10) × (P/F, 10%, 5) = 15 × 6.1446 × 0.6209 ≈ 57.23（万元）

第三种方法：

P = 15 × (F/A, 10%, 10) × (P/F, 10%, 15) = 15 × 15.9374 × 0.2394 ≈ 57.23（万元）

4. 永续年金

永续年金是一种无限期发生的等额收（付）特种年金。它是普通年金在期限趋于无穷条件下的特殊形式。由于永续年金没有终结点，因此其没有终值的计算，而只有现值计算。由于永续年金是普通年金的特殊形式，因此，它的现值可以通过普通年金现值的计算公式推导出来:

$$P = A \cdot \frac{1 - (1+i)^{-n}}{i}$$

当 n→∞ 时，$(1+i)^{-n}$ 极限为零，故上式可写成:

$$P = \frac{A}{i} \qquad (2.15)$$

【例 2-13】华商公司计划在某一高等学府设立一个长期性的奖学金项目，该项目将在每年年底向表现卓越的学生发放 20 000 元的奖励。若当前银行储蓄的年利率维持在 2% 的水平，试问华商公司需一次性存入多少资金，方能确保此项奖学金的持续运作？

$$P = \frac{20\ 000}{2\%} = 1\ 000\ 000\ （元）$$

三、利率与期数的计算

现金流量的时间价值受四个因素影响：现值、终值、利率（折现率）及计息期数。知其三便能求其四。通常假定已知利率、期数和现值（或终值）来求解终值（或现值）。但在特定情境下，也可根据期数、终值和现值来推算利率，或由利率、终值和现值来确定计息期数。

（一）利率 i 的计算

利率的计算可以分为四步：

第一步：根据年金终值或年金现值的计算公式，推出年金终值系数值或者年金现值系数值。

第二步：根据"年金终值系数表"或者"年金现值系数表"查找相应的利率 i。

第三步：若在表中能够找到 n 所对应的 i，则是要求的利率 i。

第四步：若在表中不能够找到 n 所对应的利率 i，则在 n 这一行找到最接近题目系数值的两个相邻系数值，再根据内插法计算所要求的利率 i。

值得注意的是，内插法同样适用于复利终值和复利现值公式的求解。

【例 2-14】华商公司在首年年初投入 77.217 万元购置了一台设备，该设备无须额外安装调试即可投入使用，其使用寿命长达 10 年。在设备的整个使用周期内，每年都能稳定地为公司带来 10 万元的收益，那么这台设备为公司带来的投资收益率是多少？

根据年金现值计算公式，可得：

$77.217 = 10 \times (P/A, i, 10) \to (P/A, i, 10) = 7.7217$

在年金现值系数表中，在 n = 10 这一行刚好找到系数 7.7217，其所对应的 i = 5% 便是所要求的投资收益率。

【例 2-15】华商公司于首个年度初斥资 100 万元购置了一台设备，这台设备无须额外的安装与调试，便可即刻投入使用。其服务寿命长达五年，每年都能稳定地为华商公司带来 30 万元的收益，那么这台设备为华商公司带来的投资收益率是多少？

根据年金现值计算公式，可得：

$100 = 30 \times (P/A, i, 5) \rightarrow (P/A, i, 5) = 3.3333$

在年金现值系数表中，在 n = 5 这一行找不到相应的系数，在这一行找到 3.3333 的左右两个最接近的系数 3.3522 和 3.2743，得：

(P/A, 15%, 5) = 3.3522

(P/A, i, 5) = 3.3333

(P/A, 16%, 5) = 3.2743

根据以上可以判断，所求的 i 介于 15% ~ 16%。根据内插法可得：

利率	年金现值系数
15%	3.3522
i	3.3333
16%	3.2743

延伸阅读——
Excel 利率函数

根据上述可得：

$$\frac{3.3333 - 3.3522}{3.2743 - 3.3522} = \frac{i - 15\%}{16\% - 15\%}$$

求得：i = 15.24%。

（二）期数 n 的确定

期数的推算和利率的推算原理是一样的。

【例 2 - 16】华商公司目前拥有 20 万元的闲置资金，计划将其投资于 A 项目，并期望实现 15% 的投资回报率。那么需要经过多少年的时间，这笔资金能够增长到 100 万元？

根据复利终值计算公式，可得：

$1\,000\,000 = 200\,000 \times (F/P, 15\%, n) \rightarrow (F/P, 15\%, n) = 5$

在复利终值系数表中，在 i = 15% 这一列找不到相应的系数，在这一列找到 5 的左右两个最接近的系数 4.6524 和 5.3503，得：

(F/P, 15%, 11) = 4.6524

(F/P, 15%, n) = 5

(F/P, 15%, 12) = 5.3503

根据以上可以判断，所求的 n 介于 11 和 12 之间。根据内插法可得：

期数	复利终值系数
11	4.6524
n	5
12	5.3503

延伸阅读——
Excel 期限函数

根据上述可得：

$$\frac{n-11}{12-11} = \frac{5-4.6524}{5.3503-4.6524}$$

求得：n = 11.5 年。

四、实际利率与名义利率

在之前的学习过程中，题目给出的利率都是计息周期一年的年利率，但是在实际生活中计息周期短于一年是比较常见的情况。例如债券的付息周期按半年度或季度、银行之间的拆借为每天计息一次等，由此便产生了实际利率与名义利率之分。实际利率是指一年复利一次时，给出的利率。名义利率是指一年复利的次数超过一次时，给出的年利率。将名义利率转换为实际利率的计算公式如下：

$$i = \left(1 + \frac{r}{m}\right)^m - 1 \qquad (2.16)$$

式（2.16）中：i 为实际利率；r 为名义利率；m 为 1 年内的计息次数。

当计息期短于一年时，计算时间价值的方法有两种：第一种，将名义利率转换为实际利率，以年为期数进行计算；第二种将名义利率转换为期利率（r/m），期数调整为 n×m 期（n 表示计息年限），按调整后的期利率和期数计算。

【例 2-17】华商公司在银行存有一笔 10 万元的资金，这笔资金按照年利率 4% 计算，并且每季度都会进行一次复利。那么到了第 5 年年末的时候，这笔资金的本利和是多少？

第一种方法：$i = \left(1 + \frac{4\%}{4}\right)^4 - 1 = 4.06\%$

$F = 10 \times (1 + 4.06\%)^5 = 12.20$（万元）

第二种方法：$F = 10 \times \left(F/P, \frac{4\%}{4}, 5 \times 4\right) = 10 \times 1.2202 = 12.20$（万元）

第二节 风险与报酬

一、风险与报酬的含义

（一）风险的含义

风险是指资产未来实际收益相对预期收益变动的可能性和变动幅

度,也可以表达预期结果的不确定性,通常用不同结果出现的概率来表示。风险是一把"双刃剑",不仅可以带来超出预期的损失,也可能带来超出预期的收益。或者说,它不仅包括负面效应的不确定性,也包括正面效应的不确定性。对于风险,可以进行识别、衡量,并进行适当的管理以增加企业价值。

(二) 资产报酬的含义

资产报酬是指资产的价值在一定时期的增值。一般情况下,有两种表述资产报酬的方式:第一种方式是以金额表示的,称为资产的报酬额,通常以资产价值在一定时期内的增量来表示,该增量来源于两部分:一是期限内资产的现金收入;二是期末资产的价值相对于期初价值的升值。前者多为利息、红利或股息收益,后者称为资本利得。第二种方式是以百分比表示的,称为资产的报酬率或收益率,是资产增量与期初资产价值(价格)的比值,该收益率也包括两部分:一是利息(股息)的收益率;二是资本利得的收益率。

风险与报酬是一种对称关系,它要求等量风险带来等量报酬,即风险报酬均衡。简单来说,就是高风险要求高报酬,低风险只能获得低报酬。根据风险报酬均衡原则进行财务管理运作的一般目标是:在一定的风险水平下,使收益达到较高的水平;在收益一定的情况下,将风险维持在较低的水平。

二、单项资产的风险与报酬

风险是客观存在的,它广泛影响着企业财务活动的方方面面。因此,企业应正视风险,并力求进行精准的量化,从而为企业决策提供有力支持。然而,风险的量化并非易事。鉴于风险与概率之间的紧密关联,需要借助概率和统计方法来衡量和计算风险。在衡量风险时,主要采用方差、标准离差和标准离差率等指标。

(一) 概率

在经济活动中,存在一类在相同条件下既可能发生也可能不发生的事件,这类事件被称作"随机事件"。概率论中引入了一个数值来描述这种随机事件发生的可能性大小,这个数值被称作"概率"。按照定义,必然发生的事件的概率为1,不可能发生的事件的概率为0,而对于一般性的随机事件,其概率则是0到1之间的某个数值。概率值越大,意味着该事件发生的可能性越大;反之,概率值越小,表示该事件发生的可能性越小。通常用特定的符号 P_i 来表示概率,并且这个概率必须满足以下两个基本条件:

$$0 \leq P_i \leq 1 \qquad (2.17)$$

$$\sum_{i=1}^{n} P_i = 1 \qquad (2.18)$$

其中：P_i 表示第 i 种结果出现的概率；n 表示所有可能结果的数目。

【例 2-18】华商公司面临一个投资项目的选择，具体有 A、B 两个备选方案。假设未来经济走势分为三种可能性：繁荣、一般和衰退。各种经济情况的出现概率及其对应的预期投资回报率，详细数据列于表 2-1 中。

表 2-1　　　　　华商公司未来经济情况

市场行情	发生的概率（P_i）	A 方案的预期报酬率（X_i）（%）	B 方案的预期报酬率（X_i）（%）
繁荣	0.2	40	70
一般	0.6	20	20
衰退	0.2	0	-30
合计	1	—	—

在这里，概率表示每一种经济情况出现的可能性，同时也就是各种不同期望报酬率出现的可能性。例如，未来经济情况出现一般的可能性是 0.6。假如这种情况真的出现，A 方案可能获得 20% 的报酬率，也就是说，投资 A 方案获利 20% 的可能性是 0.6。

（二）期望报酬率

期望报酬率是各种可能的报酬率按其概率进行加权平均得到的报酬率，它是反映集中趋势的一种量度。其计算公式为：

$$\overline{K} = \sum_{i=1}^{n} K_i \cdot P_i \qquad (2.19)$$

式（2.19）中，K_i 为第 i 种结果可能出现的报酬（率），P_i 为第 i 种结果出现的概率，n 为所有可能的个数。

【例 2-19】根据【例 2-18】的数据可得：
$\overline{K}_A = 40\% \times 0.2 + 20\% \times 0.6 + 0 \times 0.2 = 20\%$
$\overline{K}_B = 70\% \times 0.2 + 20\% \times 0.6 + (-30\%) \times 0.2 = 20\%$

从上述计算结果可见，A、B 两个方案的期望报酬率均是相同的（20%），但是否说明两个方案是等同的呢？答案是否定的，例如即使方案的期望值相同，但是其风险也可能不一样。因此，还需要利用概率的方差，标准离差以及标准离差率等指标来分析方案的离散程度。通常，离散程度越高，风险越高；相反，离差程度越低，风险越低。

（三）离散程度

表示随机变量离散程度的量数，最常用的是方差和标准离差。

1. 方差

方差是用来表示随机变量与期望值之间的离散程度的一个量，计算公式如下：

$$\sigma^2 = \sum (X_i - \overline{K})^2 \cdot P_i \tag{2.20}$$

【例 2 - 20】根据【例 2 - 18】与【例 2 - 19】的数据可得：

$\delta_A^2 = (40\% - 20\%)^2 \times 0.2 + (20\% - 20\%)^2 \times 0.6 + (0 - 20\%)^2 \times 0.2 = 1.6\%$

$\delta_B^2 = (70\% - 20\%)^2 \times 0.2 + (20\% - 20\%)^2 \times 0.6 + (-30\% - 20\%)^2 \times 0.2 = 10\%$

方差由于其计算结果是一个平方，不适合作为经济意义上的度量单位。

2. 标准离差

标准离差也称为均方差，是方差的平方根。计算公式如下：

$$\sigma = \sqrt{\sum (X_i - \overline{K})^2 \cdot P_i} \tag{2.21}$$

标准离差以绝对数衡量风险的高低。在期望值相同的情况下，标准离差越大，风险越大；标准离差越小，风险越小。

【例 2 - 21】根据【例 2 - 20】的计算结果可得：

$\sigma_A = \sqrt{1.6\%} = 12.65\%$

$\sigma_B = \sqrt{10\%} = 31.62\%$

从上述结果可得，A 方案的风险要低于 B 方案的风险。

3. 标准离差率

标准离差率，也称为变异系数，是标准离差与期望值的比值，通常用符号 V 表示。计算公式如下：

$$V = \frac{\sigma}{\overline{K}} \tag{2.22}$$

标准离差率是一个相对数指标。通常，标准离差率越大，风险越大；标准离差率越小，风险越小。

【例 2 - 22】根据【例 2 - 19】与【例 2 - 21】的计算结果可得：

$V_A = \dfrac{12.65\%}{20\%} = 0.63$

$V_B = \dfrac{31.62\%}{20\%} = 1.58$

从上述结果可得，A方案的风险低于B方案的风险。此判断结果与标准离差的判断结果是一样的，但是并不是任何情况下这两个指标的判断结果均相同。只有在方案的期望值相同的情况下，二者的判断结果才总是相同的。因此，当计算得出方案的期望值相同时，可以直接根据标准离差判断风险的大小，而不需要再计算标准离差率。但是，如果方案的期望值不相同时，则必须使用标准离差率判断风险的高低。

【例2-23】华商公司投资两个项目，A项目的期望值为13%，标准离差为3.1%；B项目的期望值为12%，标准离差为62.02%。问：哪个项目的风险更高些？

分析：由于A、B项目的期望值不同，因此不可以直接根据标准离差的大小判断风险。需要分别计算A、B项目的标准离差率。

$$V_A = \frac{3.1\%}{13\%} = 0.24$$

$$V_B = \frac{62.02\%}{12\%} = 5.17$$

从计算结果可知，B项目的风险更高。

三、证券资产组合的风险与报酬

由两个或两个以上资产组成的集合被称作资产组合，若其中全为有价证券，则称为证券资产组合或证券组合。与单项资产相比，证券组合的收益和风险特点有所不同。虽然方差、标准差等是衡量风险的常用指标，但当资产成为组合部分时，这些指标就可能不再是衡量风险的有效工具。接下来，先探讨证券组合的期望报酬率计算方法，再深入讨论其风险及衡量方式。

（一）证券资产组合的期望报酬率

证券组合的期望报酬率是组成证券资产组合的各种资产收益率的加权平均数，其权数为各种资产在组合的价值比例。其计算公式为：

$$r_p = \sum_{j=1}^{m} r_j A_j \qquad (2.23)$$

其中：r_p表示期望报酬率；r_j表示第j种证券的期望报酬率；A_j表示第j种证券在全部投资额中的比重；m表示组合中的证券种类总数。

【例2-24】华商投资公司的一个投资组合，包含A、B、C三种股票，分别占比30%、40%、30%，预期收益率各自为15%、12%、10%。请计算出该组合的整体预期收益率。

$$r_p = 30\% \times 15\% + 40\% \times 12\% + 30\% \times 10\% = 12.30\%$$

(二) 证券资产组合的风险度量

1. 投资组合的风险分类

在证券资产组合中，随着资产种类的增加，某些风险能够降低甚至消除，这些被称为非系统性风险；而有些风险则无法通过增加资产种类来分散，被称为系统性风险。

非系统性风险，也被称为可分散风险或公司特定风险，指的是由个别公司特有事件引发的风险。例如，工人罢工、新产品研发失败、重要销售合同丢失或诉讼败诉等。这些事件具有非预期性和随机性，主要影响个别或少数公司，对整体市场冲击有限。投资者可以通过多样化投资策略来分散这类风险，即一家公司的不利事件可通过其他公司的有利事件得到平衡。

系统性风险又称为不可分散风险或市场风险，是影响整个市场或市场大部分资产的风险因素，无法通过分散化投资来消除。例如经济萧条、通货膨胀、战争、利率调整等。这些因素对所有证券都有影响，但影响程度有差异。因此无论投资多样化有多么充分，也不可能消除系统风险。

2. 证券资产组合的风险分散功能

证券组合的标准差，并不是单个证券标准差的简单加权平均。证券组合的风险不仅取决于组合内的各证券风险，还取决于各个证券之间的关系。两项资产组合的收益率的标准离差满足以下关系式：

$$\sigma_p = \sqrt{(A_1 \cdot \sigma_1)^2 + (A_2\sigma_2)^2 + 2A_1A_2\sigma_1\sigma_2\rho_{1,2}} \quad (2.24)$$

延伸阅读——证券组合分散风险功能推导

式（2.24）中：σ_p 表示证券资产组合的标准离差，它衡量的是证券资产组合的风险；σ_1 和 σ_2 分别表示组合中两项资产的标准离差；A_1 和 A_2 分别表示组合中两项资产所占的价值比例；$\rho_{1,2}$ 反映两项资产收益率的相关程度，称为相关系数。相关系数取值 $-1 \sim 1$。系数为 1 时，两资产收益率完全正相关，风险不能抵消。系数为 -1 时，完全负相关，风险可相互抵消，降低风险。实际中，完全相关几乎不可能，多数资产具有不完全相关关系，因此资产组合能分散风险，但无法完全消除。

3. 系统性风险的衡量

不同资产的系统性风险不同，度量一项资产的系统性风险的指标是 β 系数，它表明特定资产相对于市场组合的系统性风险是多少。市场组合是指由市场上所有资产组成的组合，其收益率是市场的平均收益率，实务中通常用股票价格指数收益率的平均值来代替。由于包含了所有的资产，市场组合中的非系统性风险已经被消除，所以市场组合的风险就是市场风险或系统性风险，市场组合相对于它自己的 β 系数是 1。

如果一项资产 β 系数等于 0.5，则表明其报酬率的变化与市场报酬率变化同向，离散程度是市场组合的一半；如果一项资产 β 系数等于 2，则表明该项资产报酬率离散程度为市场组合离散程度的 2 倍。极个别的资产 β 系数小于零，当市场平均报酬率增加时，这类资产的报酬率却在减少。总之，某一资产 β 值的大小反映了该资产报酬率变动与整个市场报酬率变动之间的相关性及程度。

对于证券资产组合来说，其所含的系统性风险的大小可以用组合 β 系数来衡量。证券资产组合的 β 系数是所有单项资产 β 系数的加权平均数，权数为各个资产在组合中所占的比重。其计算公式如下：

$$\beta_p = \sum_{i=1}^{n}(A_i \beta_i) \qquad (2.25)$$

式（2.25）中：β_p 为资产组合的 β 系数，A_i 为第 i 种股票所占的权重，β_i 为第 i 种股票的 β 系数。

四、资本资产定价模型

资本资产定价模型（Capital Asset Pricing Model，CAPM）是威廉·夏普（William Sharpe）、约翰·林特纳（John Lintner）和简·莫辛（Jan Mossin）等人在投资组合理论的基础发展起来的，是金融学中一个核心的理论模型，广泛应用于投资决策和公司理财领域。

资本资产定价模型中，所谓资本资产主要指的是股票资产，而定价则试图解释资本市场如何决定股票收益率，进而决定股票价格。

资本资产定价模型是"必要收益率 = 无风险收益率 + 风险收益率"的具体化，资本资产定价模型的一个主要贡献是解释了风险收益率的决定因素和度量方法，在资本资产定价模型中，风险收益率 = $\beta \times (R_m - R_f)$，资本资产定价模型的完整表达式为：

$$R = R_f + \beta \times (R_m - R_f) \qquad (2.26)$$

式（2.26）中，R 表示某资产的必要收益率，β 为该资产的系统性风险系数，R_m 为市场组合的平均报酬率，R_f 为无风险报酬率（一般以国库券利率衡量）。

延伸阅读——证券市场线

【例 2-25】华商公司拥有包含甲、乙、丙三种股票的资产组合，其 β 系数分别为 2.0、1.0、0.4，在资产组合中的比重为 50%、30%、20%。股票市场的平均回报率是 16%，而无风险回报率是 11%。现在需要计算该资产组合的 β 系数、风险报酬率以及必要报酬率。

依题意得：

$$\beta = 2 \times 50\% + 1 \times 30\% + 0.4 \times 20\% = 1.38$$
$$风险报酬率 = 1.38 \times (16\% - 11\%) = 6.90\%$$
$$R = 11\% + 6.9\% = 17.90\%$$

【本章总结】

货币时间价值也称为资金时间价值，是指货币经历一定时间的投资和再投资所增加的价值。货币时间价值率是没有风险报酬和通货膨胀下的社会平均利润率。在实务中，人们通常以利率、报酬率等来代替货币时间价值。现值又称为本金，是指未来某一时点上的一定量的资金按一定的折现率计算得到的现在的价值。终值又称为本利和，是指现在一定量的资金按一定的利率计算得到的未来某一个时点的价值。单利和复利是两种不同的利息计算方式。在单利情况下，只有本金计算利息，利息不计算利息；而在复利情况下，除本金计算利息之外，每经过一个计息期得到的利息也要计算利息，逐期滚算，俗称"利滚利"。等额系列收（付）款项也可以称为年金，是指在一定时期内每间隔相同时期等额收（付）的系列款项。按照收（付）时点和方式的不同，年金可以分为普通年金、预付年金、递延年金和永续年金等形式。

风险是预期结果的不确定性。风险不仅可能带来超出预期的损失，也可能带来超出预期的收益。风险与报酬是一种对称关系，它要求等量风险带来等量报酬，即风险报酬均衡。资产报酬是指资产的价值在一定时期的增值，资产报酬有两种表现形式：一种是资产报酬额（绝对数）；另一种是资产报酬率（相对数）。衡量资产风险的指标主要有方差、标准离差、标准离差率等。证券资产组合的期望报酬率等于组合各项资产报酬率的加权平均数，但是组合的风险一般不等于各项资产风险的加权平均数。根据风险按性质不同，证券资产组合风险可分为非系统性风险和系统性风险。资本资产定价模型是"必要收益率 = 无风险收益率 + 风险收益率"的具体化，资本资产定价模型的一个主要贡献是解释了风险收益率的决定因素和度量方法，在资本资产定价模型中，风险收益率 = $\beta \times (R - R_f)$，资本资产定价模型的完整表达式为 $R = R_f + \beta \times (R_m - R_f)$。

【重要术语】

货币时间价值　现值　终值　单利　复利　普通年金　预付年金　递延年金　永续年金　实际利率　名义利率　系统风险　非系统风险　资本资产定价模型

术语释义

【复习与思考】

1. 什么是货币时间价值计算中的现值（PV）和终值（FV）？
2. 什么是单利和复利？它们的主要区别是什么？
3. 什么是一次性收（付）款项的复利终值计算？如何计算？
4. 什么是不等额系列收（付）款项的现值计算？怎样计算？
5. 什么是普通年金终值和现值？它们的计算公式分别是什么？
6. 什么是预付年金？它与普通年金有什么区别？
7. 什么是递延年金？其终值和现值的计算方法有哪些？
8. 什么是名义利率和实际利率？它们之间如何转换？
9. 什么是风险与报酬？它们之间存在什么样的均衡？
10. 在资本资产定价模型（CAPM）中，什么是风险收益率？其计算公式是什么？

第三章
筹资管理

【学习目标】

1. 了解筹资的概念、种类和原则；
2. 掌握资金需求量预测的方法，特别是销售百分比法和资金习性预测法；
3. 掌握企业股权性筹资、债务性筹资和混合性筹资的方式和特点；
4. 掌握债券发行价格的影响因素及计算方法；
5. 熟悉融资租赁的特点和租金的计算；
6. 理解优先股、可转换债券以及认股权证的基本概念和特点。

【本章知识逻辑结构】

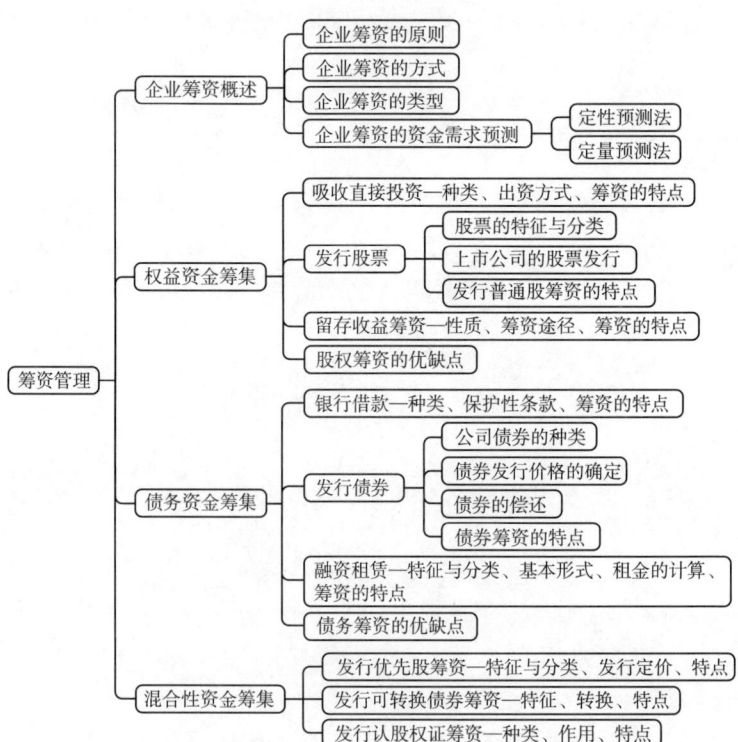

第三章 筹资管理

【引 导 案 例】

TD公司成立于21世纪初期，注册资本高达6亿元。公司深耕珠宝金融服务领域，致力于为珠宝产业圈的供应商、中间商及销售商提供全面、专业的金融服务。随着业务的不断拓展，TD公司逐渐形成了包括浮动黄金抵押贷、金银贷、批发贷、零售贷、珠宝供应链金融、珠宝易贷、票据贴现等在内的特色金融产品服务体系。

为了满足业务发展和资金需求，TD公司主要通过两种方式进行筹资：一是银行短期借款筹资；二是应收账款证券化筹资。凭借良好的信用和企业担保，TD公司在2017~2019年，从本地A银行获得了合计3亿元的信用借款，并取得了1亿元的保证借款。同时，公司还通过将高评级、稳定性强的应收账款打包成资金池，并委托证券机构进行结构化信用增级，成功发行了资产支持证券（ABS），进一步拓宽了筹资渠道。

然而，在筹资过程中，TD公司也面临着诸多风险。对于银行短期借款，公司需要承担按期偿还银行利息的风险，以及因筹资限结构不合理导致的资金流动性风险。若客户企业出现断供、逾期偿还利息或暂时不需要借款的情况，TD公司可能面临资金"躺账"的困境，不仅要支付高昂的利息费用，还可能影响企业的信用评级。此外，若公司经营业绩下滑或客户企业逾期导致坏账，TD公司还可能面临到期无法偿还本金的风险。

在应收账款证券化筹资方面，TD公司同样面临着多重风险。原始债务人的履约情况直接影响到公司的还款能力，若原始债务人无法正常还款，公司将面临违约风险。同时，市场利率的变化也可能导致公司面临提前赎回应收账款的风险，一旦启动提前赎回机制，证券化筹资产品的现金流将存在不确定性。此外，应收账款逾期、坏账等情况的发生，也会降低未来应收账款证券化的价值，增加企业的财务风险。

针对上述筹资风险，TD公司采取了一系列对策来加强筹资风险管理。首先，公司优化了筹资结构，通过综合考量行业因素、资本成本、财务风险、企业经营风险、偿债能力以及市场经济发展等因素，确定了适合公司的筹资结构模式。其次，公司提高了筹资风险识别能力，建立了风险预警制度，确保在第一时间发现风险并采取有力措施避免损失。此外，TD公司还加强了筹资活动的计划性和资金管理体系的完善性，确保筹资活动的顺利进行和资金的有效利用。同时，公司还完善了内部控制体系和内部审计制度，为管理者提供合理的筹资管理建议，为企业防范筹资风险提供有效措施。

引导案例启示

资料来源：笔者根据郭颖鑫：《珠宝贷款公司筹资风险管理问题与对策分析——以TD公司为例》，载于《现代商业》2023年第34期的相关内容整理得来。

第一节 企业筹资概述

一、企业筹资的原则

筹资活动构成了企业经营活动的基础与先决条件，是资金循环流动的起始点，对于确定企业生产经营规模及其发展进程具有至关重要的作用。具体而言，企业筹资是指企业基于其生产经营需求、对外投资规划以及资本结构优化的考量，借助多样化的筹资渠道与金融市场平台，采用适宜的筹资策略与手段，以经济高效的方式筹集并整合所需资本的一系列活动。

企业筹资是一项重要而复杂的工作，为了有效地筹集企业所需资金，必须遵循以下基本原则。

（一）合理确定资金需要量，科学安排筹资时间

企业应借助预算工具精确测定其资金需求规模及需求时段，确保筹资量与需求量之间保持动态平衡，既避免筹资不足制约生产经营活动，又防止资金过剩导致财务成本上升。

（二）合理组合筹资渠道和方式，降低资金成本

企业需全面评估各类筹资渠道与方式的可行性、资金成本及风险水平，深入分析资金来源构成，以期找到最优的资金来源组合策略，从而有效降低整体筹资成本。

（三）优化资本结构，强化筹资风险管理

在筹资活动中，企业应审慎选择并优化资本结构，实现长期资本与短期资本、债务资本与权益资本的合理配置，旨在有效应对并降低筹资过程中潜在的不确定性风险，保护企业免受经济损失。

（四）制订筹资方案，严格履行筹资合同义务

基于筹资成本、资本结构合理性及投资效益的综合评估，企业应精心设计筹资方案，确保筹资时点与资金需求时点相匹配，并充分考虑资本市场的供给能力。在方案实施过程中，筹资方与出资方需依法签订详尽的合同或协议，明确双方权责。此后，企业须严格按照筹资方案及合同条款执行，及时、足额向出资人支付报酬，按期偿还借款

本金，以维护企业的良好信誉。

二、企业筹资的方式

（一）吸收直接投资

吸收直接投资，是指企业按照"共同投资、共同经营、共担风险、共享收益"的原则，直接吸收国家、法人、个人和外商投入资金的一种筹资方式，它是形成企业资本金的一种筹资方式。

（二）发行股票

股票是股份有限公司为筹措股权资本而发行的有价证券，是公司签发的证明股东持有公司股份的凭证。股票作为一种所有权凭证，代表着股东对发行公司净资产的所有权。股票只能由股份有限公司发行，是股份公司取得权益资金的基本方式。

（三）发行债券

企业债券是企业依法发行、承诺按期还本付息的有价证券，体现了发债企业与债券持有人间的债务债权关系。债券持有人不参与企业经营管理，但享有按期收回本息的权利，并在企业破产清算时优先于股东获取剩余财产。

（四）银行借款

银行借款是企业从银行或非银行金融机构借入、需还本付息的资金，分为长期借款（偿还期超1年）和短期借款（偿还期不足1年），主要用于购建固定资产及满足流动资金需求。

（五）利用民间资本

民间资本可以为企业直接提供筹资来源。在我国，企业和事业单位的职工以及广大城乡居民手中持有数额可观的货币资本，这些资本可直接投入一些企业，从而为企业的筹资活动提供不可或缺的资本来源。

（六）利用留存收益

留存收益筹资是指企业将经营所得的净收益保留在企业内部，而非作为股利分配给股东，实质上是原股东对企业的追加投资。此方式为企业筹集权益资金的重要途径，适用于所有盈利企业作为融资手段。

（七）融资租赁

融资租赁是一种基于信用的业务模式，租赁公司依据承租企业需求购置资产，并在长期租赁协议下供其使用。此模式旨在协助承租企业融通资金，本质上具备融资属性。因此，融资租赁已成为现代市场经济中企业获取长期债务性资本的关键筹资途径之一。

三、企业筹资的类型

企业筹集资金的方式按照不同角度通常可以分为以下几种类型：

（一）资本属性分类

按照资本属性的不同，可将企业筹资分为股权性筹资、债务性筹资和混合性筹资。股权性筹资构成企业的权益资本，为企业合法持有并长期可支配的资本，包括投入资本、资本公积、盈余公积及未分配利润（按国际惯例，主要为实收资本与留存收益）。债务性筹资形成企业的债务资本，为企业依法取得、按协议使用并需按期偿付的资本，通常通过银行信贷、非银行金融机构、其他法人、民间及境内外资本等渠道，采用长期借款、债券发行及融资租赁等方式获取。混合性筹资是指兼具股权与债务特性的长期筹资方式，主要包括优先股发行与可转换债券发行。

（二）金融机构参与分类

按照是否通过金融机构，可将企业筹资分为直接筹资和间接筹资。直接筹资是指企业不借助银行等金融机构，直接与资本所有者协商融通资本的一种筹资活动。直接筹资的工具主要包括商业票据、股票、债券等。间接筹资是指企业借助银行等金融机构融通资本的筹资活动。典型的间接筹资方式是银行借款和融资租赁。

（三）资金使用期限分类

按照所筹资金使用期限的不同，可将企业筹资分为短期资金筹集与长期资金筹集。短期资金筹集是指为满足企业临时性流动资金需要而进行的筹资活动。短期资金筹集方式包括商业信用、短期银行借款等。长期资金筹集是指筹集和管理可供企业长期（一般为1年以上）使用的资本。长期资金筹集方式包括吸收直接投资、发行股票、发行公司债券、长期借款、融资租赁和内部积累。

(四) 资金取得方式分类

按照资金的取得方式不同,可将企业筹资分为内源筹资和外源筹资。内源筹资指的是企业将内部积累的储蓄资源转化为投资的行为,例如利用留存收益进行再投资。此类筹资方式通常不涉及额外的筹资成本。外源筹资是指企业从外部经济主体筹集闲置资金的过程。多数情况下,企业的外源筹资伴随着筹资费用的产生,比如发行股票或债券时需支付发行成本,以及获取长期借款时需承担的手续费用。

四、企业筹资的资金需求预测

资金需求量预测是指企业基于其生产经营活动的实际需求,对未来所需资金规模进行预估与测算的过程。该预测结果是企业进行筹资决策的数据基础,必须确保预测的科学性与合理性,以便筹集的资金既能充分满足企业发展的需求,又避免不必要的资金闲置,进而推动企业财务管理目标的实现。以下将介绍几种常用的资金需求量预测方法。

(一) 定性预测法

定性预测法是一种依据调研所得信息与数据,结合预测者的专业知识与经验,对资金需求量进行的判断性预估。此方法通常不提供精确的量化结果,而是侧重于定性评估某一事件的发展趋势、优劣程度及可能发生的概率。其准确性高度依赖于预测者的专业素养与经验积累。在进行定性预测时,虽然会综合多方意见并全面阐述财务问题,但也需将定性的财务资料进行量化,这并不改变其定性预测的本质。定性预测主要基于经济理论与现实情境,进行理性且逻辑严密的分析与论证,辅以定量手段作为支持,通常在历史数据不完整或精确度不足的情况下采用。

常见的定性预测法

(二) 定量预测法

1. 销售百分比法

销售百分比法是一种基于销售增长与资产增长关联性的资金需求预测方法。随着企业销售规模的扩大,需相应增加流动资产,并在销售大幅增长时增加长期资产。为满足这些资产增长的资金需求,企业需筹集资金,资金来源包括留存收益和外部融资。在销售增长率较高时,仅靠留存收益往往难以满足资金需求,即便是盈利良好的企业也需借助外部融资。因此,企业需预先评估筹资需求并制定相应的筹资计划,以避免潜在的资金短缺问题。

销售百分比法通过关联销售因素与资产因素，依据销售与资产间的比例关系预测企业外部筹资需求。该方法预设资产与销售额存在稳定比例，据此预估资产总额，并进一步推算负债与所有者权益，最终确定筹资需求。

销售百分比法的基本步骤如下：

（1）识别随销售额变动而波动的资产与负债项目。资产作为资金运用的产物，其经营性项目会随销售额变动而占用更多资金。相应地，经营性资产的增加会带动经营性短期负债的增长，例如存货增加会伴随应付账款的增加，这类负债被视作自动性负债，能为企业提供临时性资金支持。经营性资产与经营性负债的差额通常与销售额保持稳定的比例关系。这里，经营性资产项目包括库存现金、应收账款、存货等项目；而经营性负债项目包括应付票据、应付账款等项目，不包括短期借款、短期融资券、长期负债等筹资性负债。

（2）确定经营性资产与经营性负债有关项目与销售额的稳定比例关系。如果企业资金周转的营运效率保持不变，经营性资产与经营性负债会随销售额的变动而呈正比例变动，保持稳定的百分比关系。企业应当根据历史资料和同业情况，剔除不合理的资金占用，寻找与销售额的稳定百分比关系。

（3）预计由于销售增长而需要的资金需求增长额，扣除利润留存后，即为所需要的外部筹资额。

$$外部融资需求量 = \frac{A}{S_1} \times \Delta S - \frac{B}{S_1} \times \Delta S - P \times E \times S_2 \quad (3.1)$$

式（3.1）中，A 为随销售而变化的敏感性资产，B 为随销售而变化的敏感性负债，S_1 为基期销售额，S_2 为预测期销售额，ΔS 为销售变动额，P 为销售净利率，E 为利润留存率；A/S_1 为敏感性资产与销售额的关系百分比，B/S_1 为敏感性负债与销售额的关系百分比。

【例 3-1】华商公司 2023 年 12 月 31 日的简要资产负债表如表 3-1 所示。假定华商公司 2023 年销售额为 10 000 万元，销售净利率为 20%，利润留存率为 40%。2024 年销售额预计增长 30%，公司有足够的生产能力，无须追加固定资产投资。

首先，确定有关项目及其与销售额的关系百分比。在表 3-1 中，N 为不变动，是指该项目不随销售的变化而变化。

其次，确定需要增加的资金量。从表 3-1 中可以看出，销售收入每增加 100 元，必须增加 50 元的资金占用，但同时自动增加 15 元的资金来源，两者差额还有 35% 的资金需求。因此，每增加 100 元的销售收入，公司必须取得 35 元的资金来源，销售额从 10 000 万元增加到 13 000 万元，按照 35% 的比率可预测将增加 1 050 万元的资金需求。

表3-1　　　华商公司资产负债表（2023年12月31日）　　　单位：万元

资产	金额	与销售关系（%）	负债与权益	金额	与销售关系（%）
货币资金	500	5	短期借款	2 500	N
应收账款	1 500	15	应付账款	1 500	15
存货	3 000	30	应付债券	1 000	N
固定资产	3 000	N	实收资本	2 000	N
			留存收益	1 000	N
合计	8 000	50	合计	8 000	15

最后，确定外部融资需求的数量。2024年的净利润为2 600万元（13 000×20%），利润留存为40%，则将有1 040万元利润被留存下来，还有10万元的资金必须从外部筹集。

根据华商公司的资料，可求得对外融资的需求量为：

外部融资需求量 = 50% × 3 000 - 15% × 3 000 - 40% × 2 600 = 10（万元）

销售百分比法具备显著优点，它能够为筹资管理工作提供短期预计的财务报表，从而有效适应外部筹资的实际需求，而且该方法易于操作使用。然而，当相关因素发生变动时，就必须对原有的销售百分比进行相应的调整。

2. 资金习性预测法

资金习性预测法，系依据资金与产销量之间的依存关系预测未来资金需求的一种方法。资金习性，即资金变动与产销量变动之间的相关性。据此，资金可分为不变资金、变动资金和半变动资金三类。

不变资金，指在一定产销量范围内不受产销量变动影响的固定资金部分，包括维持营业所需的最低现金储备、原材料保险储备、必要成品储备及厂房、机器设备等固定资产占用资金。

变动资金，则是随产销量变动而同比例变化的资金，主要包括直接构成产品实体的原材料、外购零部件占用资金，以及最低储备外的现金、存货、应收账款等。

半变动资金，虽受产销量影响但非同比例变动，如辅助材料占用资金，可通过一定方法将其分解为不变资金和变动资金两部分。

线性回归分析法是根据历史上企业资金占用总额与产销量之间的关系，把资金分为不变和变动两部分，然后结合预计的销售量来预测资金需要量。

设产销量为自变量X，资金占用为因变量Y，它们之间的关系可用下式表示：

$$Y = a + bX \qquad (3.2)$$

式（3.2）中，a 为不变资金；b 为单位产销量所需变动资金。

可见，只要求出 a 和 b，并知道预测期的产销量，就可以用上述公式测算资金需求情况。a 和 b 可用回归直线方程求出。

$$a = \frac{\sum X_i^2 \sum Y_i - \sum X_i \sum X_i Y_i}{n \sum X_i^2 - (\sum X_i)^2}, \quad b = \frac{n \sum X_i Y_i - \sum X_i \sum Y_i}{n \sum X_i^2 - (\sum X_i)^2}$$

【例 3-2】某企业历年产销量和资金变化情况如表 3-2 所示，根据表 3-2 整理出表 3-3。2024 年该企业预计销售量为 1 500 万件，预计 2024 年资金需要量为多少？

表 3-2　　　　　　　　产销量与资金变化情况

年份	产销量（X）（万件）	资金占用（Y）（万元）
2018	1 200	1 000
2019	1 100	950
2020	1 000	900
2021	1 200	1 000
2022	1 300	1 050
2023	1 400	1 100

表 3-3　　　　　　　　资金需要量预测（按总额预测）

年份	产销量（X）（万件）	资金占用（Y）（万元）	XY	X²
2018	1 200	1 000	1 200 000	1 440 000
2019	1 100	950	1 045 000	1 210 000
2020	1 000	900	900 000	1 000 000
2021	1 200	1 000	1 200 000	1 440 000
2022	1 300	1 050	1 365 000	1 690 000
2023	1 400	1 100	1 540 000	1 960 000
合计 n=6	∑X = 7 200	∑Y = 6 000	∑XY = 7 250 000	∑X² = 8 740 000

依题意得：

$$a = \frac{\sum X^2 \sum Y - \sum X \sum XY}{n \sum X^2 - (\sum X)^2}$$

$$= \frac{8\ 740\ 000 \times 6\ 000 - 7\ 200 \times 7\ 250\ 000}{6 \times 8\ 740\ 000 - 7\ 200^2} = 400$$

$$b = \frac{n\sum XY - \sum X \sum Y}{n\sum X^2 - (\sum X)^2} = \frac{6 \times 7\,250\,000 - 7\,200 \times 6\,000}{6 \times 8\,740\,000 - 7\,200^2} = 0.5$$

解得：$Y = 400 + 0.5X$。

把 2024 年预计销售量 1 500 万件代入上式，得出 2024 年资金需要量为：

$400 + 0.5 \times 1\,500 = 1\,150$（万元）

进行资金习性分析，把资金划分为变动资金和不变资金两部分，从数量上掌握了资金同销售量之间的规律性，对准确地预测资金需要量有很大帮助。实际上，销售百分比法是资金习性分析法的具体运用。

应用线性回归分析法必须注意以下几个问题：

第一，资金需要量与营业业务量之间线性关系的假定应符合实际情况；

第二，确定 a、b 数值，应利用连续若干年的历史资料，一般要有 3 年以上的资料；

第三，应考虑价格等因素的变动情况。

第二节 权益资金筹集

一、吸收直接投资

吸收直接投资是指企业按照共同投资、共同经营、共担风险、共享收益的原则，直接吸收国家、法人、个人和外商投入资金的一种筹资方式。吸收直接投资是非股份制企业筹集权益资本的基本方式，采用吸收直接投资的企业，资本不分为等额股份、无须公开发行股票。吸收直接投资实际出资额，注册资本部分形成实收资本；超过注册资本的部分属于资本溢价，形成资本公积。

（一）吸收直接投资的种类

1. 吸收国家投资

国家投资是指有权代表国家投资的政府部门或机构，以国有资产投入公司，这种情况下形成的资本叫国有资本。吸收国家投资一般具有以下特点：第一，产权归属国家；第二，资金的运用和处置受国家约束较大；第三，在国有公司中采用比较广泛。

2. 吸收法人投资

法人投资指法人单位以其可支配资产对公司进行投资,所形成的资本称为法人资本。吸收法人资本的特点包括:发生在法人单位间,以参与利润分配或控制为目的,且出资方式灵活多样。

3. 吸收外商直接投资

企业可以通过合资经营或合作经营的方式吸收外商直接投资,即与我国港澳台地区投资者或外国投资者共同投资,创办中外合资经营企业或中外合作经营企业,共同经营、共担风险、共负盈亏、共享利益。

4. 吸收社会公众投资

社会公众投资指个人或本公司员工以合法财产对公司进行投资,形成的资本称为个人资本。其特点包括:投资人数众多,单笔投资额度较小,主要目的为参与利润分配。

(二) 吸收直接投资的出资方式

1. 以货币资产出资

以货币资产出资是吸收直接投资中最重要的出资方式。企业有了货币资产,便可以获取其他物质资源,支付各种费用,满足企业创建时的开支和随后的日常周转需要。

2. 以实物资产出资

实物出资指投资者以固定资产(如房屋、设备)和流动资产(如材料、商品)进行的投资。实物投资应符合以下条件:第一,适合企业生产、经营、研发等活动的需要;第二,技术性能良好;第三,作价公平合理。

实物作价可由出资方协商确定,或聘请专业评估机构评估。国有及国有控股企业接受其他企业的非货币资产出资,需要委托有资格的资产评估机构进行资产评估。

3. 以土地使用权出资

土地使用权是指土地经营者对依法取得的土地在一定期限内有进行建筑、生产经营或其他活动的权利。土地使用权具有相对的独立性,在土地使用权存续期间,包括土地所有者在内的其他任何人和单位,不能任意收回土地和非法干预使用权人的经营活动。企业吸收土地使用权投资应符合以下条件:第一,适合企业科研、生产、经营、研发等活动的需要;第二,地理、交通条件适宜;第三,作价公平合理。

4. 以工业产权出资

工业产权通常是指专有技术、商标权、专利权、非专利技术等无形资产。投资者以工业产权出资应符合以下条件:第一,有助于企业研究、开发和生产出新的高科技产品;第二,有助于企业提高生产效率,改进产品质量;第三,有助于企业降低生产消耗、能源消耗等各种消耗；第四，作价公平合理。

吸收工业产权等无形资产出资的风险较大。因为以工业产权投资，实际上是把技术转化为资本，使技术的价值固定化。而技术具有强烈的时效性，会因其不断老化落后而导致实际价值不断减少甚至完全丧失。

法条链接

（三）吸收直接投资筹资的特点

1. 快速形成生产能力

吸收直接投资不仅能获取货币资金，还能直接引入先进设备和技术，加速生产经营能力的构建。

2. 信息沟通便捷

该筹资方式投资者构成相对集中，股权未广泛分散，部分投资者直接参与公司管理，便于企业与投资者间的有效沟通。

3. 手续简便，费用低廉

吸收直接投资的手续相对简化，筹资成本较低。

4. 资本成本偏高

与股票筹资相比，吸收直接投资的资本成本较高，尤其在企业盈利丰厚时，投资者倾向于要求高额红利回报，其报酬依据出资比例与企业利润计算。

5. 控制权集中，治理面临挑战

此筹资方式易导致企业控制权集中于特定投资者手中，可能损害其他投资者利益，不利于企业治理结构的优化。

6. 产权交易受限

吸收直接投资缺乏证券媒介，限制了产权的灵活交易与转让。

二、发行股票

股票是股份有限公司为筹措股权资本而发行的有价证券，是公司签发的证明股东持有公司股份的凭证。股票作为一种所有权凭证，代表着股东对发行公司净资产的所有权。股票持有人即为公司股东。公司股东作为出资人按投入公司的资本额享有所有者的资产收益、公司重大决策和选择管理者的权利，并以其所持股份为限对公司承担责任。股票只能由股份有限公司发行。

（一）股票的特征与分类

1. 股票的特点

（1）永久性。公司发行股票所筹资金为长期自有资金，无到期日且无须偿还。股东购买股票后，通常无权要求公司退还股本。

(2) 流通性。股票作为有价证券，在资本市场上可自由转让、交易及流通，同时支持继承、赠与或作为抵押物。尤其是上市公司股票，具备高度变现能力与强大流动性。

(3) 风险性。股票的永久性特征使股东成为企业风险的主要承担者，风险体现于股价波动、红利不确定性及破产清算时股东处于剩余财产分配末位等。

(4) 参与性。作为股份公司所有者，股东享有参与企业管理的权利，涵盖重大决策、经营者选举、财务监督、公司经营建议与质询等。同时，股东也需承担有限责任并遵守公司章程规定的义务。

2. 股东的权利

股东最基本的权利是按投入公司的股份额依法享有公司收益获取权、公司重大决策参与权和选择公司管理者的权利，并以其所持股份为限对公司承担责任。

(1) 公司管理权。股东对公司的管理权主要体现在重大决策参与权、经营者选择权、财务监控权、公司经营的建议和质询权、股东大会召集权等方面。

(2) 收益分享权。股东有权通过股利方式获取公司的税后利润，利润分配方案由董事会提出并经过股东大会批准。

(3) 股份转让权。股东有权将其持有的股票出售或转让。

(4) 优先认股权。原有股东拥有优先认购本公司增发股票的权利。

(5) 剩余财产要求权。当公司解散、清算时，股东有对清偿债务、清偿优先股股东以后的剩余财产索取的权利。

3. 股票的种类

(1) 按股东权利和义务，分为普通股股票和优先股股票。

普通股股票简称普通股，是公司发行的代表着股东享有平等的权利、义务，不加特别限制的，股利不固定的股票。普通股是最基本的股票，股份有限公司通常情况只发行普通股。

优先股股票简称优先股，是公司发行的相对于普通股具有一定优先权的股票。其优先权利主要表现在股利领取优先权和剩余财产分配优先权上。优先股股东在股东大会上无表决权，在参与公司经营管理上受到一定限制，仅对涉及优先股权利的问题有表决权。

(2) 按票面有无记名，分为记名股票和无记名股票。

记名股票是在股票票面上记载有股东姓名或将名称记入公司股东名册的股票；无记名股票不登记股东名称，公司只记载股票数量、编号及发行日期。

(3) 按票面是否标明金额，可分为有面额股票和无面额股票。

有面额股票是公司发行的票面标有金额的股票。持有这种股票的股东，对公司享有权利和承担义务的大小，以其所拥有的全部股票的

法条链接——记名股票和无记名股票

票面金额占公司发行在外股票总面额的比例大小决定。

无面额股票不标明票面金额，只在股票上载明所占公司股本总额的比例或股份数，故也称"比例股"。发行无面额股票，有利于促使投资者在购买股票时，注意股票的实际价值。

（4）按发行对象和上市地点，分为A股、B股、H股、N股和S股等。

A股即人民币普通股票，由我国境内公司发行，境内上市交易，它以人民币标明面值，以人民币认购和交易。B股即人民币特种股票，由我国境内公司发行，境内上市交易，以人民币标明面值，以外币认购和交易。H股是注册地在中国内地和香港上市的股票。以此类推，在纽约和新加坡上市的股票，就分别称为N股和S股。

股份有限公司的设立、股票的发行与上市

（二）上市公司的股票发行

上市的股份有限公司在证券市场上发行股票，包括公开发行和非公开发行两种类型。公开发行股票又分为首次上市公开发行股票和上市公开发行股票。

1. 首次上市公开发行股票（IPO）

首次上市公开发行股票（initial public offering，IPO），是指股份有限公司对社会公开发行股票并上市流通和交易。实施IPO的公司，应当符合中国证监会出台的《首次公开发行股票并上市管理办法》规定的相关条件，并经中国证监会核准。

2. 上市公开发行股票

上市公开发行股票指股份有限公司在上市后，通过证券交易所向社会公众公开发行新股。此过程涵盖增发与配股两种形式：增发为上市公司向公众发售新股以筹集资金；配股则是上市公司向现有股东按比例配售新股。无论增发还是配股，均需符合中国证监会的相关规定，并需获得其核准。

实施IPO的基本程序

3. 非公开发行股票

上市公司非公开发行股票，即定向增发，是向特定对象非公开地发行新股的行为。此举旨在引入特定机构的管理、渠道等优势。定向增发的对象涵盖既有股东及新投资者。完成后，公司股权结构常发生显著变动，甚至可能导致控股权转移。

在公司创立阶段，相较于非上市不公开发行股票，上市公开发行股票的特征在于其发行范围广泛、对象众多，便于足额募集资本，并能有效提升公司知名度。然而，公开发行股票的审批流程复杂且严格，伴随较高的发行成本。在公司后续融资过程中，上市公司定向增发相较于非上市公司定向增发，具备以下优势：其一，有助于吸纳战略投资者与机构投资者；其二，能利用上市公司在资本市场的估值溢价，通过资产证券化放大母公司资产价值；其三，定向增发作为关键的并购工具，特别是资产并购型定向增发，对于推动企业整体上市、缓解并购过程中的现金流压力具有积极作用。

（三）发行普通股筹资的特点

（1）所有权与经营权分离，控制权分散。有利于公司自主决策与运营，但存在经理人控制风险。同时，高流通性股票易遭恶意收购。

（2）缺乏固定股息压力，资本成本相对较低。公司依据盈利状况和资金需求灵活决定股利分配，相较于吸收直接投资，普通股筹资成本较低。

（3）提升公司社会形象。普通股股东广泛，增强公司社会影响力，尤其是上市公司，股票流通性强，利于市场价值认定。

（4）便利股权流通与转让。普通股以股票为媒介，便于股权交易，吸引新投资者。

（5）筹资成本高，手续烦琐。

（6）生产能力形成滞后。普通股筹资多为货币资金，需通过购置与建设转化为生产能力。

三、留存收益筹资

（一）留存收益的性质

从性质上看，企业通过合法有效的经营所实现的税后净利润都属于企业的所有者。企业将本年度的利润部分甚至全部留存下来的原因很多，主要包括：第一，基于权责发生制的收益确认与计量，企业虽实现利润，但未必伴随相应现金净流量增加，故可能缺乏足额现金以分配利润。第二，法律法规为保障债权人权益及企业可持续发展，对企业利润分配实施限制。《公司法》规定，企业须按年度税后利润的10%提取法定盈余公积金。第三，企业自身为扩大再生产及融资需求，也会将部分利润留存。

（二）留存收益筹资的途径

1. 提取盈余公积金

盈余公积金是指有指定用途的留存净利润。盈余公积金是从当期企业净利润中提取的积累资金，其提取基数是本年度的净利润。盈余公积金主要用于企业未来的经营发展，经投资者审议后也可以用于转增股本（实收资本）和弥补以前年度经营亏损，但不得用于以后年度的对外利润分配。

2. 未分配利润

未分配利润是指未限定用途的留存净利润。未分配利润有两层含义：第一，这部分净利润本年没有分配给公司的股东投资者；第二，这部分净利润未指定用途，可以用于企业未来的经营发展、转增资本（实收资本）、弥补以前年度的经营亏损及以后年度的利润分配。

（三）利用留存收益筹资的特点

1. 无筹资费用

相较于普通股筹资，企业利用留存收益筹资无须承担筹资费用，因而资本成本相对较低。

2. 控制权稳定

通过留存收益筹资，企业无须发行新股或吸纳新投资者，所增加的权益资本不会改变现有股权结构，保障了原有股东的控制权不受稀释。

3. 筹资规模限制

留存收益的筹资上限为企业当期净利润与历史未分配利润之和，无法像外部筹资那样迅速筹集大额资金。企业亏损则无利润可留存，且股东和投资者常期望企业维持一定的利润分配比例。

四、股权筹资的优缺点

（一）股权筹资的优点

1. 股权筹资是企业稳定的资本基础

股权资本无固定到期日且无须偿还，构成企业的永久性资本基础，对确保企业资本最低需求、促进长期稳定发展至关重要。

2. 股权筹资是企业良好的信誉基础

作为企业的基本资本，股权资本体现了公司的资本实力，成为企业与其他实体开展业务活动的信誉支撑，并为债务筹资（如银行借款、公司债券发行）提供信用背书。

3. 企业财务风险较小

股权资本无须在正常运营期内偿还，避免了还本付息的财务风险。相较于债务资本，股权筹资限制较少，资本使用灵活，企业可根据经营绩效调整对投资者的报酬支付，资本成本负担具有弹性。

(二) 股权筹资的缺点

1. 资本成本负担较重

尽管股权资本成本负担灵活，但通常高于债务筹资，因为股权投资（尤其是股票）风险较高，投资者要求更高回报率。长期不分配利润将影响企业市值，且股利、红利需从税后利润支付，而债务成本可税前扣除。此外，股票发行与上市费用高昂。

2. 容易分散企业的控制权

股权筹资引入新投资者或增发股票会改变控制权结构，分散企业控制权。控制权的频繁变动可能影响管理层的稳定性与决策效率，干扰企业正常运营。

3. 信息沟通与披露成本较大

投资者作为所有者有权了解企业经营、财务及成果信息，企业需通过多种渠道加强投资者关系管理，保障其权益。上市公司尤甚，因其股东众多且分散，需通过公开信息披露满足股东需求，增加管理成本，部分公司还需设立专门部门负责信息披露与投资者关系管理。

第三节 债务资金筹集

一、银行借款

银行借款是指企业向银行或其他非银行金融机构借入的、需要还本付息的款项，包括偿还期限超过 1 年的长期借款和不足 1 年的短期借款，主要用于企业购建固定资产和满足流动资金周转的需要。本章所称银行借款指长期银行借款，即企业向银行或其他非银行金融机构借入的偿还期限超过 1 年的借款。

(一) 银行借款的种类

1. 按提供贷款的机构，分为政策性银行贷款、商业银行贷款和其他金融机构贷款

政策性银行贷款系指国家政策性银行（如国家开发银行、中国进出口银行、中国农业发展银行等）向企业提供的长期贷款，旨在支持国家重点建设项目、大型设备进出口及政策性收购等。

商业银行贷款则由各大商业银行（如中国工商银行、中国建设银行、中国农业银行、中国银行等）向工商企业提供，包括短期及

长期贷款,以满足其生产经营需求。

其他金融机构贷款则涵盖从信托投资公司、财务公司、保险公司等获取的贷款,通常期限较长、利率较高,且对借款企业的信用评级及担保条件有严格要求。

2. 按机构对贷款有无担保要求,分为信用贷款和担保贷款

信用贷款是指以借款人的信誉或保证人的信用为依据而获得的贷款。企业取得这种贷款,无须以财产作抵押。对于这种贷款,由于风险较高,银行通常要收取较高的利息,往往还附加一定的限制条件。

担保贷款是指由借款人或第三方依法提供担保而获得的贷款。担保包括保证责任、财务抵押、财产质押,由此担保贷款包括保证贷款、抵押贷款和质押贷款。

3. 按企业取得贷款的用途,分为基本建设贷款、专项贷款和流动资金贷款

基本建设贷款是指企业因从事新建、改建、扩建等基本建设项目需要资金而向银行申请借入的款项。

专项贷款是指企业因为专门用途而向银行申请借入的款项,包括更新改造技改贷款、大修理贷款、研发和新产品研制贷款、小型技术措施贷款、出口专项贷款、引进技术转让费周转金贷款、进口设备外汇贷款、进口设备人民币贷款及国内配套设备贷款等。

流动资金贷款是指企业为满足流动资金的需求而向银行申请借入的款项,包括流动资金借款、生产周转借款、临时借款、结算借款和卖方信贷。

(二)银行借款的保护性条款

由于银行等金融机构提供的长期贷款金额高、期限长、风险大,因此除借款合同的基本条款之外,债权人通常还在借款合同中附加各种保护性条款,以确保企业按要求使用借款和按时足额偿还借款。保护性条款一般有例行性保护条款、一般性保护条款和特殊性保护条款。

保护性条款

(三)银行借款筹资的特点

1. 筹资速度快

与发行债券、融资租赁等债权筹资方式相比,银行借款的程序相对简单,所花时间较短,公司可以迅速获得所需资金。

2. 资本成本较低

银行借款筹资比发行债券和融资租赁的利息负担要低,而且无须支付证券发行费用、租赁手续费用等筹资费用。

3. 筹资弹性较大

在借款之前，公司根据当时的资本需求与银行等贷款机构直接商定贷款的时间、数量和条件。在借款期间，若公司的财务状况发生某些变化，也可以与债权人再协商，变更借款数量、时间和条件，或者提前偿还本息。因此，借款筹资对公司具有较大的灵活性，特别是短期借款更是如此。

4. 限制条款多

与债券筹资相比较，银行借款合同对借款用途有明确规定，通过借款的保护性条款，对公司资本支出额度、再筹资、股利支付等行为有严格的约束，公司以后的生产经营活动和财务政策必将受到一定程度的影响。

5. 筹资数额有限

银行借款的数额往往受到贷款机构资本实力的制约，不可能像发行债券、股票那样一次筹集到大笔资金，无法满足公司大规模筹资的需要。

二、发行债券

法条链接——发行债券的条件

债券系债务人发行以筹集债务资本，承诺于约定时限内向债权人偿还本金并支付利息的有价证券，构成企业筹集资本的重要手段。在我国，非公司制企业发行的债券被命名为企业债券。依据《公司法》及国际通行做法，股份有限公司与有限责任公司发行的债券则称为公司债券，简称公司债。债券作为书面凭证，象征着持有人对公司享有的债权，体现了持券人与发债公司间的债权债务关系。本章所述债券发行特指长期债券的发行，即期限超过一年的债券，其主要目的在于为大型建设项目筹集长期大额资金。

（一）公司债券的种类

1. **按是否记名，分为记名债券和无记名债券**

记名债券是在券面记录持有人信息的债券，其存根簿需详细记录持有人姓名、住所、取得日期及债券编号等信息。此类债券可通过背书或法规规定的其他方式转让，转让后公司需在存根簿更新受让人信息。

无记名债券则不记录持有人信息，仅凭债券本身还本付息，通常采取剪票方式付息。其存根簿需记录债券总额、利率、偿还期限与方式、发行日期及编号。无记名债券的转让在持有人交付债券给受让人后即生效。

2. **按是否能够转换成公司股权，分为可转换债券与不可转换债券**

可转换债券是指根据发行公司债券募集办法的规定，债券持有者可以在规定的时间内按规定的价格转换为发债公司的股票的债券。这种债券在发行时对债券转换为股票的价格和比率等都做了详细规定。根据《公司法》规定，可转换债券的发行主体是股份有限公司中的上市公司。

不可转换债券是指不能转换为发债公司股票的债券，大多数公司债券属于这种类型。

3. 按有无特定财产担保，分为担保债券和信用债券

担保债券是指以抵押方式担保发行人按期还本付息的债券，主要是指抵押债券。抵押债券按其抵押品的不同又分为不动产抵押债券、动产抵押债券和证券信托抵押债券。

发行债券的程序

信用债券又称为无担保债券，是仅凭公司自身的信用发行的、没有抵押品作抵押担保的债券。在公司清算时，信用债券的持有人因无特定的资产作为担保品，只能作为一般债权人参与剩余财产的分配。这种债券通常是由信誉良好的公司发行，利率一般略高于抵押债券。

（二）债券发行价格的确定

1. 债券的发行价格

债券发行价格指的是债券原始投资者购买时所支付的市场价格，该价格可能与债券面值相等，也可能存在差异。实际操作中，公司债券发行价格常呈现三种形态：溢价发行、平价发行及折价发行。溢价发行是指按高于债券面额的价格发行债券。平价发行是指以债券的票面金额作为发行价格。折价发行是指按低于债券面额的价格发行债券。

2. 影响债券发行价格的因素

（1）债券面值。债券的票面金额是决定债券发行价格的最基本因素。债券发行价格的高低，从根本上取决于债券面额的大小。一般而言，债券面额越大，发行价格越高。但是，如果不考虑利息因素，债券面额是债券到期价值，即债券的未来价值，而不是债券的现在价值，即发行价格。

（2）票面利率。作为债券的名义利率，票面利率在债券发行前即已设定并标注于票面之上。一般而言，票面利率与债券发行价格呈正相关，即票面利率越高，发行价格也越高；反之则越低。

（3）市场利率。作为衡量债券票面利率高低的参照标准，市场利率与票面利率往往存在差异，共同作用于债券发行价格。通常，市场利率越高，债券发行价格越低；反之，市场利率越低，发行价格则越高。

（4）债券期限。同银行借款一样，债券的期限越长，债权人的风险越大，要求的利息报酬越高，债券的发行价格就可能较低；反

之，可能较高。

3. 债券的发行价格的确定

$$债券发行价格 = \frac{债券面值}{(1+市场利率)^{期限}} + \sum \frac{债券面值 \times 债券利率}{(1+市场利率)^{期数}} \qquad (3.3)$$

$$P = \frac{M}{(1+i)^n} + \sum_{t=1}^{n} \frac{M \times r}{(1+i)^t} \qquad (3.4)$$

公式（3.4）中，P 为债券的发行价格，M 为债券的票面金额，r 为债券的票面利率，i 为债券发行时的市场利率，n 为债券期限，t 为付息期数。

从资金时间价值来考虑，债券的发行价格由两部分组成：一部分是债券到期还本面额的现值；另一部分是债券各期利息按市场利率折算的现值。公式也可以写成：

$$债券发行价格 = 债券面值的现值 + 各期利息的现值$$
$$P = M \times (P/F, i, n) + M \times r \times (P/A, i, n) \qquad (3.5)$$

【例 3-3】某公司发行票面金额为 1 000 元、票面利率为 4%、期限为 10 年的债券，每年年末付息，其发行价受市场利率的影响，存在 3 种情况：

第一种：市场利率与票面利率均为 4%，即平价发行。
$$P = 1\,000 \times (P/F, 4\%, 10) + 1\,000 \times 4\% \times (P/A, 4\%, 10) = 1\,000 （元）$$

第二种：市场利率为 3%，低于票面利率，即溢价发行。
$$P = 1\,000 \times (P/F, 3\%, 10) + 1\,000 \times 4\% \times (P/A, 3\%, 10) = 1\,085.31 （元）$$

第三种：市场利率为 5%，高于票面利率，即折价发行。
$$P = 1\,000 \times (P/F, 5\%, 10) + 1\,000 \times 4\% \times (P/A, 5\%, 10) = 922.77 （元）$$

(三) 债券的偿还

债券偿还时间按其实际发生与规定的到期日之间的关系，分为提前偿还与到期偿还两类，其中后者又包括分批偿还和一次偿还两种。

1. 提前偿还

提前偿还又称提前赎回或收回，是指在债券尚未到期之前就予以偿还。只有在公司发行债券的契约中明确规定了有关允许提前偿还的条款，公司才可以进行此项操作。提前偿还所支付的价格通常要高于债券的面值，并随到期日的临近而逐渐下降。具有提前偿还条款的债券可以使公司筹资有较大的弹性。当资金有结余时，公司可以提前赎回债券；当预测利率下降时，公司可以提前赎回债券，而后以较低的利率来发行新债券。

2. 分批偿还

如果一个公司在发行同一种债券时就为不同编号或不同发行对象的债券规定了不同的到期日，这种债券就是分批偿还债券。因为各批债券的到期日不同，它们各自的发行价格和票面利率也可能不相同，从而导致发行费较高。但由于这种债券便于投资人挑选最合适的到期日，因而便于发行。

3. 一次偿还

到期一次偿还的债券是最为常见的。

（四）债券筹资的特点

1. 一次筹资数额大

发行公司债券能一次性筹集大量资金，满足大型企业大额融资需求，优于银行借款、融资租赁等债权筹资方式。

2. 提高公司的社会声誉

公司债券发行主体资格严格，多为股份有限公司及实力雄厚的有限责任公司。通过发行债券，公司不仅筹集了资金，还扩大了社会影响力。

3. 筹集资金的使用限制条件少

相较于银行借款，债券筹资在资金运用上展现出更高的灵活性和自主性。特别是债券筹集的大额资金，更适合投资于流动性较低的长期资产。从资金用途来看，银行借款通常期限短、额度小，主要用于补充存货、购置小型设备等；而债券筹资则期限长、额度大，更能满足公司扩张、大型固定资产投资及基本建设项目等长期资金需求。

4. 发行资格要求高，手续复杂

发行公司债券涉及面向社会负债，债权人广泛，因此国家严格限制发债资格以保护投资者。从申报至取得资金，需经历多环节和长时间。

5. 资本成本较高

相较于银行借款，债券筹资的利息和费用较高，且无法展期。大额本金和高利息在固定到期日对公司现金流量构成重大财务压力。

三、融资租赁

租赁是一种通过资产出让合同实现的交易行为，其中承租方通过支付租金向出租方获得资产使用权。在这一过程中，承租方实际上通过获取资产使用权来筹集资金。租赁虽具有借贷特性，但其核心涉的是资产而非资金的直接转移。

(一) 租赁的特征与分类

1. 租赁的基本特征

(1) 所有权与使用权相分离。租赁资产的所有权与使用权分离是租赁的主要特点之一。银行信用虽然也是所有权与使用权相分离,但载体是货币资金,租赁则是资金与实物相结合基础上的分离。

(2) 融资与融物相结合。租赁作为商品与货币形态结合的信用活动,兼具信用和贸易属性,出租人在向企业出租资产的同时,解决了企业的资金需求,实现借物还钱,以分期租金形式体现,融合了银行信贷与财产信贷的特点。

(3) 租金的分期回流。租赁租金采取分期回流方式,区别于银行信用卡的到期还本付息,出租方资金一次投入,分期回收;承租方则提前获得资产使用价值,便于分期规划现金流出。

2. 租赁的分类

现代租赁的种类较多,通常按性质可以分为经营租赁和融资租赁。

经营租赁,又称营运租赁或服务性租赁,是租赁公司短期内向承租单位提供设备及相关服务(包括维修、保养、人员培训等)的业务。其主要特点包括:租赁设备由租赁公司根据市场需求选定后出租;租赁期短于资产有效使用期,承租企业可在合理条件下中途解约;租赁公司负责设备维修与保养;租赁期满或合同终止,租赁公司收回资产。此方式适用于技术更新较快的生产设备。

融资租赁则是租赁公司按承租单位要求购买设备,在较长合同期内供其使用的融资信用业务,旨在融通资金。其特点为:承租企业提出设备购买要求或直接选定设备;租赁期接近资产有效使用期,其间双方无权取消合同;承租企业负责设备维修与保养;租赁期满,按事先约定的方法处理设备,包括退还租赁公司,或继续租赁,或企业留购。通常采用企业留购办法,即以很少的"名义价格"(相当于设备残值)买下设备。融资租赁与经营租赁的区别如表 3-4 所示。

融资租赁的基本程序

表 3-4　　　　　　　融资租赁与经营租赁的区别

对比项目	融资租赁(financial lease)	经营租赁(operational lease)
业务原理	融资融物于一体	无融资租赁特征,只是一种融物方式
租赁目的	融通资金,添置设备	暂时性使用,预防无形损耗风险

续表

对比项目	融资租赁（financial lease）	经营租赁（operational lease）
租期	较长，相当于设备经济寿命的大部分	较短
租金	包括设备价款	只是设备使用费
契约法律效力	不可撤销合同	经双方同意可中途撤销合同
租赁标的	一般为专用设备，也可为通用设备	通用设备居多
维修与保养	专用设备多为承租人负责，通用设备多为出租人负责	全部为出租人负责
承租人	一般为一个	设备经济寿命期内轮流租给多个承租人
灵活方便	不明显	明显

（二）融资租赁的基本形式

1. 直接租赁

直接租赁是融资租赁的主要形式，承租方提出租赁申请时，出租方按照承租方的要求选购，然后再出租给承租方。

2. 售后回租

售后回租是指承租方由于急需资金等各种原因，将自己的资产售给出租方，然后以租赁的形式从出租方原封不动地租回资产的使用权。在这种租赁合同中，除资产所有者的名义改变之外，其余情况均无变化。

3. 杠杆租赁

杠杆租赁是指涉及承租人、出租人和资金出借人三方的融资租赁业务。一般来说，当涉及的资产价值昂贵时，出租方自己只投入部分资金，通常为资产价值的20%~40%，其余部分通过资产抵押向第三方（多为银行）贷款。租赁公司购得设备后出租给承租人，以租金偿还贷款，期间资产所有权归出租人。出租人兼具债权人与债务人身份，若未能按期偿还贷款，资产所有权将转移给资金出借方。

（三）融资租赁租金的计算

1. 租金的构成

融资租赁每期租金的多少，取决于以下几项因素：

（1）设备原价及预计残值，包括设备买价、运输费、安装调试费、保险费等以及该设备租赁期满后，出售可得的市价。

（2）利息，即租赁公司为承租企业购置设备垫付资金所应支付的利息。

(3) 租赁手续费，指租赁公司承办租赁设备发生的业务费用和必要的利润。

2. 租金的支付方式

租金的支付方式有以下几种分类方式：

(1) 按支付间隔期长短，分为年付、半年付、季付和月付等方式。

(2) 按在期初和期末支付，分为先付和后付。

(3) 按每次支付额，分为等额支付和不等额支付。

实务中，承租企业与租赁公司商定的租金支付方式，大多为后付等额年金。

3. 租金的计算

在我国融资租赁实务操作中，租金计算普遍采用等额年金法，即在租赁期内将租金均匀分配，通常需要综合利率和租赁手续费率来确定一个租费率作为折现率，以计算每期应支付的租金金额，具体支付方式可分为后付年金和先付年金两种情形，其中后付年金指在每个租赁期末支付，而先付年金则是在每个租赁期初支付。

(1) 后付年金。承租企业与租赁公司商定的租金支付方式，大多为后付等额年金，即普通年金。

根据年资本回收额的计算公式，可确定后付年金方式下每年年末支付租金的数额为：

$$A = \frac{P}{(P/A, i, n)} \tag{3.6}$$

式(3.6)中，P为租金现值，A为等额租金，i为折现率，n为租金支付的期数。

(2) 先付年金。承租企业有时可能会与租赁公司商定，采用先付等额租金的方式支付租金，即预付年金。

$$A = \frac{P}{(P/A, i, n-1)+1} \tag{3.7}$$

式(3.7)中，P为租金现值，A为等额租金，i为折现率，n为租金支付的期数。

【例3-4】华商公司于2024年1月1日从租赁公司租入一套设备，价值60万元，租期6年，租赁期满时预计残值5万元，归租赁公司。年利率10%。租金每年年末支付一次。

$$每年租金 = \frac{600\,000 - 50\,000 \times (P/F, 10\%, 6)}{(P/A, 10\%, 6)} = 131\,282.58 \text{ (元)}$$

为了便于有计划地安排租金的支付，承租企业可编制租金摊销计划表。根据【例3-4】的有关资料编制租金摊销计划如表3-5所示。

表 3-5　　　　　　　　　　租金摊销计划　　　　　　　　　单位：元

日期	期初本金①	支付租金②	应计租费③ = ①×10%	本金偿还额④ = ②-③	本金余额⑤ = ①-④
2024 年 12 月 31 日	600 000.00	131 282.58	60 000.00	71 282.58	528 717.42
2025 年 12 月 31 日	528 717.42	131 282.58	52 871.74	78 410.83	450 306.59
2026 年 12 月 31 日	450 306.59	131 282.58	45 030.66	86 251.92	364 054.67
2027 年 12 月 31 日	364 054.67	131 282.58	36 405.47	94 877.11	269 177.56
2028 年 12 月 31 日	269 177.56	131 282.58	26 917.76	104 364.82	164 812.74
2029 年 12 月 31 日	164 812.74	131 282.58	16 469.83*	114 812.75	50 000.00
合计		787 695.45	237 695.45	550 000.00	

注：*表示含尾差。

（四）融资租赁筹资的特点

1. 能迅速获得所需资产

融资租赁集融资与融物于一身，使企业即便资金紧张也能引进所需设备，尤其为中小企业和新创企业提供重要融资渠道。大型企业对大型固定资产也常采用融资租赁，如商业航空公司的飞机多通过此方式获取。

2. 财务风险小，财务优势明显

融资租赁避免了设备购置的一次性大额支出，租金分期支付，减轻了企业即时资金压力。租金可通过项目收益偿还，实现"以产养贷"。

3. 限制条件较少

企业运用股票、债券、长期借款等筹资方式，都受到相当多的资格条件的限制，如足够的抵押品、银行贷款的信用标准、发行债券的政府管制等。相比之下，租赁筹资的限制条件很少。

4. 租赁能延长资金融通的期限

设备贷款期限通常短于资产使用寿命，而租赁融资限期可接近资产全寿命周期，且融资额度与设备价款挂钩，无额度限制。

5. 免遭设备陈旧过时的风险

科技进步导致设备快速过时，租赁协议多规定由出租人承担此风险，承租企业得以免受损失。

6. 资本成本高

融资租赁租金远高于银行贷款或债券利息，总额常超设备价值 30%，虽避免了到期集中还款压力，但高额固定租金增加了各期经营负担。

四、债务筹资的优缺点

(一) 债务筹资的优点

1. 筹资速度较快

与股权筹资相比,债务筹资不需要经过复杂的审批手续和证券发行程序,如银行借款、融资租赁等,可以迅速获得资金。

2. 筹资弹性大

股权筹资需经政府严格审批,且股权不可退还,给企业带来长期资本成本负担。而债务筹资可根据企业实际经营和财务状况,灵活协商债务条件,控制筹资规模及时间安排。

3. 资本成本负担较轻

债务筹资的资本成本通常低于股权筹资,体现在筹资费用低、利息或租金支出较低,以及利息可税前扣除等方面。

4. 可以利用财务杠杆

债务筹资不稀释公司控制权,债权人仅获固定利息或租金,不参与剩余收益分配。当企业资本报酬率高于债务利率时,可提升普通股每股收益和净资产报酬率,增加企业价值。

5. 稳定公司的控制权

债权人无权参与企业经营管理,债务筹资不会改变或分散股东对公司的控制权。

(二) 债务筹资的缺点

1. 不能形成企业稳定的资本基础

债务资本因具固定到期日需偿还,仅作补充性资本。信用评级限制使无信用基础及新创企业难获足额债务。资本结构中债务比例过高将增大财务风险,限制新债务获取。

2. 财务风险较大

债务资本伴随固定到期日与利息负担,担保债务可能附加使用限制。这都要求企业具备偿债能力,保持资产流动性及报酬水平,否则可能引发财务危机乃至破产。

3. 筹资数额有限

债务筹资数额受贷款机构资本实力制约,难以一次性筹集大额资本,难以满足大规模筹资需求。

第四节 混合性资金筹集

一、发行优先股筹资

（一）优先股的特征与分类

1. 优先股的特征

（1）优先分配固定的股利。优先股股东通常优先于普通股股东分配股利，且其股利一般是固定的，受公司经营状况和盈利水平的影响较小。所以，优先股类似固定利息的债券。

（2）优先分配公司的剩余财产。当公司因解散、破产等进行清算时，优先股股东将优先于普通股股东分配公司的剩余财产。

（3）优先股股东一般无表决权。在公司股东大会上，优先股股东一般没有表决权，通常也无权参与公司的经营管理，仅在涉及优先股股东权益问题时享有表决权。因此，优先股股东不大可能控制整个公司。

法条链接——优先股

（4）优先股可以由公司赎回。发行优先股的公司，按照公司章程的有关规定，根据公司的需要，能够以一定的方式将所发行的优先股赎回，以调整公司的资本结构。

2. 优先股的种类

（1）优先股依据股利是否累积支付，分为累积优先股和非累积优先股。累积优先股允许过去未支付的股利累积并由未来利润补足；非累积优先股则无此补付权利。因此，累积优先股更具吸引力，发行更广泛。

（2）优先股按股利是否分配额外股利，可分为参与优先股和非参与优先股。当公司利润在分配优先股和普通股后仍有剩余时，能参与分配额外股利的为参与优先股；否则为非参与优先股。部分参与优先股可按规定转换为普通股或公司债券，增加筹资与投资双方的灵活性，在国外较受欢迎。无此转换权的则为非参与优先股。

（3）优先股按公司可否赎回，可分为可赎回优先股和不可赎回优先股。可赎回优先股是指股份有限公司出于减轻股利负担的目的，可按规定以原价购回的优先股，公司不能购回的优先股，则属于不可赎回优先股。

法条链接——上市公司公开发行优先股的一般规定

(二) 优先股的发行定价

优先股每股票面金额为 100 元。发行价格和票面股息率应当公允、合理，不得损害股东或其他利益相关方的合法利益，发行价格不得低于优先股票面金额，即不得折价发行。

公开发行优先股的价格或票面股息率以市场询价或中国证监会认可的其他公开方式确定。非公开发行优先股的票面股息率不得高于最近两个会计年度的年均加权平均净资产收益率。

(三) 优先股筹资的特点

1. 无固定的到期日，不用偿付本金

发行优先股筹集资本，实际上相当于得到一笔无限期的长期贷款，公司不承担还本义务，简化了筹资规划。

2. 股利具有固定性与灵活性

一般而言，优先股都采用固定股利，但对固定股利的支付并不构成公司的法定义务。

3. 保持普通股股东对公司的控制权

当公司既想向社会增加筹集股权资本，又想保持原有普通股股东的控制权时，利用优先股筹资尤为恰当。

4. 优先股的资本成本虽然低于普通股，但一般高于债券

5. 可能形成较重的财务负担

优先股要求支付固定股利，但不能在税前扣除，当盈利下降时，优先股的股利可能会成为公司一项较重的财务负担。有时不得不延期支付，从而影响公司的形象。

二、发行可转换债券筹资

可转换债券是一种特殊的债券，它在一定期间内依据约定的条件可以转换为普通股。

(一) 可转换债券的特征

从筹资公司视角出发，发行可转换债券融合了债务与股权筹资的双重特性，属于混合性筹资方式。该方式赋予持有人将债券转换为发行公司股票的权利。在转换前，发行公司需定期支付利息；若转换期内持有人未行使转换权，发行公司则需到期偿还本金，此时其筹资属性类似普通债券。反之，若持有人选择转换，则发行公司将债券负债转化为股东权益，展现出股权筹资的特性。

(二) 可转换债券的转换

可转换债券的转换涉及转换期限、转换价格和转换比率。

1. 可转换债券的转换期限

可转换债券的转换期限是指按发行公司的约定，持有人可将其转换为股票的期限。一般而言，可转换债券的转换期限的长短与可转换债券的期限相关。在我国，可转换债券的期限按规定最短期限为 1 年，最长期限为 6 年。分离交易的可转换公司债券的期限最短为 1 年。

2. 可转换债券的转换价格

可转换债券的转换价格，即债券转换为股票的每股价格，由发行公司在债券发行时确定。依据我国规定，上市公司发行此类债券时，转换价格以发行前一月股票均价为基础，上浮一定幅度；而重点国有企业则以其拟发行股票价格为基础，折扣一定比例来设定转换价格。

【例 3-5】某上市公司拟发行可转换债券，发行前一个月该公司股票的平均价格为每股 20 元，预计该公司股票股价有明显的上升趋势，上浮幅度为 20%。

可转换公司债券的转换价格为 = 20 × (1 + 20%) = 24（元）

可转换债券的转换价格并非固定不变。公司发行可转换债券并约定转换价格后，由于又增发新股、配股及其他原因引起公司股份发生变动的，应当及时调整转换价格，并向社会公布。

3. 可转换债券的转换比率

可转换债券的转换比率是每份可转换债券所能转换的股份数，等于可转换债券的面值除以转换价格。

【例 3-6】某上市公司发行可转换债券每份面值 1 000 元，转换价格为每股 50 元。

转换比率 = 1 000 ÷ 50 = 20（股）

即每份可转换债券可以转换为 20 股股票。

(三) 可转换债券的特点

1. 有利于降低资本成本

可转换债券的利率通常低于普通债券，因此在转换前，可转换债券的资本成本低于普通债券；转换为股票后，可转换债券又可节省股票的发行成本，从而降低股票的资本成本。

2. 有利于筹集更多资本

可转换债券的转换价格通常高于发行时的股票价格，因此可转换债券转换后，其筹资额大于当时发行股票的筹资额，另外也有利于稳定公司的股价。

3. 有利于调整资本结构

可转换债券兼具债务与股权筹资特性,转换前为债务,发行公司可引导转换以调整资本结构。

4. 有利于避免筹资损失

股价持续高于转换价格一定幅度时,发行公司可按赎回条款赎回未转换债券,规避损失。

5. 存在一定的偿债压力

若股价未上升,持有人不愿转股,发行公司将面临偿债压力。

6. 回售条款的规定可能使发行公司遭受损失

当公司的股票价格在一段时期内连续低于转换价格并达到一定幅度时,可转换债券持有人可按事先约定的价格将所持债券回售公司,从而使发行公司受损。

三、发行认股权证筹资

认股权证是上市公司向股东发放的一种凭证,赋予持有者在特定期间内以约定价格购买固定数量公司股票的权利。作为特殊筹资工具,认股权证旨在辅助股权融资,并具备直接筹集资金的功能。

(一) 认股权证的种类

在国内外的公司筹资实务中,认股权证的形式多种多样,可分为不同种类。

1. 长期与短期的认股权证

认股权证按允许认股的期限可分为长期认股权证和短期认股权证。长期认股权证的认股期限通常持续几年,有的是永久性的。短期认股权证的认股期限比较短,一般在90天以内。

2. 单独发行与附带发行的认股权证

认股权证按发行方式可分为单独发行的认股权证和附带发行的认股权证。单独发行的认股权证是指不依附于其他证券而独立发行的认股权证。附带发行的认股权证是指依附于债券、优先股、普通股或短期票据发行的认股权证。

3. 备兑认股权证与配股权证

备兑认股权证是每份备兑权证按一定比例含有几家公司的若干股份。配股权证是确认股东配股权的证书,它按股东的持股比例定向派发,赋予股东以优惠的价格认购发行公司一定份数的新股。

(二) 认股权证的作用

在公司的筹资实务中,认股权证的运用十分灵活,对发行公司具有一定的作用。

1. 为公司筹集额外的现金

认股权证不论是单独发行还是附带发行，大多为发行公司筹集一笔额外现金，增强公司的资本实力和运营能力。

2. 促进其他筹资方式的运用

单独发行利于未来股票发售，附带发行则提升依附证券发行效率，例如，认股权证依附于债券发行，用以促进债券的发售。

（三）认股权证的特点

认股权证是股份公司发行的股票买入期权，赋予持有者以约定价格购买公司股份的权利。对筹资公司而言，发行认股权证是特殊筹资手段，含有期权条款，持有者在认购前不享有债权或股权，仅拥有股票认购权。但发行公司可通过此方式筹集现金，并作为承销商补偿手段。

【本章总结】

企业筹资是企业为满足经营活动、投资活动和资本结构调整等需求，通过特定方式获取资金的行为。基本原则包括：合理确定资金需要量，科学安排筹资时间；合理组合筹资渠道和方式，降低资金成本；优化资本结构，强化筹资风险管理；制定筹资方案，严格履行筹资合同义务。资金需求量预测是筹资数量的依据，旨在确保资金满足生产经营需求而不闲置，预测方法包括定性和定量预测法，定量预测法中又包括了销售百分比法和资金习性预测法。

企业筹资按资本属性分为股权性筹资、债务性筹资和混合性筹资。股权性筹资形成企业的股权资本，包括吸收直接投资、发行股票和留存收益。债务性筹资形成企业的债务资本，通过银行借款、发行债券、融资租赁等方式取得。混合性筹资兼具股权和债务属性，包括发行优先股、可转换债券和认股权证。企业需根据财务状况和市场条件选择最合适的筹资方式。

【重要术语】

企业筹资　直接筹资　间接筹资　内源筹资　外源筹资　普通股　增发配股　债券　融资租赁　优先股　可转换债券　认股权证

【复习与思考】

1. 什么是企业筹资的基本概念，以及它的重要性是什么？
2. 资金需求量预测在筹资决策过程中起到了什么作用？
3. 股权筹资与债务筹资各自有哪些特点？

术语释义

4. 普通股股东拥有哪些权利？
5. 留存收益筹资有哪些途径和特点？
6. 债券发行价格受哪些因素影响？债券发行的优缺点是什么？
7. 融资租赁有哪些分类，以及它们各自的特点是什么？
8. 优先股有哪些特征，以及它的优缺点是什么？
9. 可转换债券的基本要素有哪些，以及它的特点是什么？
10. 认股权证的作用是什么？

第四章
筹资决策

【学习目标】

1. 理解资本成本的概念及意义;
2. 掌握个别资本成本、加权平均资本成本和边际资本成本的计算方法;
3. 掌握经营杠杆和经营杠杆系数;
4. 掌握财务杠杆和财务杠杆系数;
5. 掌握联合杠杆和联合杠杆系数;
6. 熟悉资本结构的含义和最优资本结构的确定;
7. 掌握比较资本成本法、每股收益无差别点法的计算方法。

【本章知识逻辑结构】

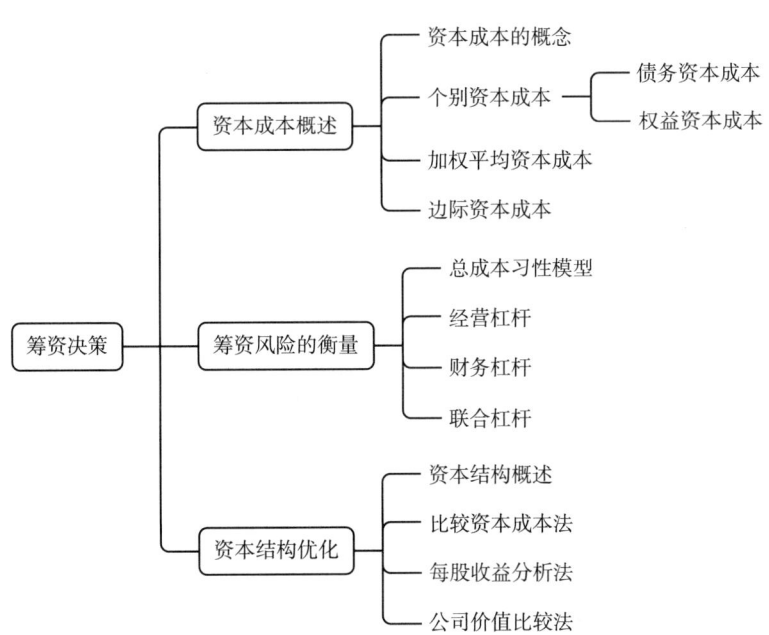

【引 导 案 例】

跃进汽车制造公司是一个多种经济成分并存，具有法人资格的大型企业集团。公司现有58个生产厂家。当下急需1亿元资金用于轿车技术改造项目。为此，总经理赵经理于2023年5月10日召开由生产副总经理张经理、财务副总经理王经理、某经济研究中心经济学家武教授、某大学财务学者郑教授等组成专家研讨会，讨论该公司筹资问题。他们的发言和有关资料如下：

总经理赵经理首先发言："公司轿车技术改造项目经专家、学者的反复论证已被国家正式批准立项。这个项目的投资额预计为4亿元，生产能力为4万辆。项目改造完成后，公司的两个系列产品的各项性能可达到国际同类产品的先进水平。当下项目正在积极实施中，但目前资金不足，准备在2023年9月前筹措1亿元资金，请大家发表自己的意见，谈谈如何筹措这笔资金。"

生产副总经理张经理说："目前筹集的1亿元资金，主要是用于投资少、效益高的技术改进项目。这些项目在两年内均能完成建设且正式投产，到时将大大提高公司的生产能力和产品质量，估计这笔投资在改造投产后三年内可完全收回。所以应发行五年期的债券筹集资金。"

财务副总经理王经理提出了不同意见，他说："目前公司全部资金总额为10亿元，其中自有资金4亿元，借入资金6亿元，自有资金比率为40%。负债比率为60%，这种负债比率在我国处于中等水平，和世界发达国家如美国、英国等相比，负债比率已经比较高了，如果再利用债券筹集1亿元资金，负债比率将达到64%，显然负债比率过高，财务风险太大。所以，不能利用债券筹资，只能靠发行普通股或优先股筹集资金。"

但金融专家周教授却认为："在目前条件下要发行1亿元普通股是很困难的。发行优先股仍能够考虑，但根据目前的利率水平和生产情况，发行时年股息不能低于16.5%，否则也无法发行。如果发行债券，因要定期付息，投资者的风险较小，估计以12%的利率便可顺利发行债券。"

来自某经济研究中心的武教授认为："目前汽车行业受到市场经济冲击，销售量受到影响。在进行筹资和投资时应考虑这一因素，不然盲目上马，后果将是不够理想的。"

来自某大学的财务学者郑教授听了大家的发言后指出："以16.5%的股息率发行优先股不可行，因为发行优先股所花费的筹资费用较多，把筹资费用加上以后，预计利用优先股筹集资金的资金成本将达到19%，这已高于公司税后资金利润率，所以不可行。但若发行债券，由于利息能够在税前支付，实际成本大约在9%。"他仍认为，以我国目前形势看不宜发行较长时期的负担较高的利息或股息。所以，郑教授认为，应首先向银行筹措1亿元的技术改造贷款，期限为一年，一年以后，再以较低的股息率发行优先股股票来替换技术改造贷款。

资料来源：王化成：《财务管理教学案例》，中国人民大学出版社2001年版，第148~149页。

引导案例启示

第一节 筹资方式的选择

一、资本成本概述

企业经营过程中，可通过多种筹资方式获取所需资金，而不同筹资方式的资本成本存在差异。资本成本在财务管理领域占据重要地位，其重要性主要体现在两个方面。其一，公司若要实现股东财富最大化，就必须将包括资本成本在内的所有投入成本降至最低，所以正确估算并合理降低资本成本是制定筹资决策的关键基础；其二，公司若想增加股东财富，只能将资金投向投资报酬率高于资本成本的项目，因此准确评估项目的资本成本是制定投资决策的重要基础。

（一）资本成本的概念

资本成本（cost of capital）是企业筹集和使用资本而承担的代价，如筹资公司向银行支付的借款利息和向股东支付的股利等。这里的资本是指企业筹集的长期资本，包括股权资本和长期债务资本。从投资者角度看，是资金提供者要求得到的必要投资报酬率。从使用资金的企业角度来看，资本成本是为获得借入资金必须付出的最低成本，虽然企业在使用任何资金，无论是短期还是长期，都需要支付一定的代价，但由于短期资金通常不会影响企业的长期资本结构，因此，资本成本主要指的是长期资金的成本。

（二）资本成本的内容

资本成本从绝对量的构成来看，包括筹资费用和用资费用两部分的内容。

1. 筹资费用

筹资费用是指企业在筹集资金过程中支付的各项开支，包括股票和债券的发行费用、向银行支付的借款手续费等。筹资费用一般在筹措资金时一次性支付，在以后资金的使用过程中不再发生，它与筹资的次数有关。因此，在计算资本成本时，通常是将其作为所筹资本额的减项处理，即从筹资总额中直接扣除。

2. 用资费用

用资费用是指企业在使用资金过程中付出的代价，如向股东支付的股利、向债权人支付的利息等。用资费用一般与使用资金数量的多少和使用时间的长短有关，且具有经常性、定期支付的特点。

资本成本可以用绝对数表示，也可以用相对数表示。用绝对数表示的资本成本是指企业为筹集和使用一定量的资本而付出的筹资费用和用资费用的总额；用相对数表示的资本成本是指企业为筹集和使用一定量的资本而付出的年用资费用与实际筹得资本额的比率，也就是资本成本率。

需要特别指出的是，由于筹资费用属于一次性支付的费用，可以在筹资总额中扣除。扣除筹资费用后的筹资额称为筹资净额，筹资净额才是企业真正筹得的可用资金。其基本计算公式为：

$$资本成本率 = \frac{年用资费用}{筹资净额} \times 100\%$$

$$= \frac{年用资费用}{筹资总额 \times (1 - 筹资费用率)} \times 100\%$$

即

$$K = \frac{D}{P - F} \times 100\% \text{ 或 } K = \frac{D}{P(1 - f)} \times 100\% \qquad (4.1)$$

式（4.1）中，K 为资本成本率，D 为用资费用，P 为筹资总额，F 为筹资费用，f 为筹资费用率（筹资费用与筹资总额的比率）。

（三）资本成本的属性

资本成本作为企业的一种成本，具有一般商品成本的基本属性，又有不同于一般商品成本的某种特性。在企业正常的生产经营活动中，一般商品的生产成本是其生产耗费的直接材料、直接人工和制造费用之和，对于这种商品的成本，企业需从其收入中获得补偿。资本成本也是企业的一种耗费，也需由企业的收益补偿，但它是为获得和使用资本而付出的代价，通常并不直接表现为生产成本或企业实际支付的成本，而是机会成本，是将资本用于本项目投资放弃的其他投资机会的收益。此外，产品成本需要计算实际数，资本成本只需要计算预测数或估计数。

资本成本和资金时间价值既有联系又有区别。资金时间价值是资本成本的基础，而资本成本既包括资金时间价值，又包括投资的风险价值和通货膨胀补偿。因此，在有风险的条件下，资本成本是投资者必要的报酬率或最低收益率。此外，企业的资本成本也与资本市场有关，如果市场上其他投资机会的收益率升高，企业的资本成本也会上升。

需要注意的是，不同资本来源的资本成本是不同的。由于风险不同，每一种资本来源要求的收益率也不同。企业的资本成本是各种来源的资本成本的加权平均值，表示企业取得资本使用权的平均代价。

（四）资本成本的作用

资本成本是企业财务管理的一个重要概念，对企业筹资决策、投资决策和业绩评价工作都有重要意义。因此，计算资本成本对企业比较筹资方式、选择筹资方案、评价投资项目、衡量企业经营业绩都具有重要作用。

1. 资本成本在企业筹资决策中的作用

资本成本是企业选择筹资方式、确定资本结构的一个重要依据。不同筹资方式筹集的资本的成本不同。企业在筹资时总是要尽可能地降低资本成本，为此必须分析、比较各种资本成本的高低，并合理安排各种资本之间的比例关系。总体来讲，资本成本在企业筹资决策中的重要作用主要表现在以下几方面：

（1）资本成本是影响企业筹资总额的重要因素。随着筹资数量的增加，资本成本会发生变化。一般来说，当筹资规模扩大时，企业的边际成本会随之上升，当边际成本上升到超过企业的承受能力时，企业就不能再增加筹资数量。因此，边际资本成本是限制企业筹资数量的一个重要因素，也是选择追加筹资方案的一个依据。

（2）资本成本是选择资本来源的依据。企业可以从不同的筹资渠道，采用不同的筹资方式筹集资本。不同的筹资渠道和筹资方式筹集到的资本的成本是不同的。企业选择哪种筹资渠道，采用哪种筹资方式，主要应考虑个别资本成本的高低。

（3）资本成本是确定最优资本结构必须考虑的因素。企业的全部资本是由各种不同的资本组合形成的。企业的资本结构不同，其资本成本和财务风险也不同。企业筹资有多个组合方案可供选择时，应比较不同筹资组合的综合资本成本的高低。在其他条件相同的情况下，只有使企业综合资本成本最低的资本结构才是最优的资本结构。

需要注意的是，资本成本不是企业在筹资决策中要考虑的唯一因素，企业筹资还要考虑财务风险、资金期限、偿还方式、限制条件等相关因素。

2. 资本成本在企业投资决策中的作用

资本成本是评价投资项目、比较投资方案和进行投资决策的经济标准。一般而言,一个投资项目,只有当其预期投资收益率高于其资本成本时,在经济上才是合理的;否则,该项目将无利可图,甚至会发生亏损。因此,企业通常将资本成本看成一个投资项目必须赚得的最低收益率,视为是否采纳一个投资项目的"取舍率",进而作为比较选择投资方案的一个决策标准。总体来讲,在企业投资决策时,资本成本的重要作用具体表现在以下两个方面:

(1)在利用净现值指标决策时,常以资本成本为贴现率。当净现值大于零时,说明投资项目是可行的;当净现值小于零时,说明投资项目是不可行的。

(2)在利用内部收益率指标进行决策时,一般以资本成本率为基准率。当投资项目的内部收益率大于资本成本时,说明投资项目是可行的;当投资项目的内部收益率小于资本成本时,说明投资项目是不可行的。

3. 资本成本是衡量企业经营业绩的重要尺度

资本成本与一定的风险相联系。对资金投资者来说,资本成本是其要求的投资报酬率,如果资金使用者不能使企业产生收益,不能满足投资者的投资需求,那么投资者不会再把资金投资给企业。同样,对于负债资金,如果企业经营业绩不佳,到期无法偿还本息,将有可能导致企业亏损甚至破产。因此,可以将企业的收益率指标,如资本利润率,与资本成本相比较,来评价企业经营业绩的好坏。

二、资本成本的计量形式

资本成本有多种计量形式,企业在比较各种筹资方式时,使用个别资本成本;在进行全部资本结构决策时,使用加权平均资本成本;在进行追加筹资决策时,使用边际资本成本。

(一)个别资本成本

个别资本成本是指企业单种筹资方式的资本成本,包括债务资本成本和权益资本成本。

1. 债务资本成本

债务资本成本主要包括长期借款资本成本和长期债券资本成本。根据国际惯例和我国税法的规定,债务的利息一般允许企业在缴纳所得税前支付,企业实际负担的债务利息为税后债务成本,因此在计算债务成本时应从利息支出中扣除所得税。

(1)长期借款资本成本。长期借款的资本成本主要包括筹资费用和借款利息。其筹资费用为银行或其他金融机构在发放贷款时收取的手续费,一般数额很小,有时可以忽略不计。

个别资本成本的测算原理

长期借款资本成本可以通过以下公式进行计算：

$$K_L = \frac{I_L(1-T)}{L \times (1-f)} = \frac{L \times i \times (1-T)}{L \times (1-f)} = \frac{i \times (1-T)}{1-f} \quad (4.2)$$

式（4.2）中，K_L为长期借款成本，I_L为长期借款年利息，T为企业所得税税率，L为长期借款筹资额（借款本金），f为长期借款筹资费用率，i为长期借款年利率。当银行借款手续费忽略不计时，此时式（4.2）可以简化为：

$$K_L = i \times (1-T) \quad (4.3)$$

【例4-1】腾飞公司欲从银行取得一笔长期借款1 000万元，手续费为1%，年利率为6%，期限为3年，每年结息一次，到期一次还本。企业所得税税率为25%。这笔借款的资本成本率计算如下：

$$K_L = \frac{L \times i \times (1-T)}{L \times (1-f)} = \frac{1\,000 \times 6\% \times (1-25\%)}{1\,000 \times (1-1\%)} = 4.5\%$$

如果忽略银行筹资费用率，则其资本成本计算如下：

$$K_L = 6\% \times (1-25\%) = 4.5\%$$

如果借款合同中存在其他限制性条款，比如补偿性余额时，在计算企业可动用的借款筹资额时，应扣除补偿性余额，此时借款的实际利率和资本成本都将会提高。

【例4-2】华天公司欲借款1 000万元，年利率为6%，期限为3年，每年结息一次，到期一次还本。银行要求补偿性余额为20%。企业所得税税率为25%。这笔借款的资本成本率计算如下：

$$K_L = \frac{1\,000 \times 6\% \times (1-25\%)}{1\,000 \times (1-20\%)} = 5.625\%$$

在借款年内结息次数超过一次时，借款实际利率也会高于名义利率，资本成本率上升。这时，借款资本成本率的测算公式如下：

$$K_L = \left[\left(1 + \frac{R_l}{m}\right)^m - 1\right] \times (1-T) \quad (4.4)$$

式（4.4）中，K_L为长期借款成本，T为企业所得税税率，R_l为长期借款年利率，m为一年结息的次数。

【例4-3】万保公司借款1 000万元，年利率为6%，期限为3年，每季结息一次，到期一次还本。企业所得税税率为25%。这笔借款的资本成本率计算如下：

$$K_L = \left[\left(1 + \frac{R_l}{m}\right)^m - 1\right] \times (1-T) = \left[\left(1 + \frac{6\%}{4}\right)^4 - 1\right] \times (1-25\%) = 4.60\%$$

（2）长期债券资本成本。企业发行债券的成本主要是指筹资费用和债券利息费用。债券的筹资费用即发行费用，包括申请费、注册费、印刷费、上市费以及推销费等。债券的筹资费用一般较高，因此在计算成本时不能忽略不计。债券的利息在所得税前列支，具有抵税作用。

债券的发行价格有平价、溢价和折价三种。债券的利息按票面价值和票面利率的乘积计算，但债券的筹资额应按实际发行价格确定。债券发行价格与资本成本呈反比例关系：债券发行价格高于面值，资本成本下降；债券发行价格低于面值，资本成本上升。

①在不考虑货币时间价值的情况下，债券资本成本的计算公式如下：

$$K_b = \frac{M \times i \times (1-T)}{B_0(1-f)} \quad (4.5)$$

式（4.5）中，K_b 为债券的资本成本，T 为企业所得税税率，B_0 为债券发行总额，按债券的发行价格确定，f 为债券筹资费用率，M 为债券的面值，i 为债券的年利率。

【例 4-4】中保公司拟等价发行面值为 1 000 万元、期限为 5 年、票面利率为 8% 的债券，每年结息一次。发行费用为发行价格的 5%。企业所得税税率为 25%。该批债券的资本成本率计算如下：

$$K_b = \frac{1\,000 \times 8\% \times (1-25\%)}{1\,000 \times (1-5\%)} = 6.32\%$$

如果该债券按溢价发行，发行价格为 1 200 万元，此时债券的资本成本为：

$$K_b = \frac{1\,000 \times 8\% \times (1-25\%)}{1\,200 \times (1-5\%)} = 5.26\%$$

如果该债券按折价发行，发行价格为 800 万元，此时债券的资本成本为：

$$K_b = \frac{1\,000 \times 8\% \times (1-25\%)}{800 \times (1-5\%)} = 7.89\%$$

以上分析可以看出，债券的发行价格同债券的资本成本存在一定的关系，即在其他条件不变的情况下：

债券发行价格 > 面值，即溢价发行，则资本成本低；
债券发行价格 < 面值，即折价发行，则资本成本高。

在实际工作中，由于债券的利率水平要高于长期借款的利率，加上债券的发行费用较高，因此债券的资本成本一般高于长期借款的资本成本。

②在考虑货币时间价值时，公司债券的税前资本成本率也就是债券持有人的投资必要报酬率，再乘以（1-T）折算为税后的资本成本率。测算过程如下：

第一步，先测算债券的税前资本成本率，测算公式为：

$$P_0 = \sum_{t=1}^{n} \frac{I}{(1+R_b)^t} + \frac{P_n}{(1+R_b)^n} \quad (4.6)$$

式（4.6）中，P_0 表示债券筹资净额，即债券发行价格（或现值）扣除发行费用；I 表示债券年利息额；P_n 表示债券面额或到期价值；R_b 表示债券投资的必要报酬率，即债券的税前资本成本率；t 表示债券付息期数；n 表示债券期限。

第二步，测算债券的税后资本成本率，其测算的公式为：

$$K_b = R_b \times (1 - T) \quad (4.7)$$

【例 4-5】安泰公司准备以溢价 96 元发行面额为 1 000 元、票面利率为 10%、期限为 5 年的债券一批，每年结息一次。平均每张债券的发行费用为 16 元。企业所得税税率为 25%。该债券的资本成本率计算如下：

$$P_0 = \sum_{t=1}^{n} \frac{I}{(1 + R_b)^t} + \frac{P_n}{(1 + R_b)^n}$$

$$1\,000 + 96 - 16 = \sum_{t=1}^{n} \frac{1\,000 \times 10\%}{(1 + R_b)^t} + \frac{1\,000}{(1 + R_b)^n}$$

经过逐步测试，得出：

$R_b = 8\%$

$K_b = R_b \times (1 - 25\%) = 8\% \times (1 - 25\%) = 6\%$

2. 权益资本成本

按照公司股权资本的构成，股权资本成本主要分为优先股资本成本、普通股资本成本和留用利润成本等。根据税法的规定，公司只能以税后净利润向股东派发股利，因此股权资本成本没有抵税利益。

（1）优先股资本成本。优先股资本成本包括筹资费用和优先股股利。优先股同时具有债券和普通股的一些特征，具体表现为需定期向持股人支付固定股利，但其股利是从税后利润中支付，不具有抵减所得税的作用。优先股成本可以通过以下公式进行计算：

$$K_p = \frac{D_p}{P_0(1-f)} \quad (4.8)$$

式（4.8）中，K_p 为优先股资本成本；D_p 为优先股年股利，按面值和固定的股利率确定；P_0 为优先股筹资额，按发行价格确定；f 为优先股筹资费用率。

【例 4-6】仙溪股份公司发行总面值为 150 万元、股息率为 15% 的优先股。若股票发行价格为 180 万元，发行费用率为 5.5%，企业所得税率为 25%，则该优先股的资本成本计算如下：

$$K_p = \frac{150 \times 15\%}{180 \times (1 - 5.5\%)} = 13.23\%$$

当企业资不抵债时，优先股持有人参与剩余财产分配的顺序仅次于债券持有人，而先于普通股持有人。因此，优先股的风险要大于债券、小于普通股，其资本成本要高于债券成本、低于普通股成本。

(2) 普通股资本成本。按照资本成本率实质上是投资的必要报酬率的思路可知，普通股的资本成本就是普通股投资的必要报酬率。普通股资本成本的确定方法与优先股类似，但是普通股的股利是不固定的，其股利率会随着企业经营状况的变动而变化，正常情况下是呈逐年增长的趋势。当企业资不抵债时，普通股持有人参与剩余财产的分配权在债券和优先股持有人之后，其投资风险最大，股利支付率也比债券利率和优先股股利率高，因此普通股资本成本也最高。对于普通股资本成本的预测，主要有三种方法：股利贴现模型法、资本资产定价模型法和风险溢价法。

①股利贴现模型法。股利贴现模型法是股票估价的基本模型，也叫贴现现金流量法。股东购买股票是期望获得股利，也就是股票发行人需要付出的成本。根据股票内在投资价值等于未来可收到的股利现值之和的原理，可以得到测量普通股资本成本的公式为：

$$P_0 = \sum_{t=1}^{\infty} \frac{D_t}{(1+K_s)^t} \qquad (4.9)$$

式（4.9）中，P_0 为普通股内在价值，表示股票筹资获得的现金流入量；D_t 为第 t 年年末预期得到的每股股利；K_s 为普通股资本成本。

如果股票发行人采取固定股利的股利分配政策，即 D_t 是一个固定金额时，普通股资本成本的计算方法和优先股资本成本的计算方法相同，资本成本率公式为：

$$K_s = \frac{D}{P_0(1-f)} \qquad (4.10)$$

【例4-7】中泰公司拟发行一批普通股，发行价格为12元/股，每股发行费用为1元，预定每年分派现金股利为每股1.2元。其资本成本测算如下：

$$K_s = \frac{D}{P_0(1-f)} = \frac{1.2}{12-1} = 10.91\%$$

如果股利以一个固定的增长率 g 递增时，在式（4.9）的基础上经过推算，可以得到发行普通股资本成本的计算公式为：

$$K_s = \frac{D_1}{P_0(1-f)} + g \qquad (4.11)$$

式（4.11）中，K_s 为普通股资本成本，D_1 为预期第1年年末每股股利，P_0 为普通股筹资额，f 为普通股筹资费用率，g 为普通股股利年增长率。

【例4-8】A公司准备增发普通股，每股的发行价格为15元，发行费用为1.5元，预期第一年分派现金股利为每股1.5元，以后每年股利增长4%。其资本成本率测算如下：

$$K_0 = \frac{D_1}{P_0(1-f)} + g = \frac{1.5}{15-1.5} + 4\% = 15.11\%$$

②资本资产定价模型法。按照资本资产定价模型法，只需要计算某种股票在证券市场的组合风险系数β，即可预计股票的资本成本。资本资产定价模型的计算公式为：

$$K_s = R_f + \beta(R_m - R_f) \quad (4.12)$$

式（4.12）中，K_s 为普通股资本成本，R_f 为无风险报酬率，β 为股票的β系数，R_m 为平均风险股票必要报酬率。

【例4-9】某期间政府发行的国库券年利率为10%，平均风险股票的必要报酬率为13%，星光公司普通股的β系数为1.4。该普通股的资本成本计算如下：

$K_s = 10\% + 1.4 \times (13\% - 10\%) = 14.2\%$

③风险溢价法。风险溢价法是指在企业发行的长期债券利率的基础上加上风险溢酬率，即可得到普通股的资本成本。这种方法的理论依据是：相对于债券持有者，普通股股东承担了较大的风险，理应得到比债券持有者更高的报酬率。实证研究表明，风险溢酬率的变化范围约为1.5%~4.5%。计算公式为：

$$K_s = K_b + R \quad (4.13)$$

式（4.13）中，K_s 为普通股资本成本，K_b 为同一公司的债券资本成本，R 为股东要求的风险溢价。

【例4-10】安泰公司已发行债券的投资报酬率为8%，现准备发行一批股票。经分析，该股票高于债券的投资风险报酬率为4%。该股票的必要报酬率，即资本成本率计算如下：

$K_s = K_b + R = 8\% + 4\% = 12\%$

（3）留存收益资本成本。留存收益实质上是股东对企业的追加投资，企业将留存收益用于公司发展，是以失去外部投资获得的报酬为代价的，是一种机会成本，因此留存收益也有资本成本。其资本成本的计算方法跟普通股类似，不同的是留存收益没有发生筹资费用。

在股利贴现模型法下，留存收益资本成本的计算公式为：

$$K_c = \frac{D_1}{P_0} + g \quad (4.14)$$

式（4.14）中，K_c 为留存收益资本成本，D_1 为预期年股利额，P_0 为普通股筹资额，g 为普通股股利年增长率。

【例4-11】中保企业普通股每股市价为150元，第一年年末的股利为15元，以后每年增长5%，其中筹资费用率为0.5%。留存收益资本成本计算如下：

$K_c = \dfrac{15}{150} + 5\% = 15\%$

综上所述，负债资金的利息具有抵税作用，而权益资金的股利（股息、分红）不具有抵税作用，因此在一般情况下，权益资金的资本成本要比负债的资本成本高。从投资人的角度看,投资人投资债券要比投资股票的风险小,因此要求的报酬率比较低,筹资人弥补债券投资人风险的代价也相应要小。对于借款和债券,因为借款的利息率通常低于债券的利息率,而且筹资费用也比债券筹资费用低,所以借款的筹资成本要小于债券的筹资成本。对于权益资金,优先股股利固定不变,投资风险小,因此优先股股东要求的回报低,筹资人的筹资成本比普通股的资本成本低;留存收益没有筹资费用,因此留存收益的筹资成本也要比普通股的资本成本低。

(二) 加权平均资本成本

在实际工作中,由于受多种因素的影响,企业不可能只使用某种单一的筹资方式,往往需要通过多种方式筹集需要的资金,而每一种筹资方式筹集的资金在企业所有资金中的比例不完全相等,每一种筹资方式的资本成本也不相同。为了进行合理的筹资决策,就需要计算确定企业全部长期资金的总成本——加权平均资本成本。加权平均资本成本是衡量企业筹资的总体代价,以各项个别资本成本占企业全部资金的比重为权数,对个别资本成本进行加权平均确定的,又称为综合资本成本。

加权平均资本成本是由个别资本成本和加权平均数两个因素决定的。计算公式为:

$$K_w = \sum_{j=1}^{n} K_j W_j \qquad (4.15)$$

式 (4.15) 中, K_w 为加权平均资本成本, K_j 为第 j 种资本的个别资本成本率, W_j 为第 j 种资本的资本比例。

【例 4-12】C 公司 2023 年 12 月 31 日的账面长期资金共 8 500 万元,其中长期借款 2 500 万元,长期债券 2 000 万元,普通股 3 500 万元,留存收益 500 万元,其个别资本成本分别为 5%、8.5%、14.15%、12%。该公司的加权平均资本成本计算如下:

$$K_w = \frac{2\,500}{8\,500} \times 5\% + \frac{2\,000}{8\,500} \times 8.5\% + \frac{3\,500}{8\,500} \times 14.15\% + \frac{500}{8\,500} \times 12\% = 10.15\%$$

在个别资本成本一定的情况下,加权平均资本成本的高低由资本结构(即权数)决定。【例 4-12】中的个别资本成本占全部资金的比重是按账面价值确定的,资料容易取得,但是当资本的账面价值与市场价值差别较大时,其计算结果会与实际情况有较大差距,从而影响筹资决策。一般来说,权数的计算依据主要有如下三种选择:

(1) 账面价值权数。它是以各项筹资来源的账面价值确定的权数。资产负债表上提供的各种资本金额就是账面价值，资料容易获得。使用账面价值确定各种资本成本的优点是计算简便，当市价受外部影响发生较大波动时，这是用来估计资本成本比较好的一种方法。其缺点是资本的账面价值可能不符合其市场价值，导致误估资本成本，从而不利于筹资决策。

（2）市场价值权数。它是按照各种资本的现行市场价格确定的权数。其优点是市场价值可以比较真实地反映公司当前的实际资本成本水平，从而有利于筹资管理决策。其缺点是资本市场的各种资本价格处于经常变动之中，不易使用。

（3）目标资本结构价值权数。它是以预测各种资本的未来目标市场价值确定的权数。其优点是能够体现公司期望的目标资本结构，适合公司筹措新资本。其缺点是难以客观确定资本的目标价值，尤其是在证券市场不成熟的环境下，市场走势更加难以预测。

不同的权数侧重的内容并不完全相同，企业一般都以账面价值为计算权重的基础。

（三）边际资本成本

边际资本成本是指企业追加筹资时的资本成本，即企业每新增1元资本所需负担的成本。在现实生活中可能会出现这样一种情况：当企业以某种筹资方式筹资超过一定限度时，边际资本成本就会增加。此时，即使企业保持原有的资本结构，仍有可能导致加权平均资本成本增加。因此，边际资本成本又称随筹资额增加而提高的加权平均资本成本。

企业追加筹资有时可能只采取某一种方式。在筹资数额较大或在目标资本结构既定的情况下，企业追加筹资往往需要通过多种筹资方式的组合来实现。这时，边际资本成本率应该按加权平均预测，而且其资本成本比例必须以市场价值确定。

【例4-13】申中公司准备追加筹资130万元用于项目投资。该公司目前的资本结构为长期借款占20%，债券占25%，普通股占55%。增资情况及个别资本成本变动情况如表4-1所示。要求：计算该公司追加筹资的边际资本成本。

表4-1　　　　　　　　增资情况及个别资本成本变动

资本种类	目标资本结构（%）	新筹资额的数量范围	资本成本（%）
长期借款	20	5万元内	4
		5万~10万元	6
		10万元以上	8

续表

资本种类	目标资本结构（%）	新筹资额的数量范围	资本成本（%）
长期债券	25	15万元以内	9
		15万~30万元	10
		30万元以上	11
普通股	55	55万元以内	14
		55万~110万元	15
		110万元以上	16

计算申中公司追加筹资的边际资本成本可以按照以下步骤进行。

第一步：确定企业的目标资本结构。企业财务人员经过分析认为目前的资本结构就是最优资本结构，企业追加筹资后应保持原有的目标资本结构，即长期借款占20%，债券占25%，普通股占55%。

第二步：确定各种筹资成本率的变动情况。随着企业筹资规模的不断增加，各种筹资成本率水平也会随之升高，具体变动情况如表4-1所示。

第三步：计算各种筹资方式的筹资总额分界点。筹资总额分界点是指在现有目标资本结构条件下，保持某一资本成本不变时可以筹集到的资金总限额，即特定筹资方式下的资本成本变化的分界点，也叫筹资突破点。在筹资总额分界点范围内筹资，原来的资金成本率不会改变；一旦筹资额超过筹资总额分界点，即使维持现有的资本结构，其资金成本率也会增加。

筹资总额分界点的计算公式如下：

$$BP_{ji} = \frac{TF_{ji}}{W_j} \qquad (4.16)$$

式（4.16）中，BP_{ji}为第j种资金的第i个分界点对应的筹资总额分界点，TF_{ji}为第j种资金的第i个资本成本分界点，W_j为第j种资金的目标比例。根据上述资料，计算出如下几个筹资总额分界点，如表4-2所示。

表4-2　　　　　　　　筹资总额分界点计算表

资本种类	资本成本（%）	新筹资额的数量范围	目标资本结构（%）	筹资总额分界点
长期借款	4	5万元内	20	25万元
	6	5万~10万元		50万元
	8	10万元以上		

续表

资本种类	资本成本（%）	新筹资额的数量范围	目标资本结构（%）	筹资总额分界点
长期债券	9	15万元以内	25	60万元
长期债券	10	15万~30万元	25	120万元
长期债券	11	30万元以上	25	
普通股	14	55万元以内	55	100万元
普通股	15	55万~110万元	55	200万元
普通股	16	110万元以上	55	

第四步：划分筹资范围，计算各个范围的边际资本成本。由表4-2可以得到7组筹资成本不同的筹资总额范围：0~25万元、25万~50万元、50万~60万元、60万~100万元、100万~120万元、120万~200万元、200万元以上。现在分别计算这7组筹资总额的综合资本成本，即边际资本成本，如表4-3所示。

表4-3　　　　不同筹资范围的综合资本成本计算表

筹资范围	资本种类	资本结构（%）	个别资本成本（%）	综合资本成本
0~25万元	长期借款	20	4	4%×20% + 9%×25% + 14%×55% = 10.75%
0~25万元	长期债券	25	9	
0~25万元	普通股	55	14	
25万~50万元	长期借款	20	6	6%×20% + 9%×25% + 14%×55% = 11.15%
25万~50万元	长期债券	25	9	
25万~50万元	普通股	55	14	
50万~60万元	长期借款	20	8	8%×20% + 9%×25% + 14%×55% = 11.55%
50万~60万元	长期债券	25	9	
50万~60万元	普通股	55	14	
60万~100万元	长期借款	20	8	8%×20% + 10%×25% + 14%×55% = 11.80%
60万~100万元	长期债券	25	10	
60万~100万元	普通股	55	14	
100万~120万元	长期借款	20	8	8%×20% + 10%×25% + 15%×55% = 12.35%
100万~120万元	长期债券	25	10	
100万~120万元	普通股	55	15	

续表

筹资范围	资本种类	资本结构（%）	个别资本成本（%）	综合资本成本
120万~200万元	长期借款	20	8	8%×20%+11%×25%+15%×55%=12.60%
	长期债券	25	11	
	普通股	55	15	
200万元以上	长期借款	20	8	8%×20%+11%×25%+16%×55%=13.15%
	长期债券	25	11	
	普通股	55	16	

从表4-3中可以看出，如果企业追加筹资130万元，其边际资本成本为12.60%，如果企业能将追加筹资控制在120万元以内，那么其边际资本成本为12.35%，成本下降了0.25%。因此，企业在确定追加筹资方案时，应尽量使筹资总额不超过某个分界点的总额限度范围，不然将面临下一个分界点更大的边际资本成本。

第二节 筹资风险的衡量

阿基米德曾经说过："给我一个支点，我将撬起地球。"这句话形象地说明了自然界中的杠杆作用。人们利用杠杆，可以用一个较小的力量产生较大的作用力。财务管理中也存在着类似的杠杆效应，表现为由于固定费用的存在，当某一财务变量以较小的幅度变化时，会使另一相关财务变量以较大幅度变化。这是财务管理中的杠杆原理。了解这些杠杆原理，有助于企业合理地规避风险，提高财务管理水平，实现理财目标。

财务管理中的杠杆效应有三种形式，即经营杠杆、财务杠杆和复合杠杆。每一种杠杆效应同时都包含杠杆利益和杠杆风险，也就是说，企业的资本结构决策很大程度上要在杠杆利益和杠杆风险之间进行权衡。要理解这些杠杆的原理，首先需要了解成本习性、边际贡献、息税前利润和每股收益等几个相关概念。

一、总成本习性模型、边际贡献及息税前利润

（一）总成本习性模型

成本性态，又称成本习性，是指成本总额与业务量（产量或者

销售量）之间的依存关系。成本性态分析是指在数量上对成本与业务量之间关系的规律性进行分析，从而为企业提供有价值的资料，帮助企业正确地进行最优管理决策和改善经营管理。按照成本性态不同，通常可以把成本区分为固定成本、变动成本和混合成本三类。

1. 固定成本

固定成本是指成本总额在一定时期和一定业务量范围内，不受业务量增减变动影响而保持不变的成本。例如，固定折旧费用、租赁费、管理人员薪酬、劳动保护费、财产保险费、广告费、职工培训费、办公费、产品研究与开发费用等。固定成本的基本特征是：相关范围内（一定业务量、一定时期）固定成本总额不变，但单位固定成本（单位业务量负担的固定成本）随着业务量的变动呈反比例变动。固定成本习性模型如图 4 – 1 所示。

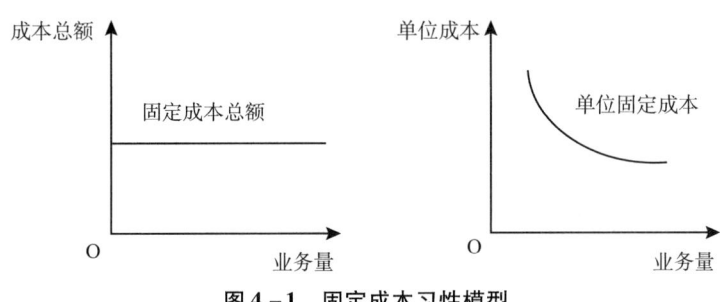

图 4 – 1 固定成本习性模型

2. 变动成本

变动成本是指在一定时期和一定业务量范围内，其总额与业务量之间呈正比例关系的成本。例如，直接材料、直接人工、按销售量支付的推销员佣金、装运费、包装费等。变动成本的基本特征是：相关范围内变动成本总额随业务量变动而呈正比例变动，单位变动成本（单位业务量负担的变动成本）不变。变动成本习性模型如图 4 – 2 所示。

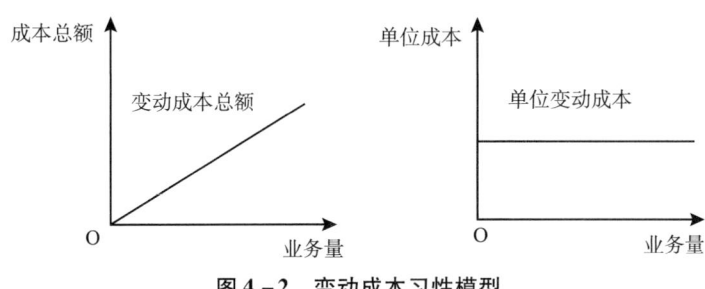

图 4 – 2 变动成本习性模型

3. 混合成本

混合成本介于固定成本和变动成本两者之间，其总额会随着产量的变动而变动，但又不呈现正比例关系，如日常的维修费用、检验费用等。这些费用"混合"了固定成本和变动成本两种不同的性质。一方面，它们因业务量的变动而变动；另一方面，它们的变动与业务量之间保持着非正比例关系。为满足决策计量的要求，通常需要按一定的技术方法将混合成本分解归入到固定成本和变动成本。因此，成本按习性分类，最终就只有固定成本和变动成本两部分。

4. 总成本

总成本是指企业生产产品或提供服务而发生的全部经济费用总和，总成本不仅反映了企业经营活动的成本情况，还可以反映企业的经营效率，为企业管理提供重要的参考。生产总成本可分解为固定成本和变动成本。

这样，总成本习性模型可表示如下：

$$y = a + bx \tag{4.17}$$

式（4.17）中，y 为总成本，a 为固定成本总额，b 为单位变动成本，x 为业务量（产量或销售量）。

从公式（4.17）可以看出，若知道 a 和 b 的值，就可以利用这个直线方程来进行成本预测和成本决策等。因此，总成本习性模型是一个非常重要的模型。

（二）边际贡献

边际贡献是指销售收入减去变动成本的差额。这是一个十分有用的价值指标，除了用总额表示外，还有单位边际贡献和边际贡献率两种形式。用公式表示如下：

$$\begin{aligned}边际贡献总额 &= 销售收入 - 变动成本 \\ &= 单位边际贡献 \times 销售量 \\ &= 销售额 \times 边际贡献率\end{aligned}$$

即：

$$M = px - bx = (p - b)x = S(1 - b') = mx \tag{4.18}$$

式（4.18）中，M 为边际贡献，p 为单位售价，b 为单位变动成本，x 为销售量，S 为销售额，b' 为变动成本率。

（三）息税前利润

顾名思义，息税前利润是指企业支付利息和缴纳所得税之前的利润。在成本习性模型的基础上，息税前利润可以用下列公式表示：

$$\begin{aligned}息税前利润 &= 销售收入 - 变动成本 - 固定营业成本 \\ &= (单价 - 单位变动成本) \times 销售量 - 固定营业成本 \\ &= 边际贡献总额 - 固定营业成本\end{aligned}$$

即： $EBIT = px - bx - F = (px - bx) - F = M - F$ (4.19)

式 (4.19) 中，EBIT 为息税前利润，F 为固定营业成本。

(四) 普通股每股收益

普通股每股收益也称普通股每股利润或每股盈余，表示每股普通股所能分得的公司净利润。在不考虑优先股的情况下，其计算公式为：

$$EPS = \frac{(EBIT - I)(1 - T)}{N} \qquad (4.20)$$

式 (4.20) 中，EPS 为普通股每股收益，I 为债务利息，T 为企业所得税税率，N 为普通股股数。

若企业存在优先股的情况下，普通股每股收益需用企业实现的净利润总额减去优先股股利后再除以普通股股数。则其计算公式为：

$$EPS = \frac{(EBIT - I)(1 - T) - D_P}{N} \qquad (4.21)$$

式 (4.21) 中，D_P 为优先股年股利。

二、经营杠杆

经营杠杆又称营业杠杆，是指企业在经营中由于存在固定营业成本而造成息税前利润变动率大于营业额（产销量）变动率的现象。因为固定营业成本在一定范围内不随产销量的变化而变化，因此，增加企业的产销量将会使每单位产品所分摊的固定营业成本减少，息税前利润增加，给企业带来额外收益，产生经营杠杆。

(一) 经营杠杆利益

经营杠杆利益是指在扩大销售量的条件下，经营成本中固定营业成本这个杠杆会使息税前利润增长的幅度更大。即企业运用经营杠杆，可以获得额外收益。

【例 4-14】光华公司 2021~2023 年产销量、销售收入等相关资料如表 4-4 所示。

表 4-4 　光华公司 2021~2023 年经营杠杆利益测算

项目	2021 年	2022 年	2023 年
销售增长率（%）	—	10	20
产销量（件）	20 000	22 000	26 400
销售单价（元）	50	50	50
销售收入（万元）	100	110	132

续表

项目	2021 年	2022 年	2023 年
变动成本率（%）	60	60	60
变动成本（万元）	60	66	79.2
边际贡献（万元）	40	44	52.8
固定营业成本（万元）	15	15	15
息税前利润（万元）	25	29	37.8
息税前利润增长率（%）	—	16	30.34

由表 4-4 的计算结果可以看到，在销售单价、变动成本率不变的情况下，由于固定营业成本总额保持不变，随着销售收入的增长，息税前利润以更大的幅度增长。从中也表明光华公司有效地利用了经营杠杆，获得了较高的经营杠杆利益。

（二）经营风险

经营风险是与企业生产经营活动有关的风险，是指企业经营的不确定性。经营风险的影响是导致息税前利润的不确定性。经营风险产生的根源是市场、企业的生产经营和技术状况的不确定性，而不是经营杠杆本身，经营杠杆只是放大了经营风险。影响企业经营风险的因素有很多，主要有以下几个方面：

（1）产品需求。市场对企业产品的需求稳定，则经营风险小；反之，经营风险大。

（2）产品售价。产品售价稳定，则经营风险小；反之，经营风险大。

（3）产品成本。产品成本是收入的抵减，成本不稳定，会导致利润不稳定，因此，产品成本变动大，则经营风险大；反之，经营风险小。

（4）调整价格的能力。当产品成本变动时，若企业具有较强的调整价格的能力，则经营风险小；反之，经营风险大。

（5）固定营业成本的比重。在企业的全部成本中，固定营业成本所占比重较大时，单位产品分摊的固定营业成本额较多，若产品数量发生变动，单位产品分摊的固定成本会随之变动，最后导致利润更大的变动，经营风险就大；反之，经营风险就小。

因此，只要存在固定营业成本，就存在经营杠杆现象。经营杠杆扩大了市场和生产等不确定因素对息税前利润的影响。在固定营业成本不变的情况下，销售额越大，经营杠杆系数越小，经营风险也就越小；反之，销售额越小，经营杠杆系数越大，经营风险也就越大。经营杠杆系数越高,息税前利润变动越显著,企业的经营风险就越大。一般来说,在其他因素不变的情况下,固定营业成本越高,经营杠杆系数越大,经营风险越大。

【例 4-15】仍然以【例 4-14】的资料为依据,预测光华公司 2021~2023 年的经营杠杆风险。相关数据如表 4-5 所示。

表 4-5　　光华公司 2021~2023 年经营杠杆风险测算

项目	2021 年	2022 年	2023 年
销售增长率(%)	—	-10	-20
产销量(件)	20 000	18 000	14 400
销售单价(元)	50	50	50
销售收入(万元)	100	90	72
变动成本率(%)	60	60	60
变动成本(万元)	60	54	43.2
边际贡献(万元)	40	36	28.8
固定营业成本(万元)	15	15	15
息税前利润(万元)	25	21	13.8
息税前利润增长率(%)	—	-16	-34.29

从表 4-5 的计算结果可以看到,在销售单价、变动成本率都不变的条件下,由于固定营业成本每年保持不变,销售收入一旦下降,息税前利润将以更大的幅度下降,这表明光华公司存在着经营杠杆风险。

(三) 经营杠杆系数

一个企业只要存在固定营业成本,就存在经营杠杆效应,但不同企业经营杠杆的作用程度往往不相等。为了反映经营杠杆作用的程度,估计经营杠杆利益的大小,评价经营风险的高低,需要对经营杠杆进行衡量,最常用的计量指标是经营杠杆系数。

经营杠杆系数 (degree of operating leverage, DOL),是指息税前利润的变动率相当于营业收入(或销售量)变动率的倍数。其计算公式为:

$$\mathrm{DOL} = \frac{\text{息税前利润变化百分比}}{\text{营业收入变化百分比}} = \frac{\Delta \mathrm{EBIT}/\mathrm{EBIT}}{\Delta S/S}$$

或

$$\mathrm{DOL} = \frac{\text{息税前利润变化百分比}}{\text{销售量变化百分比}} = \frac{\Delta \mathrm{EBIT}/\mathrm{EBIT}}{\Delta X/X} \qquad (4.22)$$

式（4.22）中，DOL 为经营杠杆系数，ΔEBIT 为息税前利润变动额，EBIT 为变动前息税前利润，ΔS 为营业收入变动额，S 为营业收入，ΔX 为销售数量的变动额，X 为销售数量。

假定企业的成本、销量、利润保持线性关系，变动成本在营业收入中所占的比例不变，固定营业成本也保持稳定，经营杠杆系数便可通过边际贡献和息税前利润来表示。经营杠杆系数越大，表明经营杠杆作用越大，经营风险也就越大；经营杠杆系数越小，表明经营杠杆作用越小，经营风险也就越小。利用上述定义表达式可以推导出如下经营杠杆系数的两个公式：

$$DOL = \frac{(p-b)x}{(p-b)x-F} = \frac{M}{M-F}$$

或

$$DOL = \frac{EBIT + F}{EBIT} \quad (4.23)$$

式（4.23）中，DOL 为经营杠杆系数，p 为单位售价，b 为单位变动成本，x 为销售量，M 为边际贡献，EBIT 为变动前息税前利润，F 为固定营业成本。

从上述公式可以看出，如果固定营业成本等于 0，则经营杠杆系数为 1，即不存在经营杠杆效应。当固定成本为不为 0 时，通常经营杠杆系数都是大于 1 的，即显现出经营杠杆效应。

【例 4-16】光华公司 2023 年销售产品 10 万件，单价 50 元，单位变动成本 30 元，固定营业成本 100 万元，则其经营杠杆系数为：

$$DOL = \frac{(50-30) \times 100\,000}{(50-30) \times 100\,000 - 1\,000\,000} = 2$$

光华公司的经营杠杆系数为 2，表明在固定营业成本不变的情况下，当公司销售量增长 1 倍时，会引起息税前利润 2 倍的增长，此时表现为经营杠杆利益；反之，当公司销售量下降到原来的 1/2 时，息税前利润将下降到原来的 1/4，此时表现为经营杠杆风险。通常情况下，企业的固定营业成本所占比重越大，经营杠杆系数越大，经营杠杆利益和经营风险也越高；经营杠杆系数越小，经营杠杆利益和经营风险也越低。

三、财务杠杆

财务杠杆，又称融资杠杆或筹资杠杆，是指由于固定债务利息和优先股股利的存在而导致普通股每股利润变动幅度大于息税前利润变动幅度的现象。

企业的资本由长期债务、优先股和普通股等构成，由于债务筹资需要支付利息，利息支付是固定的，而优先股股利的发放基本上也是固定的，无论企业经营状况如何，都必须支付这些费用。所以，固定的债务利息和优先股股利的支付增加了普通股股东享有企业净收益的风险性。

当息税前利润增大时，每1元盈余所负担的固定利息费用就会相对减少，这就给普通股股东带来更大的盈余；相反，当息税前利润减少时，每1元盈余所负担的固定利息费用就会相对增加，这就会大幅度减少普通股的盈余，这就是财务杠杆效应，由于债务的存在而导致普通股股东每股收益的变动大于息税前利润的变动。

（一）财务杠杆利益

财务杠杆利益是指企业在息税前利润增长的条件下，债务利息及优先股股利这个杠杆使普通股每股收益增长的幅度更大。

【例4-17】安泰公司资本总额为1 100万元，其中债务资本为500万元，年利息率为10%，普通股资本为600万元，股数为100万股，企业所得税税率为25%。该公司2021~2023年的相关财务资料见表4-6。

表4-6 财务杠杆利益测算

项目	2021年	2022年	2023年
息税前利润增长率（%）	—	10	20
息税前利润（万元）	100	110	132
债务利息（万元）	50	50	50
所得税（万元）	12.5	15	20.5
税后净利润（万元）	37.5	45	61.5
普通股每股收益（元）	0.375	0.45	0.615
普通股每股收益增长率（%）	—	20	36.67

从表4-6可以看出，在资本结构及债务利息率保持不变的情况下，由于债务利息每年都固定不变，随着息税前利润的增长，普通股每股收益将以更大的幅度增长。这表明安泰公司较好地运用债务手段，获得了较高的财务杠杆利益。

（二）财务风险

财务风险是指企业为了取得财务杠杆利益而利用负债、优先股等方式筹资而增加了丧失偿债能力的可能和增加了每股收益大幅度波动的可能，从而给企业带来的风险。财务风险产生的根源是负债筹资，而不是财务杠杆本身,财务杠杆只是放大了财务风险。影响财务风险的因素主要有利率水平的变动、资金供求的变化、获利能力的变化和财务杠杆。其中财务杠杆对财务风险的影响最为综合,企业所有者想获得财务杠杆利益,就需要承担由此引起的财务风险。

只要存在固定筹资成本,就存在财务杠杆现象。财务杠杆扩大了负债筹资等不确定因素对每股收益的影响。在利息或优先股股息这类固定筹资成本不变的情况下,息税前利润越大,财务杠杆系数越小,财务风险也就越小;反之,息税前利润越小,财务杠杆系数越大,财务风险也就越大。财务杠杆系数越高,每股收益变动幅度越大,企业的财务风险就越大。一般来说,在其他因素不变的情况下,利息或优先股股息这类固定筹资成本越高,财务杠杆系数越大,财务风险越大。因此,企业可以通过适度举债,合理安排资本结构,使财务杠杆利益抵消风险增大的不利影响。

【例4-18】仍以上面【例4-17】的资料为依据,预测该公司的财务杠杆风险。相关数据如表4-7所示。

表4-7 财务杠杆风险测算

项目	2021年	2022年	2023年
息税前利润增长率(%)	—	-10	-20
息税前利润(万元)	100	90	72
债务利息(万元)	50	50	50
所得税(万元)	12.5	10	5.5
税后净利润(万元)	37.5	30	16.5
普通股每股收益(元)	0.375	0.3	0.165
普通股每股收益增长率(%)	—	-20	-45

从财务杠杆风险预测表中可以看出,在资本结构及债务利息率保持不变的情况下,由于债务利息每年都固定不变,随着息税前利润的下降,普通股每股收益将以更大的幅度下降。这表明该公司存在着财务杠杆风险。

延伸阅读——韩国大宇公司的财务危机

(三)财务杠杆系数

由以上分析可知,只要企业资本结构中有债务与优先股筹资,就存在财务杠杆作用。但不同企业的财务杠杆作用程度是不完全相同的,因此需要对财务杠杆进行计量,通常通过财务杠杆系数来衡量财务杠杆作用的大小。

财务杠杆系数(degree of financial leverage,DFL)是指普通股每

股收益变动率相当于息税前利润变动率的倍数。其计算公式为：

$$DFL = \frac{\Delta EPS/EPS}{\Delta EBIT/EBIT} \quad (4.24)$$

式（4.24）中，DFL 为财务杠杆系数，EPS 为变动前的普通股每股收益，ΔEPS 为普通股每股收益的变动量，EBIT 为变动前的息税前利润，ΔEBIT 为息税前利润的变动量。

式（4.24）是计算财务杠杆系数的理论公式，必须以已知变动前后的相关资料为前提，因此可以通过以下推导，得出计算时的实用公式。

由前面所学知识可知：

$$EPS = \frac{(EBIT - I)(1 - T)}{N}$$

或

$$EPS = \frac{(EBIT - I)(1 - T) - D_p}{N}$$

由此可以推导得到：

$$DFL = \frac{EBIT}{EBIT - I}$$

或

$$DFL = \frac{EBIT}{EBIT - I - \frac{D_p}{1 - T}} \quad (4.25)$$

式（4.25）中，DFL 为财务杠杆系数，EBIT 为息税前利润，I 为债务利息，D_p 为优先股年股利，T 为企业所得税税率。

【例 4 - 19】 锐捷公司资金总额为 600 万元，负债比率为 40%，负债利息率为 10%，公司本年实现息税前利润 70 万元，企业所得税税率为 25%。计算该公司的财务杠杆系数如下：

$$DFL = \frac{70}{70 - 600 \times 40\% \times 10\%} = 1.52$$

锐捷公司的财务杠杆系数为 1.52，表明当公司的息税前利润增长 1 倍时，普通股每股收益将增长 1.52 倍，此时表现为财务杠杆利益；相反地，当息税前利润下降到原来的 1/2 时，普通股每股收益将下降 1.52 倍，此时表现为财务杠杆风险。通常情况下，财务杠杆系数越大，表明财务杠杆作用越大，财务风险也越大；财务杠杆系数越小，表明财务杠杆作用越小，财务风险也越小。

四、联合杠杆

从上文分析可知，经营杠杆作用使企业以较小的销售额（销售量)变化引起较大的息税前利润的变化;财务杠杆作用可以使企业以较小的息税前利润变化引起较大的普通股每股收益的变化。如果企业同时存在经营杠杆和财务杠杆,两种杠杆共同起作用,那么销售额稍有变动就会使得每股收益产生很大的变动。通常把这两种杠杆的连锁作用称为联合杠杆作用。

(一)联合杠杆的概念及度量

联合杠杆也称总杠杆或复合杠杆,是指经营杠杆和财务杠杆的综合。

联合杠杆作用的程度可用联合杠杆系数(degree of combined leverage,DCL)或总杠杆系数(degree of total leverage,DTL)表示,它是经营杠杆系数和财务杠杆系数的乘积,是每股收益变动率相当于销售收入(销售量)变动率的倍数。计算公式为:

$$DCL = DOL \times DFL \qquad (4.26)$$

进一步推导可以得到:

$$DCL = \frac{M}{EBIT - I}$$

或

$$DCL = \frac{M}{EBIT - I - \frac{D_p}{1 - T}} \qquad (4.27)$$

【例4-20】永泰公司的经营杠杆系数为2,财务杠杆系数为1.5。该公司的联合杠杆系数计算如下:

$DCL = DOL \times DFL = 2 \times 1.5 = 3$

永泰公司的联合杠杆系数为3,表明当企业产销量增长1倍时,普通股每股收益将增长3倍,此时表现为联合杠杆利益;相反,当企业销量下降到原来的1/2时,普通股每股收益将下降到原来的1/3,此时表现为联合杠杆风险。

同时,也可以看到,为了达到某个联合杠杆系数,经营杠杆和财务杠杆可以有很多不同的组合形式,企业决策者可以通过不同的杠杆组合形式,作出正确决策。例如,资本密集型企业由于投入固定资产比较多,其经营杠杆系数相应比较高,当预计外部经营环境发生恶化时,企业就应该控制负债率,以免形成过高的联合杠杆,避免因销售下降给企业带来较大损失;当外部环境对企业有利方向发展时,财务杠杆的适当增大,会对每股收益带来较大的好处。

(二)联合风险

与经营杠杆和财务杠杆一样,联合杠杆会带来联合杠杆收益,而收益不当也会产生风险。由联合杠杆作用使得每股收益大幅度波动而造成的风险称为联合风险或总风险。在其他因素不变的情况下,联合杠杆系数越大,联合风险就越大;联合杠杆系数越小,联合风险越小。

联合杠杆系数对公司管理层具有一定的意义:第一,使公司管理层在一定的成本结构与融资结构下,当营业收入变化时,能够对每股收益的影响程度作出判断,即能够估计出营业收入变动对每股收益造成的影响;第二,通过经营杠杆与财务杠杆之间的相互关系,有利于管理层对经营风险与财务风险进行管理,即为了控制某一联合杠杆系数,经营杠杆和财务杠杆可以有很多不同的组合。

问题讨论——影响联合杠杆系数的因素

第三节 资本结构优化

资本结构决策是企业筹资决策的核心问题之一。企业资本结构决策是一个综合性的过程,它需要结合企业的实际情况,深入分析各种相关因素的影响,并运用科学的方法来最终确定最佳的资本结构。从理论上讲,最佳资本结构是指企业在适度财务风险的条件下,使其预期的综合资本成本率最低、企业价值最大的资本结构。

一、资本结构概述

(一) 资本结构的含义

资本结构是指企业各种资本的构成及其比例关系。资本结构有广义和狭义之分,广义的资本结构是指企业全部资本的构成及其比例关系,不仅包括长期资本,还包括短期资本;狭义的资本结构仅指企业各种长期资本的构成及其比例关系,而把短期资本列入营运资金管理中。

一定程度的负债有利于降低企业资本成本,合理举债有利于实现财务杠杆利益,但过度负债可能会引发财务风险,增加破产的可能性。因此,企业在安排负债融资时,需要对负债的杠杆收益与财务风险进行权衡,以合理安排负债。

(二) 资本结构的意义

企业的资本结构决策研究主要是资本的属性结构的决策问题,即债务资本的配置比例问题。在企业资本结构决策中合理地利用债务资本、科学地安排债务资本的比例是企业筹资决策要解决的核心问题，对企业实现理财目标起着决定性的作用。

1. 合理安排债务资本比例可以降低企业的加权平均资本成本

企业利用债务筹资支付的利息率要低于支付给股东的股利率，而且债务利息可以在所得税前扣除，具有抵税作用。因此，债务的成本明显低于权益的成本，在一定范围内合理提高债务比例，可以降低企业的加权平均资本成本。

2. 合理安排债务资本比例可以使企业获得财务杠杆利益

由于债务利息通常是固定不变的，当息税前利润增大时，每一元利润负担的固定利息就会有所降低，从而分配给每一股普通股的收益更多，使企业获得财务杠杆利益。因此，在一定限度内合理地利用债务资本，可以充分发挥财务杠杆的正作用，给企业所有者带来更大的价值。

3. 合理安排债务资本比例可以增加公司的价值

一般来讲，企业的价值应该等于其债务资本的市场价值和权益资本的市场价值之和。其用公式表示为：

$$V = B + S \tag{4.28}$$

式（4.28）中，V 为企业总价值，即企业总资本的市场价值；B 为债务资本的市场价值；S 为权益资本的市场价值。市场价值的估计是依据货币时间价值原理，以企业的加权平均资本成本作为折现率折现得到的未来现金流量。当未来现金流量不变时，加权平均资本成本越小，企业的总价值就越大，就越能实现企业的理财目标。

（三）影响资本结构的因素

企业在进行资本结构决策时，除了考虑运用杠杆利益和防范财务风险外，还应对影响资本结构的各种因素进行分析，并根据这些因素确定合理的资本结构。

1. 企业的经营状况

经营状况良好、预期收益稳定或成长性较好的企业，可以通过增加债务资本的比重，以获得财务杠杆利益；经营状况不好、资金紧张的企业，应适当增加权益资金的比重，用来降低财务风险。

2. 管理人员的态度

由于普通股拥有表决权，管理人员为了不分散公司的控制权，一般不愿意增发新的股票，而尽可能利用债务资金。如果管理人员愿冒风险，就会增加债务资金的比重；如果管理人员倾向于稳健保守，不愿承担过高的风险，则会减少债务资金的比例。

3. 信用评估机构和债权人的态度

信用评估机构和债权人的态度往往成为企业资本结构的决定因素。当信用评估机构认为企业的负债过高，潜在的风险过大，信用等级下降时，债权人将会认为企业过高地运用财务杠杆作用，从而不愿意增加贷款。因此，企业的资本结构决策受信用评估机构和债权人的制约。

4. 企业的盈利能力

通常情况下，收益高的企业利用债务的比例较低。这是因为收益高的企业内部积累能力较强，可有较多留用利润满足增资需要，往往不需要大量使用债务资本。

5. 税收因素

企业债务资金的利息在税前列支，而支付的股利在税后列支，债务资金可以得到避税的好处。因此，所得税税率越高，借入资金的抵税额就越大，留给股东的收益也越多，企业越倾向于债务筹资。

6. 企业的财务状况

企业的财务状况包括企业资金的来源和利用情况、资金的周转速度、资产的变现能力等。财务状况好的企业，尤其是现金流入量大的企业，偿债能力相对较强，因此能承受较大的财务风险，可适当增加负债比例；反之，财务状况较差的企业，其偿债、举债能力均较差，不宜有过高的债务比重。

7. 企业外部经济环境及行业特点

在社会经济增长较快的条件下，企业可以提高债务资金的比例，以增强企业的发展能力。此外，不同规模、不同行业的企业，资本结构差别较大，企业应参考同行业类似规模企业的资本结构，结合本企业的特点，确定最优的资本结构。

二、资本结构的决策方法

企业利用债务筹资具有双重作用，合理地利用债务，可以降低企业资本成本，但当企业债务比率过高时，会给企业带来较大的财务风险。因此，企业在进行资本结构决策时就必须衡量资本成本和财务风险之间的关系，确定最优资本结构。

根据前面资本结构的原理，确定企业的最优资本结构，可以采用的方法有比较资本成本法、每股收益分析法和公司价值比较法。

（一）比较资本成本法

比较资本成本法是指在适度财务风险的条件下，测算可供选择的不同资本结构或筹资组合方案的加权平均资本成本率,并以此为标准相互比较,确定最优资本结构的方法。这种方法是从资本投入角度对资本结构进行的分析。

企业筹资可分为初始筹资和发展过程中的追加筹资两种情况。与此相对应,企业的资本结构决策也可分为初始筹资的资本结构决策和追加筹资的资本结构决策。下面分别说明比较资本成本法在这两种情况下的运用。

1. 初始筹资的资本结构决策

在企业筹资过程中,对拟定的筹资总额可以采用多种筹资方式、通过多种筹资渠道来取得,每种筹资方式的筹资额也可有不同安排,由此就会形成若干个预选资本结构或筹资组合方案。在比较资本成本法下,可以通过对加权平均资本成本率的测算及比较来做出选择。

【例 4-21】永安股份有限公司在初创时需要资本总额 5 000 万元,有如下三个筹资组合方案可供选择,有关资料经测算汇入如表 4-8 所示。

表 4-8　　　　　　　　永安股份有限公司筹资组合方案

筹资方式	筹资方案 A		筹资方案 B		筹资方案 C	
	初始筹资额(万元)	资本成本率(%)	初始筹资额(万元)	资本成本率(%)	初始筹资额(万元)	资本成本率(%)
长期借款	400	6	500	6.5	800	7
发行债券	1 000	7	1 500	8	1 200	7.5
发行优先股	600	12	1 000	12	500	12
发行普通股	3 000	15	2 000	15	2 500	15
合计	5 000	—	5 000	—	5 000	—

假定永安股份有限公司的三个筹资组合方案的财务风险相当,都是可以承受的。下面分两步分别测算这三个筹资组合方案的加权平均资本成本率并比较其高低,从而确定最佳筹资组合方案,即最优资本结构。

第一步,分别计算三种筹资方案各种筹资方式的筹资额占筹资总额的比例及加权平均资本成本率。

方案 A:各种筹资方式的筹资额比例。

长期借款　400÷5 000=0.08

发行债券　1 000÷5 000=0.2

优先股　　600÷5 000 = 0.12

普通股　　3 000÷5 000 = 0.6

加权平均资本成本率 = 6% × 0.08 + 7% × 0.2 + 12% × 0.12 + 15% × 0.6 = 12.32%

方案 B：各种筹资方式的筹资额比例。

长期借款　　500÷5 000 = 0.1

发行债券　　1 500÷5 000 = 0.3

优先股　　1 000÷5 000 = 0.2

普通股　　2 000÷5 000 = 0.4

加权平均资本成本率 = 6.5% × 0.1 + 8% × 0.3 + 12% × 0.2 + 15% × 0.4 = 11.45%

方案 C：各种筹资方式的筹资额比例。

长期借款　　800÷5 000 = 0.16

发行债券　　1 200÷5 000 = 0.24

优先股　　500÷5 000 = 0.1

普通股　　2 500÷5 000 = 0.5

加权平均资本成本率 = 7% × 0.16 + 7.5% × 0.24 + 12% × 0.1 + 15% × 0.5 = 11.62%

第二步，比较各个筹资组合方案的加权平均资本成本率并作出选择。

筹资组合方案 A、B、C 的加权平均资本成本率分别为 12.32%、11.45% 和 11.62%。经比较，方案 B 的加权平均资本成本率最低，在适度财务风险的条件下，应选择筹资组合方案 B 作为最优筹资组合方案，由此形成的资本结构可确定为最优资本结构。

2. 追加筹资的资本结构决策

企业在生产经营过程中，由于经营业务或对外投资的需要，有时需要追加筹集新资本，即追加筹资。随着追加筹资额及筹资环境的变化，企业原来的最优资本结构未必是最优的，需要进行调整。因此，企业应该在不断变化的环境中去寻求最优资本结构，实现资本结构的最优化。

同样，企业追加筹资有多个筹资组合方案供选择。按照最优资本结构的要求，在适度财务风险的前提下，企业选择追加筹资组合方案可用两种方法：一种方法是直接测算各备选追加筹资方案的加权平均资本成本率，从中比较选择最优筹资组合方案；另一种方法是分别将各备选追加筹资方案与原有最优资本结构汇总，测算比较各个追加筹资方案下汇总资本结构的加权平均资本成本率，从中比较选择最优筹资方案。下面举例说明这两种方法的运用。

【例 4-22】永安股份有限公司准备追加筹资 1 000 万元，现有两个追加筹资方案可供选择，相关资料经测算整理后如表4-9所示，请选择最优方案。

表4-9　　　　　　　永安股份有限公司追加筹资方案

筹资方式	筹资方案A		筹资方案B	
	追加筹资额（万元）	资本成本率（%）	追加筹资额（万元）	资本成本率（%）
长期借款	500	7	600	7.5
发行优先股	200	13	200	13
发行普通股	300	16	200	16
合计	1 000	—	1 000	—

下面分别按上述两种方法测算比较追加筹资方案：

方法一：追加筹资方案的边际资本成本率比较法。

首先，测算追加筹资方案A的边际资本成本率如下：

$$边际资本成本率 = 7\% \times \frac{500}{1\,000} + 13\% \times \frac{200}{1\,000} + 16\% \times \frac{300}{1\,000} = 10.9\%$$

其次，测算追加筹资方案B的边际资本成本率如下：

$$边际资本成本率 = 7.5\% \times \frac{600}{1\,000} + 13\% \times \frac{200}{1\,000} + 16\% \times \frac{200}{1\,000} = 10.3\%$$

最后，比较两个追加筹资方案，方案A的边际资本成本率为10.9%，方案B的边际资本成本率为10.3%。在适度财务风险的情况下，方案B要优于方案A，因此应选追加筹资方案B，方案B是最优筹资方案，由此形成该股份有限公司新的资本结构。

永安股份有限公司原有资本总额为5 000万元，资本结构是：长期借款500万元、长期债券1 500万元、优先股1 000万元、普通股2 000万元。追加筹资后资本总额为6 000万元，资本结构是：长期借款1 100万元、长期债券1 500万元、优先股1 200万元、普通股2 200万元。

方法二：备选追加筹资方案与原有资本结构加权平均资本成本率比较法。

首先，汇总追加筹资方案和原资本结构，形成备选追加筹资方案后的资本结构，如表4-10所示。

表 4-10　　　　永安股份有限公司各方案资本结构

筹资方式	原有资本结构		筹资方案 A		筹资方案 B	
	资本额（万元）	资本成本率（%）	追加筹资额（万元）	资本成本率（%）	追加筹资额（万元）	资本成本率（%）
长期借款	500	6.5	500	7	600	7.5
发行债券	1 500	8				
发行优先股	1 000	12	200	13	200	13
发行普通股	2 000	15	300	16	200	16
合计	5 000	—	1 000	—	1 000	—

其次，测算汇总资本结构下的加权平均资本成本率。

追加筹资方案 A 与原资本结构汇总后的加权平均资本成本率如下：

$$加权平均资本成本率 = 6.5\% \times \frac{500}{6\ 000} + 7\% \times \frac{500}{6\ 000} + 8\% \times \frac{1\ 500}{6\ 000} + 12\% \times \frac{1\ 000}{6\ 000} + 13\% \times \frac{200}{6\ 000} + 16\% \times \frac{2\ 000 + 300}{6\ 000} = 11.69\%$$

追加筹资方案 B 与原资本结构汇总后的加权平均资本成本率如下：

$$加权平均资本成本率 = 6.5\% \times \frac{500}{6\ 000} + 7.5\% \times \frac{600}{6\ 000} + 8\% \times \frac{1\ 500}{6\ 000} + 12\% \times \frac{1\ 000}{6\ 000} + 13\% \times \frac{200}{6\ 000} + 16\% \times \frac{2\ 000 + 200}{6\ 000} = 11.59\%$$

根据股票同股同利的原则，原有普通股应按新发行股票的资本成本率计算，即全部股票按新发行股票的资本成本率计算其加权平均资本成本率。

最后，比较两个追加筹资方案与原资本结构汇总后的加权平均资本成本率，方案 A 与原资本结构汇总后的加权平均资本成本率为 11.36%，高于方案 B 与原资本结构汇总后的加权平均资本成本率 11.26%。因此，在适度财务风险的前提下，追加筹资方案 B 优于方案 A，由此形成该股份有限公司新的资本结构。

比较资本成本法的测算原理容易理解，测算过程简单，但仅以资本成本率最低作为决策标准，没有具体测算财务风险因素，其决策目标实质上是利润最大化而不是企业价值最大化，一般适用于资本规模较小、资本结构较简单的非股份制公司。

（二）每股收益分析法

每股收益分析法是利用每股收益无差别点来进行资本结构决策的

方法，也可称为每股收益无差别点法。每股收益无差别点是指两种或两种以上筹资方案下普通股每股收益相等时的息税前利润点（或销售额点），也称息税前利润平衡点，或称筹资无差别点，即通过求解当 $EPS_1 = EPS_2$ 时的息税前利润（EBIT）点或销售额（S）点，然后进行资本结构决策。

企业的盈利能力一般用息税前利润（EBIT）表示，股东财富用每股收益（EPS）表示，将这两个方面联系起来，分析资本结构和每股收益之间的关系，进而测算合理的资本结构。因此，这种方法也称为息税前利润—每股收益分析法，简写为 EBIT–EPS 分析法。在不考虑优先股的情况下，其计算公式如下：

$$\frac{(\overline{EBIT} - I_1)(1-T)}{N_1} = \frac{(\overline{EBIT} - I_2)(1-T)}{N_2} \qquad (4.29)$$

式（4.29）中，$\overline{EBIT}$ 为息税前利润平衡点，也就是每股收益无差别点；I_1、I_2 为两种增资方式下的长期债务年利息；N_1、N_2 为两种增资方式下的普通股股数；T 为所得税税率。在采用每股收益无差别点方法时，往往可以遵循以下的步骤：

首先，根据已知条件查找 I_1、I_2，并且计算出数值。
I_1 = 原资本结构中的债务利息 + 方案 1 的债务利息
I_2 = 原资本结构中的债务利息 + 方案 2 的债务利息
其次，根据已知条件查找 N_1、N_2，并且计算出数值。
N_1 = 原资本结构中的普通股股数 + 方案 1 的普通股股数
N_2 = 原资本结构中的普通股股数 + 方案 2 的普通股股数
再次，代入 $EPS_1 = EPS_2$ 公式中，求解 EBIT。
最后，比较哪种方案可选，即更适合企业。

【例 4–23】恒泰股份有限公司目前拥有长期资本总额 20 000 万元，其资本结构为：长期债务 8 000 万元，普通股 12 000 万元（12 000 万股，每股面值 1 元）。债务年利息率为 10%，所得税税率为 25%。现公司决定扩大生产经营规模，准备追加筹资 5 000 万元，追加筹资后息税前利润预计达到 4 300 万元。现有以下两种筹资方案可供选择：

方案 1：全部发行普通股。公司增发 2 500 万股普通股，每股面值 1 元，发行价格 2 元。

方案 2：全部发行债券。公司发行 5 000 万元债券，年利率为 12%。

根据上述资料提供的信息，可以得到以下几个指标的值：
$I_1 = 8\,000 \times 10\% = 800$（万元）
$I_2 = 8\,000 \times 10\% + 5\,000 \times 12\% = 1\,400$（万元）
$N_1 = 12\,000 + 2\,500 = 14\,500$（万股）

$N_2 = 12\,000$（万股）

当 $EPS_1 = EPS_2$ 时的无差别点为 $\overline{EBIT}$，由公式可以得到：

$$\frac{(\overline{EBIT} - 800) \times (1 - 25\%)}{14\,500} = \frac{(\overline{EBIT} - 1\,400) \times (1 - 25\%)}{12\,000}$$

求得：$\overline{EBIT} = 4\,280$（万元）

此时，每股收益为 $EPS_1 = EPS_2 = 0.18$（元）

由于预期的息税前利润为 4 300 万元，因此当 EBIT = 4 300 万元时：

$$EPS_1 = \frac{(4\,300 - 800) \times (1 - 25\%)}{14\,500} = 0.1810 \text{（元）}$$

$$EPS_2 = \frac{(4\,300 - 1\,400) \times (1 - 25\%)}{12\,000} = 0.1813 \text{（元）}$$

可见，采用方案 2 可以获得较高的每股收益。根据以上数据可以绘制 EBIT – EPS 分析图，如图 4 – 3 所示。

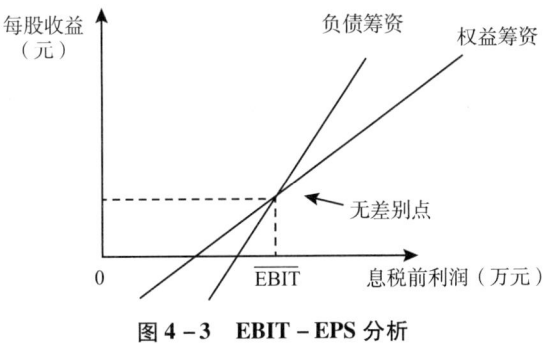

图 4 – 3　EBIT – EPS 分析

从图 4 – 3 可以看到，EBIT – EPS 分析图简单明了、通俗易懂。当 EBIT 小于 4 280 万元时，普通股筹资的 EPS 大于债券筹资的 EPS，选择普通股筹资比较有利；当 EBIT 大于 4 280 万元时，债券筹资的 EPS 大于普通股筹资的 EPS，选择债券筹资比较有利；而当 EBIT 等于 4 280 万元时，两种筹资方式的 EPS 相等，采用两种方式无差别。

因为追加筹资 5 000 万元后预期的息税前利润为 4 300 万元，大于每股收益无差别点 4 280 万元，所以选择用债券筹资方式，即方案 2。

这种分析方法只考虑了资本结构对每股收益的影响，并假定每股收益最大，股票价格也最高，但没有考虑资本结构对风险的影响，是不全面的。因为随着负债的增加，投资者的风险加大，股票价格和企业价值也会有下降的趋势，所以单纯地运用 EBIT – EPS 分析法有时也会作出错误的决策。

（三）公司价值比较法

公司价值比较法是在充分反映公司财务风险的前提下，以公司价值的大小为标准，经过测算确定公司最佳资本结构的方法。

在这种方法下，公司价值等于其长期债务和股票的折现价值之和。这种测算方法比较合理，也比较现实。其优点在于：一是从公司价值的内容来看，它不仅包括公司股票的价值，还包括公司长期债务的价值；二是从公司净收益的归属来看，它属于公司的所有者，即属于股东。因此，在测算公司价值时可用公式 V = B + S ［参见本章的式（4.28）］。

为了简化测算起见，设长期债务的现值等于其面值，股票的现值按公司未来净收益的折现测算。其测算公式为：

$$S = \frac{(EBIT - I) \times (1 - T)}{K_S} \tag{4.30}$$

式（4.30）中，S 为公司股票的折现价值，EBIT 为公司未来的年息税前利润，I 为公司长期债务年利息，T 为企业所得税税率，K_S 为公司股票资本成本率。

在公司价值测算的基础上，如果公司的全部长期资本由长期债务和普通股组成，则公司的全部资本成本率，即综合资本成本率可按下列公式测算：

$$K_W = K_s \times \frac{S}{V} + K_B \times \frac{B}{V}(1 - T) \tag{4.31}$$

式（4.31）中，K_W 为公司综合资本成本率；K_s 为公司普通股资本成本率；K_B 为公司长期债务税前资本成本率，可按公司长期债务年利率计算。

在上述测算公式中，为了考虑公司筹资风险的影响，普通股资本成本率可运用资本定价模型 $K_s = R_f + \beta (R_m - R_f)$ ［参见本章的式（4.12）］来测算。

公司价值比较法是在充分反映企业财务风险的前提下，以企业价值的大小作为标准，更符合企业价值最大化的财务管理目标。但其测算原理及测算过程较为复杂，通常用于资本规模较大的上市公司，这里不再对其计算过程进行详细论述。

【本章总结】

资本成本是指企业为筹集和使用资本而付出的代价，包括筹资费用和用资费用两部分内容。资本成本的具体计量形式有三种：一是个别资本成本，包括长期借款资本成本、债券资本成本、普通股资本成本、优先股资本成本和留存收益资本成本，往往在比较各种筹资方式时使用；二是加权平均资本成本，企业在进行全部资本结构决策时使用，在多个筹资方案中选择加权平均资本成本最低的；三是边际资本成本，企业在进行追加筹资决策时使用。

财务管理中的杠杆效应指的是由于固定成本的存在，当业务量发生较小的变动时，引起相关变量发生较大的变化。成本习性是研究杠杆效应的基础。杠杆效应包括经营杠杆、财务杠杆和联合杠杆三种形式。经营杠杆是指由于固定经营成本的存在而带来的销售变动率对息税前利润变动率的影响。财务杠杆是指由于固定利息费用的存在而带来的息税前利润变动率对每股收益变动率的影响。经营杠杆和财务杠杆的综合称为联合杠杆。

资本结构是企业筹资的核心问题之一，它是指企业各种资本的构成及其比例关系。企业必须权衡利弊，确定最优的资本结构，即在一定条件下使企业加权平均资本成本最低、企业价值最大的资本结构。一般判断企业最优资本结构可以有三种方法：比较资本成本法、每股收益无差别点法和公司价值测算法。

【重要术语】

资本成本　加权平均资本成本　边际资本成本　经营杠杆　财务杠杆　联合杠杆　资本结构

术语释义

【复习与思考】

1. 什么是资本成本？资本成本有哪些表现形式？
2. 如何计算债务资本成本、权益资本成本和加权平均资本成本？
3. 什么是财务风险和杠杆利益？
4. 进行筹资决策时需要考虑哪些因素？

第五章
投 资 管 理

【学习目标】

1. 了解项目投资的概念、特点及程序；
2. 掌握项目相关现金流量的认定与测算；
3. 掌握项目投资评价指标的计算与评价；
4. 了解股票、债券投资的特点、方法；
5. 掌握股票、债券的估值方法及到期收益率的计算。

【本章知识逻辑结构】

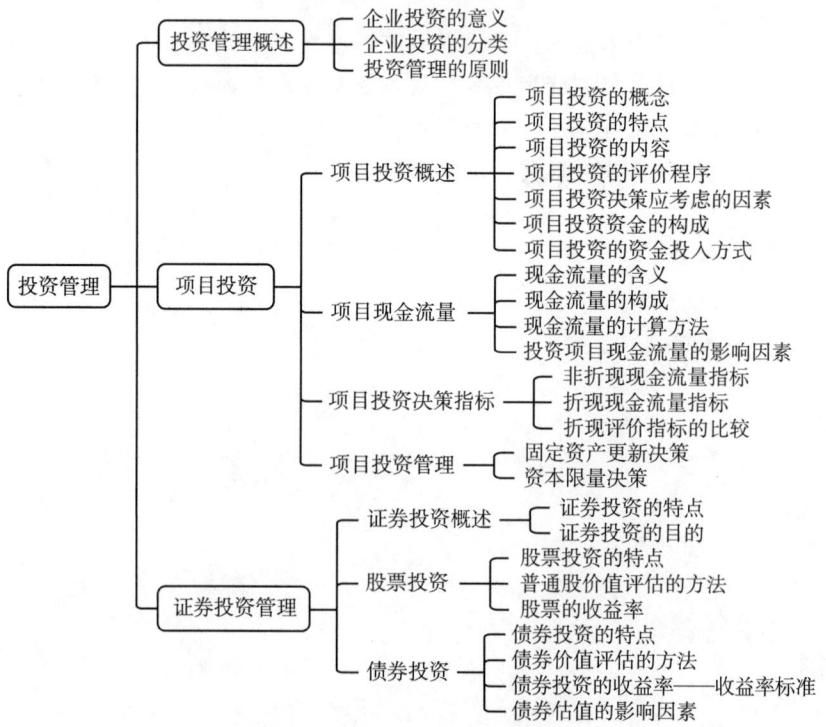

【引 导 案 例】

ABC 公司是一家中型制造业企业，主要生产高端机械设备。在 2023 年初，公司管理层面临一个重大的投资决策：是否投资建设一条新的自动化生产线。

一、投资决策过程

（一）市场调研

公司委托专业的市场调研机构对行业趋势进行分析。调研结果显示，随着科技的不断进步，市场对高端机械设备的需求持续增长，尤其是具有更高生产效率和质量稳定性的自动化生产设备制造的产品。

公司对竞争对手进行了深入研究，发现部分竞争对手已经开始引入自动化生产线，并且在成本控制和产品质量方面取得了显著优势。

（二）财务分析

1. 投资成本估算

建设新的自动化生产线预计需要投资 5 000 万元，包括设备采购、安装调试、厂房改造等费用。

2. 收益预测

根据市场需求和公司的销售策略，预计新生产线投产后，每年可增加销售收入 3 000 万元，同时降低生产成本约 1 000 万元。预计生产线的使用寿命为 10 年，期末无残值。

3. 计算财务指标

（1）净现值（NPV）。

采用公司的加权平均资本成本（WACC）12% 作为贴现率，计算得出 NPV 约为 800 万元。

（2）内部收益率（IRR）。

通过计算，IRR 约为 15%，高于公司的 WACC。

（3）投资回收期。

通过简单计算，投资回收期约为 4 年。

（三）风险评估

1. 技术风险

自动化生产线涉及先进的技术，如果技术出现故障或者无法达到预期的生产效率，将对公司的生产和经营造成重大影响。为了降低技术风险，公司与设备供应商签订了严格的技术服务合同，确保在生产线出现问题时能够及时得到解决。

2. 市场风险

虽然市场调研显示对高端机械设备的需求持续增长，但是市场变化具有不确定性。如果市场需求下降或者竞争对手推出更具竞争力的产品，公司的销售收入可能无法达到预期。为了降低市场风险，公司加强了市场调研和营销团队建设，及时了解市场动态，调整销售策略。

3. 资金风险

投资建设新的生产线需要大量的资金，如果公司的资金链出现问题，将无法按时完成项目建设。为了降低资金风险，公司制定了详细的资金筹集计划，包括银行贷款、发行债券等多种方式。

二、投资决策结果

经过综合考虑市场调研、财务分析和风险评估等因素，公司管理层决定投资建设新的自动化生产线。

三、投资实施过程

1. 项目管理

公司成立了专门的项目团队，负责生产线的建设和调试。项目团队制定了详细的项目计划，明确了各个阶段的任务和时间节点，确保项目按时完成。

2. 设备采购

公司通过公开招标的方式选择了一家具有丰富经验和良好口碑的设备供应商。在签订合同之前，公司对设备供应商进行了严格的考察和评估，确保其能够按时提供高质量的设备。

3. 人员培训

为了确保新生产线能够顺利运行，公司提前对员工进行了培训。培训内容包括自动化设备的操作、维护和管理等方面，提高了员工的技术水平和综合素质。

四、投资效果评估

1. 财务指标

新生产线投产后，公司的销售收入和利润大幅增长。2023年下半年，公司实现销售收入1.5亿元，同比增长30%；实现净利润2 000万元，同比增长40%。同时，公司的成本控制也取得了显著成效，生产成本降低了约15%。

2. 非财务指标

（1）生产效率：新生产线的生产效率比传统生产线提高了约50%，大大缩短了生产周期，提高了客户满意度。

（2）产品质量：自动化生产线的产品质量更加稳定，废品率降低了约30%，提高了公司的市场竞争力。

（3）员工满意度：新生产线的自动化程度提高，员工的工作强度降低，工作环境得到改善，员工满意度提高。

资料来源：自编案例。

引导案例启示

第一节　投资管理概述

投资是指特定经济主体（包括政府、企业和个人）以回收本金并获利为基本目的，将货币、实物资产等作为资本投放于某一个具体对象，以在未来较长期间内获取预期经济利益的经济行为。简单来说，企业投资是指企业为获取未来长期收益而向一定对象投放资金的经济行为。例如，购建厂房设备、兴建电站、购买股票债券等经济行为，都属于投资行为。

一、企业投资的意义

企业投资是指企业对现在持有资金的一种运用，如投入经营资产或购买金融资产，或者是取得这些资产的权利，其目的是在未来一定时期内获得与风险相对等的报酬。因此，企业在投资决策中能否将筹集到的资金投放到报酬高、回本快、风险小的投资项目，对企业的生存和发展来说显得尤为重要。

（一）投资是企业生存与发展的基本途径

企业的生产经营就是企业资产的运用和资产形态的转换的过程。投资是一种资本性支出的行为，通过投资支出，企业购建流动资产和长期资产，形成生产条件和生产能力。实际上，不论是新建一个企业，还是建造一条生产流水线，都是一种投资行为。通过投资，企业确立经营方向，配置各类资产，并将它们有机地结合起来，形成企业的综合生产经营能力。如果企业想要进军一个新兴行业或开发一种新产品，都需要先进行投资。因此，投资决策的正确与否直接关系到企业的兴衰成败。

（二）投资是实现财务管理目标的基本前提

企业财务管理的目标是不断提高企业的价值，为股东创造财富。企业投资可以通过投资形成了生产经营能力来获得利润，也可以通过取得股利或债息来获取投资收益，还可以通过转让证券来获取资本利得，等等。由此可见，企业通过多种投资方式，增加了利润，降低了风险，提高了企业的价值，实现了财务管理的目标。

(三) 投资是企业降低经营风险的重要手段

企业的经营面临着各种风险，有市场竞争的风险，有资金周转的风险，还有原材料涨价、费用居高等风险。投资是企业风险控制的重要手段。通过投资，企业可以将资金投向生产经营的薄弱环节，使企业的生产经营能力配套、平衡、协调。通过投资，企业可以实现多元化经营，将资金投放于经营相关程度较低的不同产品或不同行业，分散风险，稳定收益来源，降低资产的流动性风险、变现风险，增强资产的安全性。

二、企业投资的分类

根据不同的划分标准，企业投资可以划分为以下几类：

(一) 直接投资和间接投资

按投资活动与企业本身的生产经营活动的关系，企业投资可以划分为直接投资和间接投资。

直接投资是将资金直接投放于形成生产经营能力的实体性资产，直接谋取经营利润的企业投资。企业通过直接投资，购买并配置劳动力、劳动资料和劳动对象等具体生产要素，开展生产经营活动。

间接投资是将资金投放于股票、债券等权益性资产上的企业投资。之所以称为间接投资，是因为股票、债券的发行方在筹集到资金后，再把这些资金投放于形成生产经营能力的实体性资产，获取经营利润。间接投资方不直接介入具体生产经营过程，通过股票、债券上约定的收益分配权利，获取股利或利息收入，分享直接投资的经营利润。

(二) 项目投资与证券投资

按投资对象的存在形态和性质，企业投资可以划分为项目投资和证券投资。

企业可以通过投资，购买具有实质内涵的经营资产，包括有形资产和无形资产，形成具体的生产经营能力，开展实质性的生产经营活动，牟取经营利润。这类投资称为项目投资。项目投资的目的在于改善生产条件、扩大生产能力，以获取更多的经营利润。项目投资属于直接投资。

企业可以通过投资，购买具有权益性的证券资产，通过证券资产上赋予的权利，间接控制被投资企业的生产经营活动，获取投资收益。这类投资称为证券投资，即购买属于综合生产要素的权益性权利资产的企业投资。

证券是一种金融资产，即以经济合同契约为基本内容、以凭证票据等书面文件为存在形式的权利性资产。债券投资代表的是未来按契约规定收取债息和收回本金的权利，股票投资代表的是对发行股票企业的经营控制权、财务控制权、收益分配权、剩余财产追索权等股东权利。证券投资的目的在于通过持有权益性证券，获取投资收益，或者控制其他企业的财务或经营政策，并不直接从事具体生产经营过程。因此，证券投资属于间接投资。

直接投资与间接投资、项目投资与证券投资，两种投资分类方式的内涵和范围是一致的，只是分类角度不同。直接投资与间接投资强调的是投资的方式性，项目投资与证券投资强调的是投资的对象性。

（三）长期投资与短期投资

按投资回收时间的长短，企业投资可以划分为短期投资和长期投资。

短期投资又称流动资产投资，是指能够并且也准备在一年以内收回的投资，主要是指对现金、应收账款、存货、短期有价证券等的投资，长期证券如能随时变现亦可作为短期投资。

长期投资是指一年以上才能收回的投资，主要是指对厂房、机器设备等固定资产的投资，也包括对无形资产和长期有价证券的投资。由于长期投资中固定资产所占的比重较大，因此长期投资有时专指固定资产投资。

（四）对内投资与对外投资

按投资的方向，企业投资可以划分为对内投资和对外投资。

对内投资是指把资金投向公司内部，购置各种生产经营用资产的投资。

对外投资是指以现金、实物、无形资产等方式或以购买股票、债券等有价证券方式向其他单位的投资。

对内投资都是直接投资，对外投资主要是间接投资，也可以是直接投资。

（五）独立投资与互斥投资

按投资项目之间的相互关联关系，企业投资可以划分为独立投资和互斥投资。独立投资是相容性投资，各个投资项目之间互不关联、互不影响，可以同时并存。例如，建造一个饮料厂和建造一个纺织厂，它们之间并不冲突，可以同时进行。对于一个独立投资项目而言，其他投资项目被采纳或放弃，对本项目的决策并无显著影响。因此，独立投资项目决策考虑的是方案本身是否满足某种决策标准。例如，企业可以规定凡提交决策的投资方案，其预期投资报酬率都要求达到20%才能被采纳。这里的预期投资报酬率达到20%就是一种预期的决策标准。

互斥投资是非相容性投资，各个投资项目之间相互关联、相互替代，不能同时并存。例如，对企业现有设备进行更新，购买新设备就必须处置旧设备，它们之间是互斥的。对于一个互斥投资项目而言，其他投资项目被采纳或放弃，直接影响本项目的决策，即其他项目被采纳，本项目就不能被采纳。因此，互斥投资项目决策考虑的是各方案之间的排斥性，也许每个方案都是可行方案，但互斥决策需要从中选择最优方案。

三、投资管理的原则

为了适应投资项目的特点和要求，实现投资管理的目标，做出合理的投资决策，企业需要制定投资管理的基本原则，据以保证投资活动的顺利进行。

（一）可行性分析原则

投资项目的金额大，资金占用时间长，一旦投资后具有不可逆转性，对企业的财务状况和经营前景影响重大。因此，在投资决策之时，企业必须建立严密的投资决策程序，进行科学的可行性分析。投资项目可行性分析是投资管理的重要组成部分，其主要任务是对投资项目实施的可行性进行科学的论证。项目可行性分析将对项目实施后未来的运行和发展前景进行预测，通过定性分析和定量分析比较项目的优劣，为投资决策提供参考。

（二）结构平衡原则

由于投资往往是一个综合性的项目，不仅涉及固定资产等生产能力和生产条件的构建，还涉及使生产能力和生产条件正常发挥作用需要的流动资产的配置。同时，由于受资金来源的限制，投资也常常会遇到资金需求超过资金供应的矛盾。如何合理配置资源，使有限的资金发挥最大的效用，是投资管理中资金投放面临的重要问题。可以说，一个投资项目的管理就是综合管理。投资项目在资金投放时，要遵循结构平衡的原则，合理分布资金，具体包括固定资金与流动资金的配套关系、生产能力与经营规模的平衡关系、资金来源与资金运用的匹配关系、投资进度和资金供应的协调关系、流动资产内部的资产结构关系、发展性投资与维持性投资的配合关系、对内投资与对外投资的顺序关系、直接投资与间接投资的分布关系，等等。

（三）动态监控原则

投资的动态监控是指对投资项目实施过程中的进程控制，特别是对于那些工程量大、工期长的建造项目来说，有一个具体的投资过程，需要按工程预算实施有效的动态投资控制。

投资项目的工程预算是对总投资中各工程项目及包含的分步工程和单位工程造价规划的财务计划。建设性投资项目应当按工程进度，对分项工程、分步工程、单位工程的完成情况，逐步进行资金拨付和资金结算，控制工程的资金耗费，防止资金浪费。在项目建设完工后，企业通过工程决算，全面清点建造的资产数额和种类，分析工程造价的合理性，合理确定工程资产的账面价值。

对于间接投资特别是证券投资而言，企业在投资前首先要认真分析投资对象的投资价值，根据风险与收益均衡的原则合理选择投资对象。在持有金融资产过程中，企业要广泛收集投资对象和资本市场的相关信息，全面了解被投资单位的财务状况和经营成果，保护自身的投资权益。有价证券类的金融资产投资的投资价值不仅由被投资对象的经营业绩决定，还受资本市场的制约。这就需要分析资本市场上资本的供求关系状况，预计市场利率的波动和变化趋势，动态地估算投资价值，寻找转让证券资产和收回投资的最佳时机。

第二节 项目投资

项目是指具有明确目标的一系列复杂并相互关联的活动。例如实业公司为了实现增长达到财务管理目标，往往需要进行项目投资。开发新产品、建造生产线等重要项目，需要投入资本等资源并需要进行项目的资本预算。开发新产品、建造生产线等项目投资具有目标性、长期性、唯一性和不可逆性等基本特征。

一、项目投资概述

（一）项目投资的概念

项目投资是指企业为了在未来取得收益而发生的投入财力的行为。项目投资包括兴建工厂、建造新的生产线、购置生产设备、改造设备等生产性资产的投资。本节介绍的项目投资是一种以特定项目为对象，直接与新建项目或更新改造项目有关的长期投资行为。

（二）项目投资的特点

1. 投资金额大

项目投资，特别是战略性地扩大生产经营能力的投资，一般都需要较多的资金，其投资额往往是企业及其投资人多年的资金积累，在企业总资产中占有相当大的比重。因此，项目投资对企业未来现金流量和财务状况都将产生深远的影响。

2. 影响时间长

项目投资的投资期及发挥作用的时间都较长，对企业未来的生产经营活动和长期经营活动将产生重大影响。

3. 变现能力差

项目投资一般不准备在一年或一个营业周期内变现，而且即使在短期内变现，其变现能力也较差。因为项目投资一旦完成，要想改变是相当困难的，不是无法实现，只是要付出很大的代价。

4. 投资风险大

由于影响项目投资未来收益的因素特别多，加上投资金额大、影响时间长和变现能力差，必然造成其投资风险比其他投资大，对企业未来的命运产生重大的影响。

（三）项目投资的内容

项目投资主要分为以新增生产能力为目的的新建项目和以恢复或改善生产能力为目的的更新改造项目两大类。新建项目按其涉及内容还可进一步细分为单项固定资产投资项目和完整工业投资项目。单项固定资产投资项目简称固定资产投资，其特点在于在投资中只包括为取得固定资产而发生的垫支资本投入而不涉及周转资本的投入。完整工业投资项目不仅包括固定资产投资，还涉及流动资金投资，甚至包括其他长期资产项目（如无形资产、长期待摊费用等）的投资。因此，不能将项目投资简单地等同于固定资产投资。

项目投资对企业的生存和发展具有重要的意义，不仅是维持简单再生产的基础，也是扩大再生产的必要条件，是增加企业市场竞争能力的重要手段。

（四）项目投资的评价程序

项目投资的评价一般包含下列基本步骤：

（1）提出各种投资方案。新产品方案通常来自研发部门或营销部门，设备更新的建议通常来自生产部门等。

（2）估计投资方案的相关现金流量。

(3) 计算投资方案的价值指标，如净现值、内含报酬率等。
(4) 比较价值指标与可接受标准。
(5) 对已接受的方案进行敏感性分析。

(五) 项目投资决策应考虑的因素

1. 项目计算期的长短

项目计算期是指投资项目从投资建设开始到最终清理结束整个过程的全部时间，即该项目的有效持续期间，通常以年为单位。

项目计算期包括建设期和生产运营期（具体又包括投产期和达产期）（如图5-1所示）。建设期是指项目资金正式投入开始到项目建成投产为止需要的时间，建设期的第一年年初称为建设起点（记作第0年），建设期的最后一年年末称为投产日（记作第s年）。

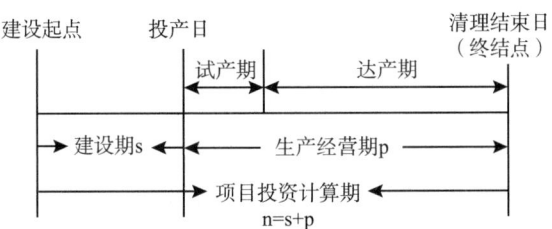

图5-1 项目计算期的关系

在实践中，通常应参照项目建设的合理工期或项目的建设进度计划合理确定建设期。项目计算期的最后一年年末称为终结点（记作第n年），假定项目最终报废或清理均发生在终结点（但更新改造除外），从投产日到终结点之间的时间间隔称为生产运营期，又包括试产期和达产期（完全达到设计生产能力）两个阶段。试产期是指项目投入生产，但生产能力尚未完全达到设计能力时的过渡阶段。达产期是指生产运营达到设计预期水平后的时间。生产运营期一般应根据项目主要设备的经济使用寿命期确定。

2. 投资者要求的必要报酬率

投资者要求的必要报酬率是一个项目要达到的最低报酬率。投资者在综合考虑相同或类似项目的当前报酬率和预期的风险因素后，会确定投资项目应达到的最低报酬要求。如果通过对项目各项预期数据的分析能达到该最低要求，说明投资项目是可行的；若达不到，则不可行。

3. 项目预期的营业收入和运营成本

营业收入是指项目投产后生产产品的销售收入。运营成本是指企业在运营过程中支付的采购材料款、工资薪酬、水电费、办公费等。

4. 各项税金及附加

工业企业涉及的税金主要是流转税和所得税。流转税中的增值税不影响投资项目决策，因为增值税是价外税，增值税销项税额等于增值税进项税额加上缴纳的增值税，所以不影响企业的利润或现金净流量（现金流入量－现金流出量）。其他税金（包括其他流转税、所得税等）则会影响企业的利润或现金净流量，因此在投资决策中应予以考虑。

（六）项目投资资金的构成

项目投资资金包括建设投资和营运资金投资两项内容，是企业为使项目达到预计的生产能力、开展正常经营而投资的全部现实资金，这两项投入的资金被称为项目投资的原始投资。

建设投资是指在建设期内按一定生产经营规模和建设内容进行的投资，包括固定资产投资、无形资产投资和其他资产投资三项内容。固定资产投资是指项目用于购置或安装固定资产应当发生的投资。固定资产原值等于固定资产原始投资与建设期资本化利息之和。无形资产投资是指项目用于取得无形资产（商标权、专利权等）而应当发生的投资；其他资产投资是指除固定资产和无形资产以外的投资。

营运资金投资是指为维持生产经营的正常运转而垫支的资金，数值上等于流动资产与流动负债的差额。

项目总投资之间的具体关系如图 5-2 所示。

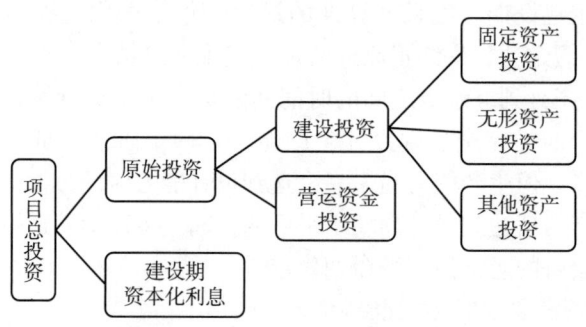

图 5-2　项目总投资之间的关系

值得注意的是，第一，原始投资不受企业投资资金来源的影响，而项目总投资受企业投资资金来源的影响。比如原始投资 100 万元全部来自银行贷款，利率为 8%，建设期为 1 年，则项目总投资为 108 万元；如果自有资金为 40 万元，银行贷款为 60 万元，则项目总投资就是 104.8 万元（60＋40＋60×8%）。第二，固定资产投资中不包括资本化利息，但是固定资产投入使用后，需要计提折旧，计提折旧的

依据是固定资产原值,即固定资产达到预定可使用状态时的价值,而不是固定资产投资。两者的关系如下:

$$固定资产原值 = 固定资产投资 + 建设期资本化利息$$

(七) 项目投资的资金投入方式

项目投资的投入方式包括一次投入和分次投入两种形式。一次投入方式是指投资行为集中一次发生在项目计算期第一个年度的年初或年末;如果投资行为涉及两个或两个以上年度,或者虽然只涉及一个年度但同时在该年的年初和年末发生,则属于分次投入方式。

二、项目现金流量

(一) 现金流量的含义

现金流量是评价项目投资方案是否可行时必须事先计算的一个基础性数据。所谓现金流量,是指投资项目在其计算期内各项现金流入量和现金流出量的统称。这里的"现金"是广义上的现金,不仅包括各种货币资金,还包括项目需要投入的企业现有的非货币性资源的变现价值。例如,一个项目需要使用原有的厂房、设备和材料等,则相关的现金流量是指它们的变现价值,而不能用它们的账面价值来表示现金流量。

(二) 现金流量的构成

1. 现金流量按流动方向划分

(1) 现金流出量。在投资决策中,一个方案的现金流出量指的是投资项目在整个寿命期内实际发生的全部现金支出额,主要包括投放在固定资产上的资金,项目建成投产后为正常经营活动而投放在流动资产上的资金,以及为使机器设备正常运转而投入的维护修理费等。

(2) 现金流入量。与现金流出量相对应,现金流入量指的是项目在寿命期内实际发生的全部现金收入数额。现金流入量主要包括经营收入、固定资产报废时的残值收入、项目结束时收回的原投入在该项目流动资产上的流动资金。

(3) 现金净流量。现金净流量又称净现金流量(用 NCF 表示),是指在一定期间现金流入量与现金流出量的差额。其公式为:

$$年现金净流量 NCF = 年现金流入量 - 年现金流出量 \quad (5.1)$$

2. 现金流量按发生时间先后划分

(1) 初始现金流量。初始现金流量是指在开始投资时点发生的现金流量，一般包括以下几项内容：

①固定资产投资。固定资产投资包括固定资产的购置或建造成本、运输成本和安装成本等带来的现金流出。

②营运资金垫支。营运资金垫支是指投资项目开始时净营运资金的变动，包括流动资产和流动负债的变动。例如，对存货和应收账款等流动资产的追加将带来一部分现金流出，而应付账款等流动负债的增加将导致现金流出减少。

③其他费用。其他费用主要是指与长期投资有关的职工培训费、谈判费、注册费等带来的现金流出。这部分现金支出通常直接计入当期费用，因此还需要考虑其对所得税的影响。

④原有固定资产变价收入。原有固定资产变价收入主要是指固定资产更新时，变卖原有固定资产带来的现金流入。此时需要注意，如果原有固定资产出售价格与账面价值不同，则会出现出售损益，给企业带来所得税方面的影响。

（2）营业现金流量。营业现金流量又称营业现金净流量，是指投资项目投入使用后，在其寿命周期内由于生产经营产生的现金流入扣除现金流出的数量。这种现金流量一般按年度进行计算。这里的现金流入一般是指由营业收入带来的现金流入。现金流出一般是指由需要付现的营业成本和所得税引起的现金流出。

（3）终结现金流量。终结现金流量是指投资项目完结时发生的现金流量，主要包括固定资产的残值收入或变价收入、固定资产的清理费用以及原来垫支营运资金的收回，如果有所得税，应当考虑税负节余的影响。

应当注意的是，项目现金流只包括经营活动现金流，不包括融资活动现金流（债务融资的利息支付、本金偿还、股权融资的股利支付），项目的融资成本体现在折现率上，而不是现金流上。

（三）现金流量的计算方法

初始现金流量和终结现金流量的计算比较简单，只需逐项列出然后相加即可。需要注意的是，如果初始投资时存在费用化的支出，或者涉及旧固定资产的出售损益，则需要考虑它们的所得税影响。

营业现金流量的计算相对较为复杂，其计算方法主要有以下两种：

1. 根据定义直接计算

根据营业现金流量的定义，每年的营业现金流量是营业现金流入扣减营业现金流出后的净额。为了便于计算，假定投资项目每年的营业现金流入等于营业收入，而营业现金流出则等于付现成本（不包括折旧的营业成本）和所得税之和。于是，我们得到计算每年营业现金流量的第一种方法：
$$营业现金流量 = 营业收入 - 付现成本 - 所得税 \quad (5.2)$$

2. 根据税后净利倒推计算

投资项目每年的营业现金流量包括两个方面的内容：一是获得的税后净利；二是计提的折旧（税法口径下的折旧）。因为固定资产折旧和无形资产摊销不需要付出现金，即非付现成本，但抵减了当期利润，所以在计算营业现金流量时应将其加回到税后净利中。于是，我们可以得到计算营业现金流量的第二种方法：
$$营业现金流量 = 税后净利润 + 折旧 \quad (5.3)$$

式（5.3）也可以由式（5.2）推导而来，推导过程如下：

营业现金流量 = 营业收入 - 付现成本 - 所得税
   = 营业收入 - （营业成本 - 非付现成本）- 所得税
   = 营业收入 - 营业成本 - 所得税 + 非付现成本
   = 税后净利润 + 非付现成本

由于收入要缴税，费用可抵税，因此不管是营业收入还是付现成本最终都应是税后的数据，而且不需付现的非付现成本也具有抵税作用。于是，我们得到计算营业现金流量的第三种方法：

营业现金流量 = 营业收入 × (1 - 所得税利率) - 付现成本 × (1 - 所得税利率) + 非付现成本 × (1 - 所得税税率)
$$(5.4)$$

式（5.4）也可以由式（5.3）推导得来，推导过程如下：

营业现金流量 = 税后净利润 + 非付现成本
   = (营业收入 - 营业成本) × (1 - 所得税利率)
     + 非付现成本
   = (营业收入 - 付现成本 - 非付现成本)
     × (1 - 所得税利率) + 非付现成本
   = 营业收入 × (1 - 所得税利率) - 付现成本 × (1 - 所得税税率) - 非付现成本 × (1 - 所得税税率)
     + 非付现成本
   = 营业收入 × (1 - 所得税利率) - 付现成本 × (1 - 所得税税率) + 非付现成本 × 所得税税率

以上三种方法的计算结果是一样的，可以根据已知条件选择最简便的方法。其中式（5.4）较为常用，因为它不需要计算投资项目带来的利润，而是直接根据投资项目的营业收入、付现成本和折旧以及企业所得税税率来计算。

值得注意的是，由于项目投资的现金流量的确定是一项很复杂的工作，为了便于确定现金流量的具体内容，简化现金流量的计算过程，本章特做以下假设：

第一，全投资假设，即假设确定项目的现金流量时，只考虑全部投资的运行情况，不论是自有资金还是借入资金等具体形式的现金流量，都将其视为自有资金。

第二，建设期投入全部资金假设，即项目的原始总投资不论是一次性投入还是分次投入，均假设它们是在建设期内投入的。

第三，项目投资的经营期与折旧年限假设一致，即假设项目主要固定资产的折旧年限或使用年限与其经营期相同。

第四，时点指标假设，即现金流量的具体内容涉及的价值指标，不论是时点指标还是时期指标，均假设按照年初或年末的时点处理。其中，建设投资在建设期内有关年度的年初发生；垫支的流动资金在建设期的最后一年年末（经营期的第一年年初）发生；经营期内各年的营业收入、付现成本、非付现成本、利润、税金等项目的确认都在年末发生；项目最终报废或清理均发生在经营期最后一年年末（中途出售项目除外）。

第五，确定性假设，即假设与项目现金流量估算有关的价格、产销量、成本水平、所得税税率等因素都为已知常数。

下面举例说明投资项目现金流量的计算。

【例5-1】 某公司打算购买一台设备以扩充生产能力。现有甲、乙两个方案可供选择。甲方案需投入120 000元购置设备，设备使用寿命5年，采用直线法计提折旧，5年后设备无残值。5年中每年营业收入为60 000元，付现成本为20 000元。乙方案需投入120 000元购置设备，垫支30 000元营运资金，设备使用寿命为5年，采用直线法计提折旧，5年后净残值为20 000元。5年中每年营业收入为80 000元，第1年付现成本为30 000元，往后每年增加修理费和维护费4 000元。假设所得税税率为25%。试计算两个方案的现金流量。

(1) 计算两个方案的初始现金流量。

甲方案：NCF_0 = 固定资产投资 = -120 000（元）

乙方案：NCF_0 = 固定资产投资 + 营运资金垫支 = -120 000 - 3 000 = -150 000（元）

(2) 计算两个方案营业期的现金流量。

甲方案：

固定资产年折旧额 = (120 000 - 0) ÷ 5 = 24 000（元）

NCF_{1-5} = 60 000 × (1 - 25%) - 20 000 × (1 - 25%) + 24 000 × 25% = 36 000（元）

乙方案：

固定资产年折旧额 = (120 000 - 20 000) ÷ 5 = 20 000（元）

NCF_1 = 80 000 × (1 - 25%) - 30 000 × (1 - 25%) + 20 000 × 25% = 42 500（元）

$NCF_2 = 80\,000 \times (1-25\%) - 34\,000 \times (1-25\%) + 20\,000 \times 25\% = 39\,500$（元）

$NCF_3 = 80\,000 \times (1-25\%) - 38\,000 \times (1-25\%) + 20\,000 \times 25\% = 36\,500$（元）

$NCF_4 = 80\,000 \times (1-25\%) - 42\,000 \times (1-25\%) + 20\,000 \times 25\% = 33\,500$（元）

$NCF_5 = 80\,000 \times (1-25\%) - 46\,000 \times (1-25\%) + 20\,000 \times 25\% = 30\,500$（元）

（3）计算两个方案的终结现金流量。

甲方案：$NCF_5 = 0$

乙方案：$NCF_5 = 20\,000 + 30\,000 = 50\,000$（元）

两个方案的现金流量如表 5-1 所示。

表 5-1　　　　　　　投资项目现金流量　　　　　　　单位：元

t	0	1	2	3	4	5
甲方案：						
初始现金流量	-120 000					
营业现金流量		36 000	36 000	36 000	36 000	36 000
现金流量合计	-120 000	36 000	36 000	36 000	36 000	36 000
乙方案：						
初始现金流量	-150 000					
营业现金流量		42 500	39 500	36 500	33 500	30 500
终结现金流量						50 000
现金流量合计	-150 000	42 500	39 500	36 500	33 500	80 500

表 5-1 中，t=0 代表第 1 年年初，t=1 代表第 1 年年末，t=2 代表第 2 年年末，以此类推。在现金流量的计算中，为了简便起见，一般都假定各年投资在年初一次进行，各年营业现金流量在年末一次发生，终结现金流量在最后一年年末发生。

（四）投资项目现金流量的影响因素

估计投资方案所需的净经营性长期资产总投资及该方案每年能产生的现金净流量会涉及很多变量，并且需要企业有关部门的参与。例如，销售部门负责预测售价和销量，涉及产品价格弹性、广告效果、竞争者动向等；产品开发和技术部门负责估计投资方案的净经营性长期资产总投资，涉及研制费用、设备购置、厂房建筑等；生产和成本部门负责估计制造成本，涉及原材料采购价格、生产工艺安排、产品成本等。财务人员的主要任务是为销售、生产等部门的预测建立共同的基本假设条件，如物价水平、折现率、可供资源的限制条件等；协调参与预测工作的各部门人员，使之能相互衔接与配合；防止预测者因个人偏好或部门利益而高估或低估收入和成本。

在确定投资方案相关的现金流量时，应遵循的最基本原则是只有增量现金流量才是与项目相关的现金流量。所谓增量现金流量，是指接受或拒绝某个投资方案后，企业总现金流量因此发生的变动。只有那些由于采纳某个项目引起的现金支出增加额，才是该项目的现金流出；只有那些由于采纳某个项目引起的现金流入增加额，才是该项目的现金流入。

为了正确计算投资方案的增量现金流量，需要正确判断哪些支出会引起企业总现金流量的变动，哪些支出不会引起企业总现金流量的变动。在进行这种判断时，我们要注意以下四个问题：

1. 区分相关成本和非相关成本

相关成本是指与特定决策有关的、在分析评价时必须加以考虑的成本。例如，差额成本、未来成本、重置成本、机会成本等都属于相关成本。与此相反，与特定决策无关的、在分析评价时不必加以考虑的成本是非相关成本。例如，沉没成本、过去成本、账面成本等往往是非相关成本。例如，某公司在4年前曾经打算新建一个车间，并请一家会计公司做过可行性分析，并支付咨询费5万元。后来由于公司有了更好的投资机会，该项目被搁置下来，该笔咨询费作为费用已经入账了。在进行投资分析时，这笔咨询费是否仍是相关成本呢？答案应当是否定的。该笔支出已经发生，不管公司是否采纳新建一个车间的方案，都已无法收回，与公司未来的总现金流量无关。

如果将非相关成本纳入投资方案的总成本，则一个有利的方案可能因此变得不利，一个较好的方案可能变为较差的方案，从而造成决策错误。

2. 不忽视机会成本

在投资方案的选择中，如果选择了一个投资方案，则必须放弃投资于其他途径的机会。其他投资机会可能取得的收益是实行本方案的一种代价，被称为这项投资方案的机会成本。例如，上述公司新建车间的投资方案，需要使用公司拥有的一块土地。在进行投资分析时，因为公司不必动用资金去购置土地，可否不将这块土地的成本考虑在内呢？答案是否定的。因为该公司若不利用这块土地来新建车间，则它可以将这块土地移作他用，并取得一定的收入。只是由于在这块土地上新建车间才放弃了这笔收入，而这笔收入代表新建车间使用土地的机会成本。假设这块土地出售可净得15亿元，它就是新建车间的一项机会成本。值得注意的是，不管该公司当初是以5亿元还是20

亿元购进这块土地，都应以现行市价作为这块土地的机会成本。机会成本不是我们通常意义上说的"成本"，不是一种支出或费用，而是失去的收益。这种收益不是实际发生的，而是潜在的。机会成本总是针对具体方案的，离开被放弃的方案就无从计量确定。

3. 考虑投资方案对公司其他项目的影响

当我们采纳一个新的项目后，该项目可能对公司的其他项目造成有利或不利的影响。例如，若新建车间生产的产品上市后，原有其他产品的销量可能减少，而且整个公司的销售额也许不增加甚至会减少。因此，公司在进行投资分析时，不应将新车间的销售收入作为增量收入来处理，而应扣除其他项目因此减少的销售收入。当然，也可能发生相反的情况，新产品上市后将促进其他项目的销售增长。这要看新项目和原有项目是竞争关系还是互补关系。

当然，诸如此类的交互影响，事实上很难准确计量，但决策者在进行投资分析时仍要将其考虑在内。

4. 对营运资本的影响

在一般情况下，当公司开办一个新业务并使销售额扩大后，对于存货和应收账款等经营性流动资产的需求也会增加，公司必须筹措新的资金以满足这种额外需求。公司扩充的结果是应付账款与一些应付费用等经营性流动负债也会同时增加，从而降低公司营运资金的实际需要。营运资本的需要是指增加的经营性流动资产与增加的经营性流动负债之间的差额。

当投资方案的寿命周期快要结束时，公司将与项目有关的存货出售，应收账款变为现金，应付账款和应付费用也随之偿付，营运资本恢复到原有水平。通常，在进行投资分析时，假定开始投资时筹措的营运资本在项目结束时收回。

三、项目投资决策指标

所谓项目投资决策指标，是指评价投资方案是否可行或孰优孰劣的标准。投资决策指标非常丰富，根据是否考虑货币的时间价值，可分为非折现现金流量指标和折现现金流量指标两大类。

（一）非折现现金流量指标

非折现现金流量指标也称静态指标，是指不考虑货币时间价值的评价指标，具体包括平均报酬率和投资回收期。

1. 平均报酬率

（1）平均报酬率的计算。平均报酬率是指投资项目寿命周期内平均的年投资报酬率，也称平均投资报酬率。计算公式如下：

$$平均报酬率 = \frac{年平均现金流量}{初始投资额} \times 100\% \qquad (5.5)$$

式（5.5）中，分子的年平均现金流量是指使用后的年平均现金流量，等于所有营业现金流量和终结现金流量之和除以投资项目寿命。

根据本章【例5-1】中某公司的资料（见前文的表5-1），计算甲、乙两个方案的平均报酬率。

$$甲方案的平均报酬率 = \frac{36\ 000}{120\ 000} \times 100\% = 30\%$$

$$乙方案的平均报酬率 = \frac{(42\ 500 + 39\ 500 + 36\ 500 + 33\ 500 + 80\ 500) \div 5}{150\ 000} \times 100\% = 31\%$$

（2）平均报酬率的决策规则。在采用平均报酬率这一指标进行决策时，应事先确定一个企业要求达到的平均报酬率，即必要平均报酬率。在只有一个备选方案的采纳与否决策中，高于必要平均报酬率的方案就采纳，低于必要平均报酬率的方案则拒绝。在多个投资方案的互斥选择决策中，应在平均报酬率高于必要报酬率的方案中选择最高者。

（3）平均报酬率的优缺点。平均报酬率，其概念易于理解，计算也比较简便，但是没有考虑资金的时间价值，将前期的现金流量等同于后期的现金流量。不过，平均报酬率考虑了投资项目整个寿命期内的现金流量，而不只是考虑初始投资前的现金流量，这一点较投资回收期更加合理。

2. 投资回收期

（1）投资回收期的计算。投资回收期是指回收初始投资需要的时间，一般以年为单位。投资回收期的计算根据各年现金流量的情况分为以下两种：

①年现金净流量相等。如果投资方案每年净现金流量相等，则投资回收期可按下列公式计算：

$$投资回归期 = \frac{初始投资额}{每年净现金流量} \qquad (5.6)$$

②年现金净流量不相等。如果投资方案每年净现金流量不相等，则投资回收期要根据每年年末尚未收回的投资额加以确定。假设初始投资在第n年和第n+1年之间收回，则投资回收期可按下式计算：

$$投资回收期 = n + \frac{第n年年末尚未收回的投资额}{第n+1年的净现金流量} \qquad (5.7)$$

【例5-2】根据本章【例5-1】中某公司的资料（见前文表5-1），分别计算甲、乙两个方案的投资回收期。

甲方案投入使用后每年净现金流量相等，故：

甲方案投资回收期 = $\dfrac{初始投资额}{每年净现金流量} = \dfrac{120\,000}{36\,000} = 3.33$（年）

乙方案投入使用后每年净现金流量不相等，所以应先计算各年年末尚未收回的投资额，如表 5-2 所示。

表 5-2　　乙方案投入使用后各年尚未收回的投资额　　单位：元

年数	年初尚未收回的投资额	每年净现金流量	各年年末尚未收回的投资额
1	150 000	42 500	107 500
2	107 500	39 500	68 000
3	68 000	36 500	31 500
4	31 500	33 500	

乙方案投资回收期 = $3 + \dfrac{31\,500}{33\,500} = 3.94$（年）

（2）投资回收期的决策规则。在采用投资回收期这一指标进行决策时，应事先确定一个企业要求达到的投资回收期。在只有一个备选方案采纳与否的决策中，低于企业要求的投资回收期的方案就采纳，高于企业要求的投资回收期的方案则拒绝。在多个投资方案的互斥选择投资决策中，应在投资回收期低于企业要求的投资回收期的方案中选择最短者。如【例 5-2】中，假设企业要求的投资回收期最高为 4 年，则甲、乙两个方案都是可取的，因为它们的投资回收期都低于 4 年，但由于二者是互斥方案，因此应选择投资回收期更短的甲方案。

（3）投资回收期的优缺点。投资回收期的概念容易理解，计算也比较简便，但是它没有考虑资金的时间价值，也没有考虑初始投资收回后的现金流量状况，现举例说明其不足。

【例 5-3】 A、B 两个方案的预计现金流量如表 5-3 所示。应选择哪个方案？

表 5-3　　A、B 两个方案的预计现金净流量　　单位：元

t	0	1	2	3	4	5
A 方案	-80 000	20 000	20 000	40 000	20 000	20 000
B 方案	-80 000	40 000	20 000	20 000	30 000	30 000

两个方案的投资回收期都是 3 年，但是 B 方案显然优于 A 方案。首先，在前 3 年内，虽然二者的营业现金流量之和都是 80 000 元，但是第一年 B 方案流入较多，而第 3 年 A 方案流入较多。其次，在

初始投资收回后的第 4 年和第 5 年，B 方案的营业现金流量都多于 A 方案，这两个因素投资回收期都未考虑。

（二）折现现金流量指标

与非折现现金流量指标不同，折现现金流量指标是在充分考虑资金时间价值的基础上，对方案的优劣取舍进行判断。折现现金流量指标主要有：净现值、获利指数和内含报酬率。

1. 净现值（NPV）

（1）净现值的计算。净现值是指从投资开始到项目寿命终结，所有现金流量（现金流入量为正，现金流出量为负）的现值之和。其计算公式为：

$$NPV = \sum_{t=0}^{n} \frac{NCF_t}{(1+k)^t} = \sum_{t=0}^{n} [NCF_t \times (P/F, k, t)] \quad (5.8)$$

式（5.8）中，n 为投资开始到项目寿命终结的年数；NCF_t 为第 t 年的现金净流量；k 为折现率（资金成本或企业要求的必要报酬率）。

由于投资项目的初始投资往往为现金流出，即为负现金流量，而投资项目投入使用后，各年的净现金流量往往为正现金流量，因此可以考虑将二者区分开来。所以，净现值计算公式还有另外一种表达形式：

$$NPV = \sum_{t=1}^{n} \frac{NCF_t}{(1+k)^t} - C = \sum_{t=1}^{n} [NCF_t \times (P/F, k, t)] - C$$
$$(5.9)$$

式（5.9）中，C 为初始投资额，而 n、NCF 和 k 的含义同式（5.8）。需要注意的是，如果投资期超过 1 年，则 C 应为各年投资额的现值之和，同时 t 的开始年份可能不再是 1，而是投资项目开始投入使用的年份。

如果投资项目投入使用后每年的净现金流量相等，记作 NCF，则式（5.9）可演化为：

$$NPV = NCF \times (P/A, k, n) - C \quad (5.10)$$

【例 5-4】根据本章【例 5-1】中某公司的资料（见前文表 5-1），计算甲、乙两个方案的净现值（假设资金成本为 10%）。

甲方案投入使用后每年的 NCF 相等，可用式（5.10）计算：

$NPV_{甲}$ = NCF × (P/A, 10%, 5) - 120 000
　　　= 36 000 × 3.7908 - 120 000
　　　= 16 469（元）

乙方案用式（5.8）计算，如表 5-4 所示。

表 5-4　　　　　　　　乙方案的净现值　　　　　　　　单位：元

t	NCF_t	$(P/F, 10\%, t)$	$NCF_t \times (P/F, 10\%, t)$
0	-150 000	1.0000	-150 000
1	42 500	0.9091	38 637
2	39 500	0.8264	32 643
3	36 500	0.7513	27 422
4	33 500	0.6830	22 881
5	80 500	0.6209	49 982
$NPV_乙 = \sum_{t=0}^{5} [NCF_t \times (P/F, 10\%, t)]$			21 565

（2）净现值的决策规则。在只有一个备选方案采纳与否的决策中，净现值为正者就采纳，净现值为负者就拒绝。在多个备选方案的互斥选择决策中，应选择净现值为正值中的最大者。在【例 5-4】中，甲、乙两方案都是可取的，因为它们的净现值都为正，但由于二者是互斥方案，因此应选择净现值较大的乙方案。

（3）净现值的优缺点。净现值考虑了资金的时间价值，并且能够真实反映投资方案的净收益，但是它作为一种绝对值指标，不便于比较不同规模投资方案的获利程度，不能揭示各投资方案的实际报酬率。

2. 获利指数（PI）

（1）获利指数的计算。获利指数又称现值指数，是投资项目投入使用后的现金流量现值之和与初始投资额之比。其计算公式为：

$$PI = \frac{\sum_{t=1}^{n} \frac{NCF_t}{(1+k)^t}}{C} \tag{5.11}$$

式（5.11）中，PI 为获利指数；其他各符号的含义与净现值计算公式相同。与净现值计算公式（5.9）一样，如果投资期超过 1 年，则 C 应为各年投资额的现值之和，同时 1 的开始年份可能不再是 1，而是投资项目开始投入使用的年份。

【例 5-5】根据【例 5-1】中某公司的资料（见表 5-1），计算甲、乙两个方案的获利指数（假设资本成本为 10%）。

甲方案的获利指数：$PI_甲 = \dfrac{\sum_{t=1}^{5} \dfrac{NCF_t}{(1+k)^t}}{C} = \dfrac{136\ 469}{120\ 000} = 1.137$

乙方案的获利指数：$PI_乙 = \dfrac{\sum_{t=1}^{5}\dfrac{NCF_t}{(1+k)^t}}{C} = \dfrac{171\,565}{150\,000} = 1.144$

（2）获利指数的决策规则。在只有一个备选方案采纳与否的决策中，获利指数大于1就采纳，小于1则拒绝。在多个方案的互斥选择决策中，应在获利指数大于1的方案中选择最高者。在【例5-5】中，甲、乙两方案都是可取的，因为它们的获利指数都大于1，但由于二者是互斥方案，因此应该选择获利指数较高的乙方案。

（3）获利指数的优缺点。获利指数考虑了资金的时间价值，并且用相对数表示，从而有利于在投资规模不同的各方案中进行对比。但是，获利指数的概念不易理解，它既不属于绝对值指标，又不同于一般的报酬率性质的相对值指标。

3. 内含报酬率（IRR）

（1）内含报酬率的计算。内含报酬率又称为内部报酬率，它是使投资方案的净现值为零的折现率。内含报酬实际上反映了投资项目的真实报酬率。由于净现值有两个计算公式，因此，内含报酬率也有两个计算公式：

$$V = \sum_{t=1}^{n} \frac{D_0(1+g)^t}{(1+k)^t} \tag{5.12}$$

$$\sum_{t=1}^{n} \frac{NCF_T}{(1+IRR)^t} - C = 0 \tag{5.13}$$

式（5.12）和式（5.13）中，IRR为内含报酬率，其他符号的含义与净现值公式相同。

内含报酬率的计算比较复杂，通常根据未来现金流量的情况，可以采用以下两种方法：

①未来期内各年现金净流量相等，初始投资在建设期一次投入，可以用年金现值的方法计算。

第一步，计算年金现值系数。

$$每年的 NCF \times (P/A, IRR, n) - 初始投资额 = 0$$

$$(P/A, IRR, n) = \frac{初始投资额}{每年的 NCF}$$

第二步，查阅年金现值系数表，在相同的期数内，找出与上述年金现值系数相同的折现率，或相近的较大和较小的两个折现率。

第三步，根据上述两个相邻近的折现率和年金现值系数，采用插值法计算该方案的内含报酬率。

②未来期内各年现金净流量不相等，内含报酬率的计算通常采用"逐年测试法"。

首先，按估计的折现率计算方案的净现值；其次，估计内含报酬率的可能区间。由于内含报酬率是净现值等于零时的折现率,而零介于正负之间。因此,若第一步计算的净现值大于零,则表示估计的折现率小于该项目的实际内含报酬率,应提高折现率后进一步测算;若第一步计算的净现值小于零,则表示估计的折现率大于该项目的实际内含报酬率,应降低折现率后进一步测算。经过反复测算,直至找出净现值由正到负或由负到正的两个折现率。最后,根据上述两个临近的折现率,采用插值法计算内含报酬率。

【例 5-6】 根据本章【例 5-1】中某公司的资料(见前文表 5-1),计算甲、乙两个方案的内含报酬率。

甲方案投入使用后每年的 NCF 相等,属于上述第一种情况,因此计算如下:

$120\ 000 = 36\ 000 \times (P/A, IRR, 5)$

即 $(P/A, IRR, 5) = 3.33$

查 6 年的年金现值系数表:

折现率	年金现值系数
15%	3.3522
IRR	3.333
16%	3.2743

用插值法计算该方案的内含报酬率如下:

$$\frac{IRR - 15\%}{16\% - 15\%} = \frac{3.333 - 3.3522}{3.2743 - 3.3522}$$

求出 $IRR_甲 = 15.04\%$

乙方案投入使用后每年的 NCF 不相等,属于上述第二种情况,因此计算过程如下:

①进行折现率测算,具体测算过程如表 5-5 所示。

表 5-5　　　　乙方案投入使用后折现率测算　　　　单位:元

年数	NCF_t	折现率 14%		折现率 15%		折现率 16%	
		(P/F, 14%, t)	$NCF_t \times$ (P/F, 14%, t)	(P/F, 15%, t)	$NCF_t \times$ (P/F, 15%, t)	(P/F, 16%, t)	$NCF_t \times$ (P/F, 15%, t)
0	-150 000	1	-150 000	1.000	-150 000	1.000	-150 000
1	42 500	0.8772	37 281	0.8696	36 958	0.8621	36 639.25
2	39 500	0.7695	30 395.25	0.7561	29 865.95	0.7432	29 356.4
3	36 500	0.6750	24 637.5	0.6575	23 998.75	0.6407	23 385.55
4	33 500	0.5921	19 835.35	0.5718	19 155.3	0.5523	18 502.05
5	80 500	0.5194	41 811.7	0.4972	40 024.6	0.4761	38 326.05
NPV	—	—	3 960.8	—	2.6	—	-3 790.7

②折现率净现值

15%	2.6
IRR	0
16%	-3 790.7

用插值法计算该方案的内含报酬率如下：

$$\frac{IRR-15\%}{16\%-15\%}=\frac{0-2.6}{-3\ 790.7-2.6}$$

求出 $IRR_乙=15.0007\%$

(2) 内含报酬率的决策规则。在只有一个备选方案采纳与否的决策中，内含报酬率高于企业资金成本或必要报酬率就采纳，低于企业资金成本或必要报酬率则拒绝。在多个备选方案的互斥选择决策中，应在内含报酬率超过资金成本或必要报酬率的项目中选择最高者。在【例5-6】中，如果企业的资金成本为15%，则甲、乙两个方案都是可取的，因为它们的内含报酬率都高于15%，但由于二者是互斥方案，因此只能选择甲方案，因为它的内含报酬率高于乙方案。

(3) 内含报酬率的优缺点。内含报酬率考虑了资金的时间价值，反映了投资项目的真实报酬率，但它的计算过程比较复杂，尤其是在投资项目投入使用后各年NCF不相等时，一般要经过多次测算才能求得。

(三) 折现评价指标的比较

我们已经知道，投资回收期和平均报酬率均不考虑货币的时间价值，在评价投资方案是否可行时，只能作为辅助的指标，不能作为主要的评价标准。那么，作为贴现指标的净现值、获利指数和内含报酬率之间具有怎样的关系，在评价方案是否可行时，会不会产生结果不一致的情况呢？

通常情况下，净现值（NPV）、获利指数（PI）和内含报酬率（IRR）指标之间存在以下的数量关系：

当 $NPV>0$ 时，$PI>1$，$IRR>i$（i为投资最低收益率）；

当 $NPV=0$ 时，$PI=1$，$IRR=i$；

当 $NPV<0$ 时，$PI<1$，$IRR<i$。

运用这些指标在评估独立项目时，一般能够得出一致的结论。即独立投资方案之间进行比较时，以各独立方案的获利程度作为评价标准，一般采用内含报酬率法进行比较决策。内含报酬率指标综合反映了各方案的获利程度，在各种情况下的决策结论都是正确的。但是，对于互斥项目，按不同的标准，有时会得出不同的结论。当投资规模不同或现金流量产生的时间不同时，净现值法与内含报酬率法有时会发生差异；当初始投资额不同时净现值和获利指数之间也会得出不一样的结论。但是，由于净现值不仅考虑了项目寿命周期内的全部现金流量，而且考虑了资本成本或投资者要求的报酬率，将不同时点上的现金流量调整为同一时点进行比较，更为重要的是，净现值代表了给公司带来的财富，最高的净现值符合企业的最大利益，这与企业的目标是一致的。所以，在评估互斥项目时，应以净现值为基准。

四、项目投资管理

(一) 固定资产更新决策

固定资产反映了企业的生产经营能力。固定资产更新决策是项目投资决策的重要组成部分。随着科学技术的发展，机器设备的更新换代日益加快。因此，在旧设备还能继续使用的情况下，企业也可能考虑更新设备，这就涉及固定资产的更新决策。从决策性质上看，固定资产更新决策属于互斥投资方案的决策类型，所采用的决策方法是净现值法和年均净现值法。

1. 寿命期相同的固定资产更新决策

一般来说，用新设备来替换旧设备如果不能改变企业的生产能力，就不会增加企业的营业收入，即使有少量的残值变价收入，也不是实质性收入的增加。因此，大部分以旧换新进行的设备重置都属于替换重置。替换重置方案中所发生的现金流量主要是现金流出量。如果购入的新设备性能提高，扩大了企业的生产能力，这种设备重置就属于扩建重置。

对于寿命期相同的固定资产更新决策，其决策的基本思路为：将继续使用旧设备视为一种方案，将出售旧设备、购置新设备视为另一种方案，考虑后者与前者的差量现金流量，进而计算差量净现值、差量获利指数或差量内含报酬率。如果差量净现值为正、差量获利指数大于1或差量内含报酬率高于企业资金成本，则更新设备；如果差量净现值为负、差量获利指数小于1或差量内含报酬率低于企业资金成本，则继续使用旧设备。固定资产更新决策的关键是要准确确定两种方案的差量现金流量。其中，差量营业现金流量和差量终结现金流量比较简单，差量初始现金流量相对复杂，它既要考虑新设备的购置成本，又要考虑当前旧设备的出售收入，还要考虑旧设备出售可能带来的税负影响。

【例5-7】某公司考虑用一台效率更高的新设备来替换旧设备，以增加收益、降低成本。旧设备原值80 000元，已计提折旧40 000元，已使用5年，还可使用5年，预计使用期满后无残值。旧设备每年可带来营业收入90 000元，每年需耗费付现成本60 000元。如果现在出售此设备可得价款30 000元。拟更换的新设备的购置成本为

100 000 元，估计可使用 5 年，预计净残值为 10 000 元，新设备每年可带来营业收入 110 000 元，每年需耗费付现成本 50 000 元，新旧设备均采用直线法折旧。公司所得税率为 25%，资本成本为 10%。试做出该公司是否应更新设备的决策。

更新设备与继续使用旧设备的差量现金流量如下：

(1) 差量初始现金流量。

新设备购置成本　　　　　　　　　　　　　　　　－100 000 元
旧设备出售收入　　　　　　　　　　　　　　　　　30 000 元
旧设备出售税负结余 [(40 000 － 30 000) × 25%]　　2 500 元
差量初始现金流量　　　　　　　　　　　　　　　　－67 500 元

(2) 差量营业现金流量。

差量营业收入 = 110 000 － 90 000 = 20 000（元）

差量付现成本 = 50 000 － 60 000 = －10 000（元）

$$差量折旧额 = \frac{100\,000 - 10\,000}{5} - \frac{80\,000 - 40\,000}{5} = 10\,000（元）$$

差量营业现金流量 = 20 000 × (1 － 25%) － (－10 000) × (1 － 25%) + 10 000 × 25% = 25 000（元）

(3) 差量终结现金流量。

差量终结现金流量 = 10 000（元）

两种方案的差量现金流量如表 5－6 所示。

表 5－6　　更新设备与继续使用旧设备的差量现金流量　　单位：元

年数	0	1~4	5
差量初始现金流量	－67 500		
差量营业现金流量		25 000	25 000
差量终结现金流量			10 000
合计	－67 500	25 000	35 000

差量净现值 = －67 500 + 25 000 × (P/A, 10%, 4)
　　　　　　+ 35 000 × (P/F, 10%, 5)
　　　　　= －67 500 + 25 000 × 3.1699 + 35 000 × 0.6209
　　　　　= 33 479（元）

更新设备与继续使用旧设备相比，可多获得 33479 元的净现值，因此应当进行设备更新。

2. 新旧设备使用寿命不相等的情况

【例 5－7】中，新旧设备尚可使用年限相同。然而，多数情况下，新设备的使用年限要长于旧设备，此时的固定资产更新问题就变为两个或两个以上使用寿命不同的投资项目的选择问题。

对于不同的项目，不能对它们的净现值、内含报酬率和获利指数进行直接比较。为了使投资项目的各项指标具有可比性，则需要消除项目寿命不等的因素，因此可以采用年均净现值法。

净现值年均化可以直接用投资项目净现值除以投资项目寿命，但是这种简单的平均没能充分考虑资金的时间价值。净现值年均化的另一种更为合理的方法是利用年金现值系数实现的，其计算公式为：

$$\text{ANPV} = \frac{\text{NPV}}{(P/A, i, n)} \tag{5.14}$$

式（5.14）中，ANPV 为投资项目的年均净现值，$(P/A, i, n)$ 是资金成本为 i、期限为 n 的年金现值系数。

这个公式的思路是：项目寿命不等的方案，由于其寿命不等，比较净现值的总额不能反映不同方案的优劣，因此可以将它们替换为与它们等价的方案后再进行比较。假设另外有每年现金流量相等的投资方案，其净现值和项目寿命与已知方案相同，因此可以认为它们是等价的，可以相互替换。这些替换方案的净现值等于每年现金流量乘以年金现值系数，因此每年现金流量就等于净现值除以年金现值系数。这样，通过比较替换方案每年的现金流量，就能够对原方案平均每年创造现金流量的能力进行比较，进而做出选择，从这个意义上说，这种方法也可以称为年均现金流量法。

【例 5-8】某公司拟进行一项投资，现有两个互斥投资方案。A 方案初始投资额为 20 万元，项目寿命为 5 年，寿命终结时净残值为 2 万元，每年营业现金流量为 9 万元。B 方案初始投资额为 40 万元，项目寿命为 8 年，寿命终结时无残值，每年营业现金流量为 11 万元。企业资金成本为 10%。试判断应该选择哪个投资方案。

首先计算 A、B 两方案单次投资的净现值分别为：

$\text{NPV}_A = -20 + 9 \times (P/A, 10\%, 5) + 2 \times (P/F, 10\%, 5)$
$\qquad = -20 + 9 \times 3.791 + 2 \times 0.6209 = 15.3608$（万元）

$\text{NPV}_B = -40 + 11 \times (P/A, 10\%, 8)$
$\qquad = -40 + 11 \times 5.3349 = 18.6839$（万元）

其次再分别计算 A、B 两个方案的年均净现值，计算过程如下：

$\text{ANPV}_A = 15.3608 \div (P/A, 10\%, 5) = 15.3608 \div 3.7908 = 4.05$（万元）

$\text{ANPV}_B = 18.6839 \div (P/A, 10\%, 8) = 18.6839 \div 5.3349 = 3.50$（万元）

虽然 B 方案的净现值大于 A 方案的净现值，但是它寿命较长，年均化以后，B 方案的年均净现值低于 A 方案的年均净现值，因此应该选择 A 方案。

(二) 资本限量决策

前面介绍的固定资产投资决策,均未考虑企业的资本约束。对于任何一个企业来说,资金都有一定限度,不可能接受所有可行性项目,资本限量决策是指企业在资本限定的情况下,如何通过投资项目的组合来获得最大收益的决策,是固定资产投资的一种常见的决策形式。

资本限量决策的步骤是:

(1) 先计算出所有方案的 NPV 值或 PI 值。

(2) 选择 NPV≥0 或 PI≥1 的方案为备选方案。

(3) 在资本限量内对各种备选方案进行组合,计算出各种组合的净现值或获利指数。

(4) 接受净现值或获利指数最大的投资组合。

【例 5-9】假设某企业有五个可供选择的项目 A_1、A_2、B、C_1、C_2,其中 A_1 和 A_2,C_1 和 C_2 是互斥项目,该公司资本的最大限量是 200 000 元。详细情况如表 5-7 所示。

表 5-7 各投资项目指标对比

投资项目	初始投资	获利指数 PI	净现值 NPV
A_1	80 000	1.12	9 600
A_2	64 000	1.08	5 000
B	60 000	1.07	4 400
C_1	56 000	1.13	7 200
C_2	72 000	1.09	6 400

请为该公司作出资本限量下的最优投资组合决策。

分析:在投资组合中应注意两个问题:一是某项投资组合不能超过资本限量;二是在投资组合中不能有互斥方案。

为了选出最优的项目组合,必须列出在资本限量内的所有可能的项目组合(见表 5-8)。

表 5-8 资本限量下的投资组合 单位:元

项目组合	初始投资	净现值合计
$A_1 B C_1$	196 000	21 200
$A_2 B C_1$	180 000	16 600
$A_2 B C_2$	196 000	15 800

注:该企业在资本限量下的投资组合共有 14 种,其他 11 种组合包含在以上 3 种组合中,故未列出。

在以上 3 种组合中，A_1BC_1 的净现值最大，为最优组合。

第三节 证券投资管理

一、证券投资概述

大股东操纵股价

证券是企业进行金融投资形成的资产。证券投资不同于项目投资，项目投资的对象是实体性经营资产，经营资产是直接为企业生产经营服务的资产，如固定资产、无形资产等，它们往往是一种服务能力递减的消耗性资产。证券投资的对象是金融资产，它是多种经济权益凭证的统称，主要用来证明证券持有人享有的某种特定权益的法律凭证。本节中提到的证券主要指的是证券市场中的证券产品，如股票、债券等。

（一）证券投资的特点

1. 价值虚拟性

证券资产不能脱离实体资产而完全独立存在，但证券资产的价值不是完全由实体资产的现实生产经营活动决定的，而是取决于契约性权利所能带来的未来现金流量，是一种未来现金流量折现的资本化价值。例如，债券投资代表的是未来按合同规定收取债息和收回本金的权利，股票投资代表的是对发行股票企业的经营控制权、财务控制权、收益分配权、剩余财产追索权等股东权利。证券资产的服务能力在于其能带来未来的现金流量，按未来现金流量折现，即资本化价值，是证券资产价值的统一表达。

2. 可分割性

实体项目投资的经营资产一般具有整体性要求，如购建新的生产力，往往是厂房、设备、配套流动资产的结合。证券资产可以分割为一个最小的投资单位，如一股股票、一份债券，这就决定了证券资产投资的现金流量比较单一，往往由原始投资、未来收益或资本利得、本金回收构成。

3. 持有目的多元性

实体项目投资的经营资产往往是为消耗而持有，为流动资产的加工提供生产条件。证券资产的持有目的是多元的，既可能是为未来积累现金，即为未来变现而持有，也可能是为牟取资本利得，即为销售而持有，还有可能是为取得对其他企业的控制权而持有。

4. 强流动性

证券资产具有很强的流动性，其流动性表现在：第一，变现能力强。证券资产往往都是上市证券，一般都有活跃的交易市场可供及时转让。第二，持有目的可以相互转换。当企业急需现金时，可以立即为其他目的而持有的证券资产变现。证券资产本身的变现能力虽然较强，但其实际周转速度取决于企业对证券资产的持有目的。作为长期投资的形式，企业持有的证券资产周转一次一般都会经历一个会计年度以上。

5. 高风险性

证券资产是一种虚拟资产，决定了金融投资受到公司风险和市场风险的双重影响，不仅发行证券资产的公司业绩影响着证券资产投资的报酬率，资本市场的市场平均报酬率变化也会给金融投资带来直接的市场风险。

（二）证券投资的目的

1. 分散资金投向，降低投资风险

投资分散化，即将资金投资于多个相关程度较低的项目，实行多元化经营，能够有效地分散投资风险，当某个项目经营不景气而利润下降甚至导致亏损时，其他项目可能会获取较高的收益。将企业的资金分成内部经营投资和对外证券投资两个部分，实现了企业投资的多元化。与对内投资相比，对外证券投资不受地域和经营范围的限制，投资选择面非常广，投资资金的退出和收回也比较容易，是多元化投资的主要方式。

2. 利用闲置资金，增加企业收益

企业在生产经营过程中，由于各种原因有时会出现资金闲置、现金结余较多的情况。这些闲置的资金可以投资于股票、债券等有价证券上，牟取投资收益，这些投资收益主要表现在股利收入、债息收入、证券买卖差价等方面。有时企业资金的闲置是暂时性的，可以投资于在资本市场上流通性和变现能力较强的有价证券，这类证券能够随时变卖，收回资金。

3. 稳定客户关系，保障生产经营

企业生产经营环节中，供应和销售是企业与市场相联系的重要通道。没有稳定的原材料供应来源，没有稳定的销售客户，都会使企业的生产经营中断。为了保持与供销客户良好而稳定的业务关系，可以对业务关系链的供销企业进行投资，保持对它们一定的债权或股权，甚至控股。这样能够以债权或股权对关联企业的生产经营施加影响和控制，保障本企业的生产经营顺利进行。

4. 提高资产的流动性，增强偿债能力

资产流动性强弱是影响企业财务安全性的主要因素。除现金等货币资产外，有价证券投资是企业流动性最强的资产，是企业流动资产的主要构成部分。在企业需要支付大量现金，而现有现金储备又不足时，可以通过变卖有价证券迅速取得大量现金，保证企业的及时支付。

二、股票投资

股票是股份公司发给股东的所有权凭证，是股东借以取得股利的一种证券。股票持有者即该公司的股东，对该公司财产有要求权。股票可以按不同的方法和标准分类：按股东享有的权利，分为普通股和优先股；按票面是否标明持有者姓名，分为记名股票和不记名股票；按股票票面是否记明入股金额，分为有面值股票和无面值股票；按能否向股份公司赎回自己的财产，分为可赎回股票和不可赎回股票。

（一）股票投资的特点

1. 股票投资是权益性投资

股票是代表所有权的凭证，持有人作为发行公司的股东，有权出席股东大会进行投票表决，选举公司董事，参与公司的经营决策。

2. 股票投资的风险较大

投资者购买企业的股票之后不能要求偿还本金，只能将所持股票在公开的证券市场上转让以求变现。因此，股东至少面临两个方面的风险：一是股票发行公司经营不善形成的投资风险，因为股票投资收益的高低主要受企业盈利能力的影响；二是股票市场价格波动形成的价差损失风险。

3. 股票投资的收益较高

股票是一种收益不固定的证券，由于股票投资的高风险性，对应要求的收益也较高，股票获得高收益的潜力较大，一般高于债券投资收益。

4. 股票投资的价格波动较大

股票价格的高低，除了受发行公司的经营状况影响以外，还受到股市投机、政治、经济、社会等各方面因素的影响，波动比较大。

5. 股票投资的收益不稳定

股票投资的收益主要是股利和资本利得收益，当企业经营状况较好，盈利能力越强，投资者的收益就越多；反之，收益就越少。如果发行公司破产，由于求偿权在债权人之后，股东可能不能收回部分甚至全部投资。

（二）普通股价值评估的方法

股票价值是指股票到期能够提供的所有未来现金流量的现值。

1. 股票估值的基本模型

投资者通过股票投资能够获得的现金流入包括两部分：股利收入和出售时的售价。股票的价值由一系列的股利和将来出售股票时售价的现值构成。因此股票价值的计算公式如下：

$$V = \sum_{t=1}^{n} \frac{D_t}{(1+K)^t} + \frac{P_n}{(1+K)^n} \quad (5.15)$$

当每期发放的股利相等为 D 时，式（5.16）表示如下：

$$V = D \times (P/A, K, n) + P_n \times (P/F, K, n) \quad (5.16)$$

式（5.16）和式（5.17）中，V 为股票内在价值，D_t 为预计第 t 年获得的现金股利，P_n 为第 n 年转让时预计市价，K 为贴现率（投资者要求的必要报酬率），n 为期限。

【例 5-10】星空公司有一笔闲置余款，可用于甲、乙两种股票的投资，期限一年，预计年股利分别为 2 元/股、3 元/股，一年后市价预计涨至 30 元和 32 元，现市价是 29 元和 31 元。投资者要求的必要报酬率为 12%，试计算两种股票的投资价值，并进行投资选择。

$$V_{甲} = \frac{2}{1+12\%} + \frac{30}{1+12\%} = 28.57 \text{（元）}$$

$$V_{乙} = \frac{3}{1+12\%} + \frac{32}{1+12\%} = 31.25 \text{（元）}$$

$V_{甲} = 28.57$ 元，小于 29 元，所以投资甲股票不可行，$V_{乙} = 31.25$ 元，大于 31 元，所以投资乙股票可行。

如果投资者长期永久地持有股票，其只获得股利，是一个永续的现金流入。这个现金流入的现值就是股票的价值。其计算公式如下：

$$V = \sum_{t=1}^{n} \frac{D_t}{(1+K)^t} \quad (5.17)$$

上述公式（5.17）也是股票估价的基本模型，可以看出投资者转让时的买入或者卖出股票的行为不影响股票的内在价值，股票的内在价值只取决于股票预计的现金股利和投资者要求的必要报酬率。

2. 零增长股票估价模型

假设未来股利不变，其支付过程是一个永续年金，那么该股票价值的计算公式如下：

$$V = \frac{D}{K} \quad (5.18)$$

其中，D 是固定常数，即每年的现金股利。现实中常见的零增长股票主要是固定股利的优先股，因此该模型适用于估算优先股的内在价值。

【例 5-11】 假设山水公司持续经营，每年分配股利 4 元，必要报酬率为 20%，则该股票现在的价值为多少？

由公式可得：

$$V = \frac{4}{20\%} = 20（元）$$

3. 固定股利增长模型

有些企业的股利是不断增长的，假设其增长率是固定的，用 g 来表示，则固定股票价值的计算公式如下：

$$V = \sum_{t=1}^{n} \frac{D_0(1+g)^t}{(1+k)^t} \qquad (5.19)$$

当 g 为常数，并且 k > g 时，式（5.19）可简化为：

$$V = \frac{D_0(1+g)}{(K-g)} \qquad (5.20)$$

【例 5-12】 甲公司报酬率为 20%，股利年增长率为 12%，甲公司当期的股利为 8 元，则该股票的价值是多少？

$$V = \frac{8 \times 1 + 12\%}{20\% - 12\%} = 112（元）$$

4. 非固定股利增长模型

现实中，公司发放现金股利一般是非固定增长的，有时没有什么规律可循，对于这样的股票进行估价就需要非固定增长股利模型进行。该模型是建立在基本模型基础上的，只是假设股利的变化是分段进行的：在企业高速发展阶段，股利以比较高的增长率 g_1 增长；在企业发展速度减缓时，再以正常的增长率 g_2 增长。这样，股票的内在价值分为两段进行衡量。具体的计算公式为：

$$V = \sum_{t=1}^{n} \frac{D_0(1+g_1)^t}{(1+K)^t} + \frac{D_{n+1}}{K-g_2} \times \frac{1}{(1+K)^n} \qquad (5.21)$$

该模型表明，企业的股利在第一个阶段的 n 年中按增长率 g_1 增长，之后从 n+1 年起按增长率 g_2 增长并一直保持下去。

【例 5-13】 甲持有 A 公司的股票，投资必要报酬率为 15%。预计 A 公司未来 3 年股利将高速增长，增长率为 20%。在此以后转为正常增长，增长率为 12%。公司最近支付的股利是 4 元。则该公司股票的价值是多少？

首先计算前三年的股利现值，其计算公式如下：

$$前三年股利现值 = \frac{4 \times (1+20\%)}{(1+15\%)} + \frac{4 \times (1+20\%)^2}{(1+15\%)^2} + \frac{4 \times (1+20\%)^3}{(1+15\%)^3} =$$

13.078（元）

其次计算第三年以后的股利现值,其计算如下:

第三年以后的股利现值 $= \dfrac{4 \times (1+20\%)^3 \times (1+12\%)}{15\% + 12\%} \times \dfrac{1}{(1+15\%)^3} =$ 169.662(元)

最后计算股票目前的价值:V = 13.078 + 169.662 = 182.74(元)

(三) 股票的收益率

从以上论述中可以看出,在普通股股价中,普通股投资的必要收益率是非常重要的。在学术界,确定普通股的必要收益率有两种方法:一种是根据资本资产定价模型确定;另一种是根据预期收益率确定。

根据普通股价值评估模型,如果已知股票的市场价格、预期股利和股利增长率,根据固定增长股利模型即可计算出股票预期收益率。

固定股利增长模型如下:

$$V = \dfrac{D_0(1+g)}{(K-g)}$$

把公式移项整理,可以得到:

$$K = \dfrac{D_0(1+g)}{V} + g \qquad (5.22)$$

式(5.22)告诉我们,股票的收益率可以分为两部分,一部分是 $D_0(1+g)/V$,叫作股利收益率,另一部分是增长率 g,叫作股利增长率。由于股利增长的速度就是股价的增长速度,因此 g 可以解释为股价增长率或资本利得收益率。g 的数值可以根据公司的可持续增长率估计。

延伸阅读——股票投资的转让规定

【例5-14】明星公司股票现时价格是100元,下一年的股利支付为5元,该股利预计将以10%的速度持续增长。该股票的预期收益率为:

$$K = \dfrac{5}{100} + 10\% = 15\%$$

三、债券投资

债券是一种有价证券,是社会各类经济主体为筹措资金而向债券投资者出具的,并且承诺按一定利率定期支付利息和到期偿还本金的债权债务凭证。债券投资是指企业通过购入债券成为债券发行企业的债权人,并获得债券利息的投资行为。可以进行短期债券投资,也可以进行长期债券投资。

（一）债券投资的特点

1. 投资期限有限定

无论是长期债券投资，还是短期债券投资，到了到期日，应当收回债券本金。

2. 权利义务少

在各种投资方式中，债券投资者的权利最小，无权参与债券发行企业的经营管理和决策，只有定期收回利息和到期收回本金的权利。

3. 投资风险较小，收益也低

债券发行一般都会经过严格的资信审查，一定程度上降低了债券投资的风险，同时在发行企业破产清算时，债券投资者的清偿顺序比较靠前，风险较小。同时，债券的收益率通常也不及股票高，投资收益通常是事前预定的。

4. 流动性较高

大部分债券都可以通过交易所、银行柜台或者证券经纪人进行交易。期限越短，流动性越强，企业资信好、规模大或者经营良好，流动性也会越强。

（二）债券价值评估的方法

债券的价值是发行者按照合同规定从现在至债券到期日所支付款项的现值。计算现值时使用的折现率，取决于当前等风险投资的市场利率。因债券的计息方式不同，债券估价应采用不同的模型。

1. 每年付息、到期还本的估价模型

典型的债券是固定利率、每年计算并支付利息、到期归还本金。按照这种模式，债券价值计算的基本模型是：

$$V = \frac{I_1}{(1+K)} + \frac{I_2}{(1+K)^2} + \cdots + \frac{I_n}{(1+K)^n} + \frac{M}{(1+K)^n} \quad (5.23)$$

式（5.23）中，V 为债券内在价值，M 为债券的面值，K 为年折现率；I 为每年的利息，n 为到期前的年数；

【例 5-15】 昌盛公司发行面值为 1 000 元的债券，票面利率为 8%，期限 5 年，每年末计算并支付一次利息，到期一次还本，当前市场利率是 10%，问此债券价格为多少时才是值得投资的？

根据公式可得：

V = 80 × (P/A，10%，5) + 1 000 × (P/F，10%，5)
  = 80 × 3.37908 + 1 000 × 0.6209
  = 924.264

那么债券的内在价值就是 924.264 元，当债券的价格低于 924.264 元时才值得投资。

2. 一次还本付息且不计复利债券的估价模型

这种债券平时不用支付利息，以单利形式到期一次性支付本金和利息，我国很多债券属于一次还本付息且不计复利的债券，其公式如下：

$$V = \frac{M + M \times i \times n}{(1+K)^n} \quad (5.24)$$

$$= (M + M \times i \times n) \times (P/F, K, n) \quad (5.25)$$

式（5.24）和式（5.25）中，V 为债券内在价值，M 为债券的面值，K 为贴现率，i 为债券票面利率，n 为债券计息期数。

【例 5-16】永盛公司计划发行面值为 1 000 元的利随本清债券，票面利率为 8%，期限为 5 年，当前市场利率是 10%，不计复利。问此债券价格为多少时才是值得投资的？

根据公式得：

$$V = \frac{1\,000 + 1\,000 \times 8\% \times 5}{(1+10\%)^5}$$

$$= (1\,000 + 1\,000 \times 8\% \times 5) \times (P/F, 10\%, 5)$$

$$= 1\,400 \times 0.6209$$

$$= 869.26（元）$$

由此得出债券的内在价值是 869.26 元，那么当债券的发行价格低于 869.26 元时才值得投资。

3. 折现债券的估价模型

当债券是低于债券面值发行时就是折价发行，没有票面利率，到期按面值偿还，这种债券的收益是偿还金额跟发行价格之间的差价，没有利息收入，称为纯贴现债券。其公式如下：

$$V = \frac{M}{(1+K)^n} \quad (5.26)$$

$$= M \times (P/F, K, n) \quad (5.27)$$

【例 5-17】山水公司债券面值为 2 000 元，期限为 5 年，以折价方式发行，期内不计利息，到期按面值偿还。如果债券利率为 10%，则其价格为多少？

由公式可得：

$$V = 2\,000 \times (F/A, 10\%, 3) = 2\,000 \times 0.6209 = 1\,241.8（元）$$

（三）债券投资的收益率——收益率标准

债券投资收益率标准就是利用前面估价模型，推算出债券实际收益率的方法，利用债券的实际投资报酬率与收益率标准（即股东要求必要报酬率）相比，从而作出投资选择。计算时主要采用插值法或者试算法。

【例 5-18】 兴华公司于 2024 年 1 月 1 日购买 B 公司 2021 年 1 月 1 日发行的面值 1 000 元, 票面利率 10% 的 5 年期债券, 价格 1 010 元, 假如 A 公司的必要报酬率是 20%, 该债券是每年末付息一次债券, 试计算收益率并判断是否进行该支支票的投资。

由公式 V = I × (P/A, K, n) + M × (P/F, K, n) 可得:

1 010 = 100 × (P/A, i, 2) + 1 000 × (P/F, i, 2)

利用内插法求得 i = 9.44%, 小于该公司的必要报酬率 20%, 因此, 方案不可行。

(四) 债券估值的影响因素

通过上述模型, 可以看出, 影响债券价值的因素包括债券面值、票面利率、收益率 (折现率) 及到期时间。他们对债券价值的影响主要表现在: 第一, 对于给定的票面利率、收益率和期限, 债券面值与债券价值同方向变化; 第二, 对于给定的债券面值、收益率和到期时间, 票面利率与债券价值同方向变化; 第三, 对于给定的债券面值、票面利率和到期时间, 收益率与债券价值反向变化; 第四, 对于给定的债券价值、票面利率和收益率, 到期时间越长, 债券价值变动的幅度就越大, 但价值变动的相对幅度随到期时间的延长而缩小。

1. 折现率与债券价值

债券价值与折现率有密切的关系。债券定价的基本原则: 折现率等于债券票面利率时, 债券价值就是其面值; 如果折现率高于债券利率, 债券的价值低于其面值; 如果折现率低于债券利率, 债券的价值就高于面值。对于所有类型的债券估值, 都必须遵循这一原理。

如果在【例 5-18】中, 债券价格未知, 债券折现率是 10%, 则其债券价值为:

V = 100 × (P/A, 10%, 2) + 1 000 × (P/F, 10%, 2)
  = 100 × 1.7355 + 1 000 × 0.8264 = 999.96 (元)

如果在【例 5-18】中, 债券价格未知, 债券折现率为 15%, 则其债券价值为:

V = 100 × (P/A, 15%, 2) + 1 000 × (P/F, 15%, 2)
  = 100 × 1.6257 + 1 000 × 0.7561
  = 918.67 (元)

2. 到期时间与债券价值

债券的到期时间是指当前日至债券到期日之间的时间间隔。随着时间的推移, 债券到期时间逐渐缩短, 至到期日时该间隔为零。对于每年支付利息且利息保持不变的债券, 在折现率不变的情况

公司债券转让的限制条件

下，债券价值随到期时间的缩短逐渐向债券面值靠近，至到期日债券价值等于债券面值。当折现率大于票面利率时，债券价值逐渐提高，最终等于面值；当折现率等于票面利率，债券价值与债券面值相等；当折现率小于票面利率，债券价值逐渐下降，最终等于债券面值。

【本章总结】

项目投资是一种以特定项目为对象，直接与新建项目或更新改造项目有关的长期投资行为。项目投资的特点是投资金额大、影响时间长、变现能力差、投资风险大。因此，项目投资决策必须严格遵守相应的投资程序。现金流量是评价项目投资方案是否可行时必须事先计算的一个基础性数据。所谓现金流量，是指投资项目在其计算期内各项现金流入量和现金流出量的统称。现金流量包括现金流入量、现金流出量和净现金流量。

项目投资决策指标分为非折现指标和折现指标两大类。非折现指标包括平均报酬率和投资回收期。贴现指标包括净现值、现值指数和内含报酬率。

项目投资决策的应用分为固定资产更新改造决策、寿命期限不等的投资决策和资本限量决策。

股票是股份公司发给股东的所有权凭证，是股东借以取得股利的一种证券。股票持有者即公司的股东，对公司财产有要求权。股票估值的基本模型中，股票的预期收益包括两部分：一是每期的预期股利；二是股票出售时的预期价格。根据预期股利的变动情况，一般可以将股票分为零增长股、固定增长股和非固定增长股。在股票价值的估算中，必须先确定股票收益率。债券价值等于预期收到的利息和本金的现值。债券可以分为每年付息到期还本的债券、到期一次还本付息的债券以及折现债券。对于债券价值的估算，必须先确定债券收益率。影响债券价值的因素包括债券面值、票面利率、债券收益率以及到期时间。

【重要术语】

直接投资　证券投资　对内投资　营运资金投资　现金流量　现金净流量　初始现金流量　相关成本　净现值　平均报酬率　投资回收期　获利指数　内含报酬率

术语释义

【复习与思考】

1. 简述投资管理的原则。
2. 简述项目投资的特点。

3. 简述系统风险和非系统风险的表现形式。
4. 简述股票投资的特点。
5. 简述债券投资的特点。
6. 简述债券估值的影响因素有哪些。

第六章
营运资金管理

【学习目标】

1. 理解营运资金的概念与特点；
2. 理解企业持有现金的动机，掌握最佳现金持有量决策；
3. 理解应收账款管理的目标，掌握应收账款信用政策决策；
4. 理解存货的成本，掌握存货经济订货批量决策；
5. 了解短期融资工具，包括银行短期借款的信用条件、应付账款的成本及利用现金折扣的决策。

【本章知识逻辑结构】

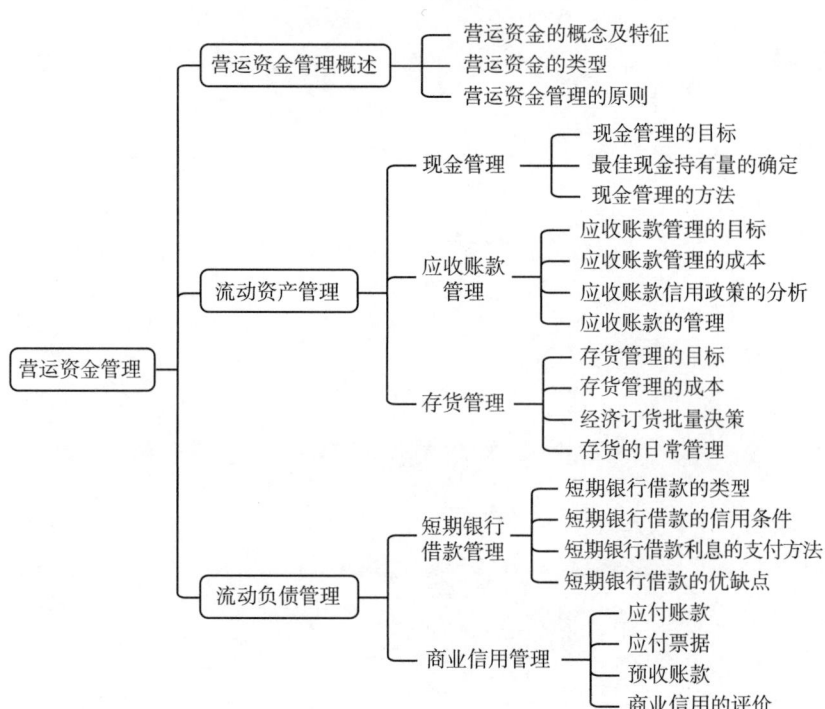

【引导案例】

从前,有三个贫穷的人。一个是理发师,一个是裁缝,还有一个是鞋匠。清晨起来,店铺开张了,但是他们三个人的小店却生意冷清。因为顾客们看到他们凌乱的头发和胡子、满是灰尘的皮鞋,还有破了洞的衣服,觉得很邋遢,于是连进来坐一下都不肯。

正午的阳光下,三个人各自蹲在门铺前发愁。各自心想:手里只剩下2块钱,晚上一家老小的伙食费都不够,怎么办?

还是理发师聪明。他先拿出一块钱到了裁缝铺,把衣服补好,烫得笔挺;再拿出一块钱,到了鞋匠那里,鞋匠精心地为他把鞋子擦得锃亮。收拾完毕,理发师站在了自己的门口,顾客们看到这么精神抖擞并且干净的小伙子,都来这里剪发了。虽然他花了2元钱,但是开张营业了。

裁缝和鞋匠看到后,十分羡慕。于是裁缝先到理发师那里花了1元钱理了发;然后去鞋匠那里又花了1元钱把皮鞋擦亮。收拾完毕,顾客们也陆续地上门了。

鞋匠看到他们都开张了,终于决定如法炮制,先去理发师那里花了1元钱把头发收拾整洁,又到裁缝铺花了1元钱补好旧衣服。终于顾客也来光顾了。傍晚时分,三个人凑在一起聊天,发现每个人手里都有5元钱,但是新顾客只来了三位。

这是怎么回事呢?三个人左思右想,突然间明白了,每个人原本手里的2元钱在三个人之间转了一圈后,又回到了各自的口袋里。

通过"鞋匠、裁缝、理发师"的故事,我们可以形象地理解现金流在企业运营和经济发展中的核心作用,以及现金流健康流转对于创造和保持价值的重要性。

资料来源:风鸣:《鞋匠、裁缝、理发师》,载于《启迪与智慧》2014年第7期,第1页。

引导案例启示

第一节 营运资金管理概述

一、营运资金的概念及特征

(一) 营运资金的概念

从广义的角度来看,营运资金也称营运资本,是指一个企业投放在流动资产上的资金,具体包括货币资金、应收账款、应收票据、存货、其他应收款等流动资产占用的资金扣除应付账款、应付票据、其他应付款等流动负债提供的短期资金来源后的净额。狭义的营运资金是指流动资产与流动负债的差额。

营运资金管理是企业一项日常活动管理。例如企业每天应当维持多少现金以满足日常周转要求？企业的库存存货应当维持在怎样的水平才能既不会造成存货积压又不会导致缺货？企业应当保持怎样的流动性才能防备短期财务风险？显然，企业在日常生产经营活动中，如果对此类问题管理不当，可能会导致额外成本或额外风险，甚至导致资金链断裂。因此，营运资金管理在衡量企业的资产流动性、流动资产变现能力和短期偿债能力方面有着重要意义。

（二）营运资金的特征

为了有效管理企业的营运资金，必须了解营运资金的特点，以便有针对性地加强管理，营运资金的主要特点有：

1. 营运资金的来源具有多样性

与筹集长期资金的方式相比，营运资金的来源方式比较灵活多样，可以是短期借款、短期融资券、商业信用、应交税费、应付股利、应付职工薪酬等多种内外部融资方式。

2. 营运资金的数量具有波动性

流动资产的数量会随市场环境、季节因素等的变化而变化，时高时低，波动很大。随着流动资产数量的变动，流动负债的数量也会相应发生变动。

3. 营运资金的周转速度快，周转具有短期性

占用在营运资本上的资金，通常会在1年或超过1年的一个营业周期内变现、运用或偿还，即完成一次周转的时间通常在一年以内。对企业影响的时间较短，但这也是考察营运资金流动性的重要指标。

4. 营运资金的实物形态具有变动性和易变现性

企业投资到营运资本上的资金，将随着生产经营循环而呈现不同形态。例如将现金用于购买材料时，营运资本的形态就由现金形态转变成材料形态；当生产车间将材料加工成产品时，营运资本形态就由材料形态转为产品形态。因此，营运资本将通过"现金—材料—在产品—产成品—应收账款—现金"的转化完成周转，具体形态在这一过程中也在不断发生变化。

二、营运资金的类型

（一）流动资产

流动资产是指一年内或超过一年的一个营业周期内变现或运用的

资产，具有占用期短、周转快、易变现等特点。流动资产主要包括以下项目：货币资金、交易性金融资产、应收账款、预付账款、存货和其他可以迅速变现的资产。

流动资产的配置和管理是企业管理的重要组成部分。流动资产过多，会增加企业的财务负担，影响企业的利润；相反，流动资产不足，资金周转不灵，会影响企业的经营。因此，合理配置流动资产需要量在财务管理中具有重要地位。企业在一定生产周期内比较合理的流动资产占用量应既能保证生产经营的正常需要，又无积压和浪费。

（二）流动负债

流动负债是指需要在一年内或者超过一年的一个营业周期内偿还的债务。流动负债又称短期融资，具有成本低、偿还期短的特点，必须认真进行管理，否则将使企业承受较大的风险。流动负债主要包括短期借款、应付票据、应付账款、应付职工薪酬、应交税费等。

流动负债按不同标准可做不同分类，现说明其中最常见的几种分类方式：

（1）以应付金额是否确定为标准，可以把流动负债分成应付金额确定的流动负债和应付金额不确定的流动负债。应付金额确定的流动负债是指那些根据合同或法律规定，到期必须偿付，并有确定金额的流动负债如短期借款、应付票据、应付账款等。应付金额不确定的流动负债是指那些要根据企业生产经营状况，到一定时期才能确定的流动负债，或应付金额需要估计的流动负债，如应交税费、应付股利等。

（2）以流动负债的形成情况为标准，可以把流动负债分成自发性流动负债和临时性流动负债。自发性流动负债是指产生于企业正常的持续经营活动中，不需要正式安排，由于结算程序的原因自然形成的那部分流动负债。在企业生产经营过程中，法定结算程序使一部分应付款项的支付时间晚于形成时间，这部分已经形成但尚未支付的款项便成为企业的流动负债，如商业信用、应付职工薪酬、应交税费等。临时性流动负债是因为临时的资金需求而发生的负债，由财务人员根据企业对短期资金的需求情况，通过人为的安排形成，如短期银行借款等。

三、营运资金管理的原则

营运资本主要是为企业生产经营的正常运行服务的。因此，要管好、用好营运资金必须遵循以下几项原则：

（一）合理确定营运资金需要量

企业营运资本的需要量与企业生产经营活动有直接关系，当企业产销量不断增加时，流动资产会不断增加，流动负债也会相应增加，而当企业产销量不断减少时，流动资产和流动负债也会相应减少。因此，企业财务人员应分析生产经营状况，采用一定方法预测营运资金的需要量，同时还要合理地使用营运资金。

（二）在满足生产经营的前提下节约使用营运资本

在营运资金管理中，应正确处理保证生产经营需要和节约使用资金二者之间的关系。要在保证生产经营需要的前提下，遵守勤俭节约的原则，挖掘资金潜力，精打细算地使用资金。

（三）通过加速资金周转提高资金的利用效率

营运资本周转是指企业的营运资本从现金投入生产经营开始，到最终转化为现金的过程。在其他因素不变的情况下，加速营运资本的周转，也就相应地提高了资本的利用效率。因此，企业要加速存货、应收账款等流动资产的周转，用有限的资金取得最优的经济效益。

（四）保证足够的短期偿债能力

中国上市公司资本效率与财务风险调查

流动资产、流动负债以及二者之间的关系能较好地反映企业的短期偿债能力。流动负债是在短期内需要偿还的债务，而流动资产是在短期内可以转化为现金的资产。因此，如果一个企业的流动资产比较多，流动负债比较少，说明企业的短期偿债能力较强；反之，则说明短期偿债能力较弱。但如果企业的流动资产太多，流动负债太少，也不是正常现象，这可能是因为流动资产闲置，资产利用效率不足导致的。

第二节　流动资产管理

一、现金管理

现金的首要特点是普遍的可接受性，即可以有效地立即用来购买商品、货物、劳务或偿还债务。因此，现金是企业中流动性最强的资产。现金包括企业的库存现金、各种形式的银行存款、银行本票和银行汇票。

有价证券是企业现金的一种转换形式，变现能力强，可以随时兑换成现金。当企业有多余现金时，常将现金兑换成有价证券；当企业现金不足时，可以出售有价证券换回现金。所以我们常常将有价证券作为现金的替代品。本节我们将有价证券视为现金的一部分。

（一）现金管理的目标

1. 持有现金的动机

企业持有现金的动机，主要包括交易性动机、预防性动机和投机性动机。

（1）交易性动机。交易性动机是企业持有现金以满足日常生产经营业务的现金支付需要。企业采购原材料、支付货款、支付员工工资、偿还债务、缴纳税款，这些都会引起企业发生现金支出，企业只有持有一定量的现金，才能满足上述需要，而这种需要发生频繁、金额较大，是企业持有现金的主要原因。

（2）预防性动机。预防性动机是企业持有现金以应付意外、紧急情况的现金支付需要。如员工意外受伤的赔款或临时追加一笔订单的现金支出需要，这都要求企业保留一部分现金应付突然发生的现金支出。因预防性动机而持有金额的数量主要取决于以下几个因素：一是企业愿意承担风险的程度；二是企业对现金流量预测的可靠程度；三是企业临时举债能力的强弱。

（3）投机性动机。投机性动机是持有现金用于不寻常的购买机会。比如遇有廉价原材料或其他资产供应的机会，便可用手头现金大量购入；再如在适当时机购入价格有利的股票和其他有价证券，等等。当然，除了金融和投资公司外，一般来讲，其他企业专为投机性需要而特殊置存的现金不多，遇到不寻常的购买机会也常设法临时筹集资金。但拥有相当数额的现金，确实为临时大批采购提供了方便。

2. 持有现金的成本

企业持有现金通常会发生四种成本，即管理成本、机会成本、短缺成本及转换成本。

（1）管理成本。管理成本是指企业因持有现金而发生的管理费用，如管理人员的工资支出，保管设施的开支和安全设施方面的经费等。管理成本一般变动性不大，属于固定成本。

（2）机会成本。机会成本是企业持有现金而丧失的投资收益，机会成本也称"影子成本"，它与企业持有现金的数量成正比关系，即持有现金数量越多，机会成本越大。

（3）短缺成本。短缺成本是指企业因置存现金的数量太少而又无法通过有价证券变现加以补充而给企业造成的损失。如因缺乏现金购买原材料导致企业无法进行正常生产经营而造成的停工损失、失去折扣优惠的损失、罚款损失、不能及时支付款项而造成的信用损失等。短缺成本与现金持有量呈反方向变化，即企业持有现金数量越多，短缺成本越小。

（4）转换成本。转换成本是现金与有价证券转换时的交易费用。转换成本一般只与交易次数有关，而与交易金额无关。交易次数越多，转换成本越高。

根据以上内容可知，企业置存现金量少，将不能满足其正常的生产需要，但如果企业置存过量的现金，又会因这些资金不能投入周转无法取得盈利而遭受另一些损失。此外，在市场正常的情况下，流动性强的资产，其收益性较低，这意味着企业应尽可能少地置存现金，即使不将其投入本企业的经营周转，也应尽可能多地投资于能产生高收益的其他资产，避免资金闲置或用于低收益资产而带来的损失。这样，企业便面临现金不足和现金过量两方面的威胁。企业现金管理的目标，就是要在资产的流动性和盈利能力之间作出抉择，以获取最大的长期利润。

（二）最佳现金持有量的确定

如上所述，企业出于交易、预防、投机等动机，必须持有一定量的现金，但持有过量的现金会使企业持有现金成本增加，现金持有量太少又会导致短缺成本增加。因此，需要确定一个合适的现金持有量，即最佳现金持有量，也叫最佳现金余额。所谓最佳现金持有量，就是使持有现金的相关成本之和等于最小的现金持有数额。确定企业最佳现金持有量的主要有：成本分析模式、存货分析模式和随机模式，本书主要介绍成本分析模式和存货分析模式两种方法。

1. 成本分析模式

成本分析模式主要考虑机会成本、管理成本和短缺成本，不考虑转换成本。

其中，机会成本随现金持有量的增大而增大，一般按年现金持有量平均值与该企业的机会性投资收益率的乘积计算，机会性投资收益率一般可用有价证券利息率代替。计算公式为：

$$机会成本 = 现金平均持有量 \times 有价证券利息率 \quad (6.1)$$

管理成本由于是固定成本，因而是一项无关成本，按理说在决策中不应予以考虑，但成本分析方法为计算总成本的大小，仍把它考虑在内，当然对决策结果是不会造成影响的。短缺成本随着现金持有量的增大而减少，当现金持有量增大到一定量时，短缺成本将不存在。

上述三项成本之和最小的现金持有量，就是最佳现金持有量。如果把以上三种成本线绘制在一张图上（见图6-1），就能表现出持有现金的总成本（总代价），找出最佳现金持有量的点。

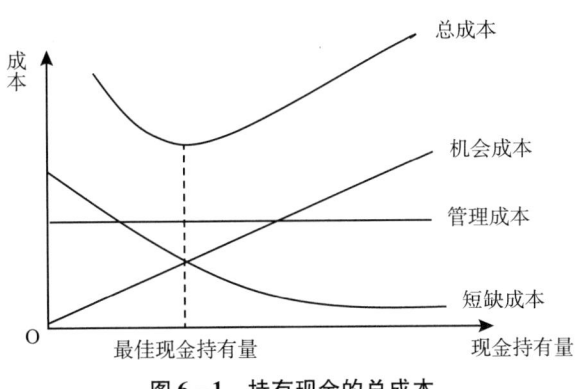

图 6-1　持有现金的总成本

【例 6-1】某企业现有 A、B、C、D 四种现金持有方案，有关成本资料如表 6-1 所示。

表 6-1　　　　　　　　现金持有量备选方案　　　　　　　　单位：元

方案	现金持有量	机会成本率	管理成本	短缺成本
A	100 000	10%	20 000	48 000
B	200 000	10%	20 000	25 000
C	300 000	10%	20 000	10 000
D	400 000	10%	20 000	5 000

分析：根据表 6-1，经过计算，编制出该企业最佳现金持有量测算表，如表 6-2 所示。

表 6-2　　　　　　　　现金持有量测算　　　　　　　　单位：元

方案	现金持有量	机会成本	管理成本	短缺成本	总成本
A	100 000	10 000	20 000	48 000	78 000
B	200 000	20 000	20 000	25 000	65 000
C	300 000	30 000	20 000	10 000	60 000
D	400 000	40 000	20 000	5 000	65 000

由表 6-2 可见，四个方案中，C 方案总成本最低，为 60 000 元，因此，现金持有量最佳为 300 000 元。

2. 存货分析模式

存货分析模式是分析现金管理问题的一种经典方法，它与存货经济订货模式类似。该模型是由美国经济学家威廉·鲍莫提出,所以又称鲍莫模型。

这一分析模式的使用有如下假定:

(1) 企业在某一段时期内需用的现金已事先筹措得到,并以短期有价证券的形式存放在证券公司内;

(2) 企业对现金的需要是均匀、稳定、可知的,可通过分批抛售有价证券取得;

(3) 短期有价证券利率稳定、可知;

(4) 每次将有价证券变现的交易成本可知。

我们知道,企业的现金持有量较多时,发生现金短缺的可能性较小,短缺成本比较少,但现金占用的机会成本会比较多;反之,企业的现金持有数量较少,则发生现金短缺的可能性就比较大,短缺成本就比较高,而较少的现金所占用的机会成本也比较少。但是,如果企业平时持有的现金比较少,当企业需要更多现金时,可以将持有的有价证券出售从而换回现金,或从银行借入现金,这样既能避免发生现金短缺,又能降低持有现金的机会成本。因此,适当的现金与有价证券之间的转换是企业提高资金使用效率的有效途径。

现金与有价证券之间的转换是要发生费用的,例如将有价证券换回现金时需要支付经纪费用,即现金的交易费用。转换的次数越多,交易费用就越多。我们通常假定企业在一定时期内现金的需求量 T 是稳定的,并且一定时期内现金的交易成本 F 是固定的,那么在某段时期内,企业的现金持有数量 Q 越多,有价证券和现金之间转换的次数就越少,现金的交易成本就越低,因此现金的交易成本(或叫转换成本)与现金持有量成反比。一定期间内出售有价证券的总交易成本的计算公式如下:

$$总交易成本 = (T/Q) \times F \qquad (6.2)$$

在正常现金管理中,一般不会出现现金严重短缺,故不考虑短缺成本。

那么现金管理成本主要就是持有现金的机会成本、现金与有价证券的转换成本,即有:

$$\begin{aligned}持有现金总成本(TC) &= 机会成本 + 交易成本\\ &= (Q/2) \times K + (T/Q) \times F \qquad (6.3)\end{aligned}$$

其中,我们假定一开始持有现金 C,经过一段时间使用,持有的现金用完,余额为 0,就立即实施转换,再次回到现金持有量 Q 的水平。因此,在这一段时间内,平均持有现金量是 Q/2,那么持有现金的机会成本就是 $Q/2 \times K$。K 是机会成本率。

那么,最佳现金持有量 Q^* 就应当是满足式(6.3)中现金总成本最低时的 Q,即最佳现金持有量 Q^* 应满足:

$$机会成本 = 交易成本$$

即： $$(Q^*/2) \times K = (T/Q^*) \times F$$

整理后，可知最佳现金持有量的计算公式如下：

$$Q^* = \sqrt{\frac{2TF}{K}} \qquad (6.4)$$

同样，我们可以得到一定期间内最佳现金持有量的总成本：

$$持有现金总成本 = \frac{Q^*}{2} \times K + \frac{T}{Q^*} \times F = \sqrt{2TFK} \qquad (6.5)$$

在现金成本构成图上，可以将现金的转换成本与现金的机会成本合并为同一条曲线，反映与现金持有量的相关总成本（见图6-2）。

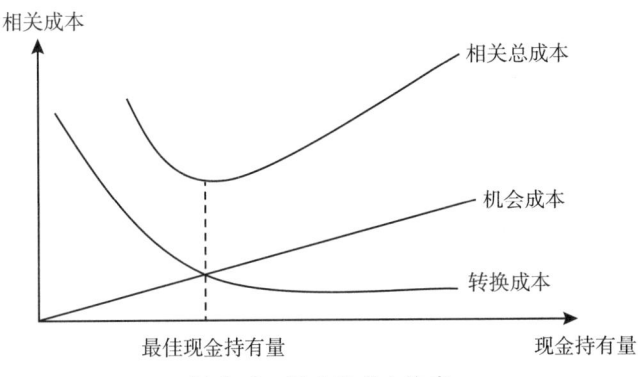

图6-2 现金的成本构成

图6-2中，现金的机会成本和转换成本是两条随现金持有量呈不同方向发展的曲线，两条曲线交叉点对应的现金持有量，即是总成本最低的现金持有量。

【例6-2】某企业现金收支状况比较稳定，预计全年现金需求量为90 000元，现金与有价证券转换成本为每次200元，有价证券的年利率为9%。根据上述资料计算企业最佳现金持有量为：

$$Q^* = \sqrt{\frac{2TF}{K}} = \sqrt{\frac{2 \times 90\,000 \times 200}{9\%}} = 200\,000 \text{（元）}$$

企业拥有最佳现金持有量时的总成本为：

$$TC = \sqrt{2TFK} = \sqrt{2 \times 90\,000 \times 200 \times 9\%} = 1\,800 \text{（元）}$$

知识拓展——最佳持有量的随机模型

（三）现金管理的方法

为了提高现金使用效率，可采用如下现金管理方法：

1. 力争现金流量同步

如果企业能尽量使它的现金流入与现金流出发生的时间趋于一致，就可以使其所持有的交易性现金余额降到最低水平。这就是所谓现金流量同步。

2. 使用现金浮游量

从企业开出支票，收票人收到支票并存入银行，至银行将款项划出企业账户，中间需要一段时间。现金在这段时间的占用称为现金浮游量。在这段时间里，尽管企业已开出了支票，却仍可动用在活期存款账户上的这笔资金。不过在使用现金浮游量时，一定要控制好使用的时间，否则会发生银行存款的透支。

3. 加速收款

这主要指缩短应收账款的时间。发生应收账款会增加企业资金的占用，但它又是必要的，因为它可以扩大销售规模，增加销售收入。问题在于如何既利用应收账款吸引顾客，又缩短收款时间。这要在两者之间找到适当的平衡点，并需实施妥善的收账策略。

4. 推迟应付账款的支付

推迟应付账款的支付，是指企业在不影响自己信誉的前提下，尽可能地推迟应付款的支付期，充分运用供货方所提供的信用优惠。如遇企业急需现金，甚至可以放弃供货方的折扣优惠，在信用期的最后一天支付款项。当然，这要权衡折扣优惠与急需现金之间的利弊得失而定。

延伸阅读——现金浮游量

二、应收账款管理

（一）应收账款管理的目标

应收账款是指企业因对外赊销产品、材料、供应劳务等而应向购货方或接受劳务单位收取的款项，包括应收销售款、其他应收款、应收票据等。

企业发生应收账款的主要原因是商业竞争。在当今激烈的商业竞争环境下，企业常常需从客户视角考量产品销售方式。相较于现金销售，赊销的销售方式能够让客户延迟付款时间，甚至享有现金折扣等优惠。因此，在同等产品价格、类似商品质量以及相同的售后服务条件下，赊销方式下的销售额往往大于现金销售方式下的销售额。当企业以赊销模式进行商品销售时，应收账款便随之产生。

应收账款产生的另一个原因是商品成交时间与收到货款时间的不一致。对于多数企业而言，货款结算需要时间，这使得发货时间和收款时间无法同步，进而导致应收账款的产生。

一般来说，基于扩大销售目的产生的应收账款属于一种商业信用。这是因为销售方主要依据客户的信用等级来确定给予对方延迟付款的期限，所以我们通常把应收账款决策称作信用决策。然而，因销售和收款时间差所形成的应收账款是由结算方式和票据传递时间造成的,它并不属于商业信用范畴。本节仅针对属于商业信用的应收账款管理展开论述。

企业提供商业信用,采取赊购方式可以扩大销售,增加利润,但在利用赊销扩大企业销售收入的同时,应尽量避免由于应收账款的存在而给企业带来的成本的增加。应收账款管理的目标,是在发挥应收账款扩大销售功能的同时,通过制定科学合理的应收账款信用政策,尽可能地降低持有应收账款的成本。

(二) 应收账款管理的成本

企业在采用赊销方式扩大销售的同时,会因持有应收账款而付出一定的代价,这种代价就是应收账款的成本。应收账款的成本主要包括机会成本、坏账成本和管理成本。

1. 机会成本

应收账款的机会成本是指企业投放于应收账款而放弃的其他投资的收益,也称为应收账款占用资金的"应计利息"。

如果企业采用现金销售的方式,那么销售所获取的资金能够即刻收回。如此一来,企业便可以运用这笔回笼资金开展再投资活动,进而能够享受到再投资所带来的相应收益。反之,如果企业采取赊销的方式销售产品,那么出售产品所应得的资金并不能马上收回,而是要历经一段时间之后方可收回。在这段等待资金回笼的时间里,企业便无法利用产品销售所得的这笔资金去开展再投资活动,也就无法享受到因进行再投资而能够获得的收益了。这部分因无法开展再投资而缺失的收益,便是我们所说的应收账款机会成本。其具体计算方式如下:

$$应收账款机会成本 = 应收账款应计利息$$
$$= 应收账款占用资金 \times 资本成本率$$
$$应收账款占用资金 = 应收账款平均余额 \times 变动成本率$$
$$应收账款平均余额 = 日销售额 \times 平均收现期$$

其中,日销售额 = 年销售额 ÷ 365

将上述公式进行整理,有:

$$应收账款机会成本 = 日销售额 \times 平均收现期 \times 变动成本率 \\ \times 资本成本率 \quad (6.6)$$

【例6-3】某企业预测2023年度的赊销净额为7 300 000元,应收账款平均收款天数为45天,变动成本率为40%,资本成本率为4%,一年按365天计算,试问应收账款的机会成本为多少?

据已知数据可求出:

$$应收账款机会成本 = 7\,300\,000 \div 365 \times 45 \times 40\% \times 4\%$$
$$= 14\,400\,(元)$$

答：该公司应收账款的机会成本为 14 400 元。

2. 管理成本

应收账款管理是指企业进行应收账款的管理所发生的费用。主要包括：对客户的资信调查费用、收集各种信息的费用、应收账款账簿记录费用、催收账款所发生的费用、其他与应收账款管理有关的费用。

现代企业中大多设有专门的信用管理部门，用以协助制定和执行公司的信用政策，建立客户档案管理数据库，评估客户、审核信用额度、监控应收账款、执行收账政策。这一部门发生的日常费用就是类似于固定费用的管理成本，它不会随着应收账款数额的增加而增加。催收账款所发生的费用与应收账款的数量和应收账款的时间呈正方向变动，又与坏账成本呈反方向的变动。

3. 坏账成本

坏账成本是指因应收账款无法收回给企业带来的损失。这一成本一般与应收账款的金额同方向变动，即应收账款越多，坏账成本也越多。基于此，为规避发生坏账成本给生产经营活动的稳定性带来的不利影响，企业应合理提取坏账准备。

（三）应收账款信用政策的分析

企业赊销规模扩大是否能够真正为企业创造价值，取决于信用政策的制定。应收账款信用政策，是指企业对应收账款进行管理而确定的基本原则与行为规范，包括信用标准、信用条件和收账政策，其中最重要的是信用标准的确定。

1. 信用标准

信用标准（也称 5C 标准），是指客户获得企业交易信用所应具备的条件。企业在设定某一客户的信用标准时，往往要先评估其赖账的可能性。这可以通过"5C"标准来进行，如表 6-3 所示。

表 6-3　　　　　　　　　　信用评价的 5C 标准

信用品质的五个方面	含义
品质（Character）	顾客的信誉，即履行偿债义务的可能性
能力（Capacity）	顾客的偿债能力，即其流动资产的数量和质量以及与流动负债的比例
资本（Capital）	顾客的财务实力和财务状况，表明顾客可能偿还债务的背景
抵押（Collateral）	顾客拒付款项或无力支付款项时能被用作抵押的资产
条件（Conditions）	影响顾客付款能力的经济环境

2. 信用条件

信用条件是指企业对客户提出的付款要求,包括信用期限和现金折扣优惠条件。

(1) 信用期限。

信用期限是企业允许客户最大的付款时间,也是企业给予客户的付款期间。如果顾客超过这个期限仍未付款,可视为违约。例如,若企业允许客户在购货后45天内付款,那么信用期就是45天。

信用期过短不足以吸引顾客,达不到刺激销售增长的目的;信用期过长,虽能刺激销售增长,但所带来的应收账款机会成本会增加,相应的收账费用、坏账损失也会增加。所取得的收益会被增长的成本抵销,反而会降低利润。因此,企业应当合理进行信用期决策。

信用期的确定,重点在于分析改变当前信用期对收入与成本的影响。当延长信用期时,销售额会相应增加,这是有利的影响;但与此同时,应收账款、收账费用以及坏账损失也会随之增加,这会产生不利影响。当销售额增加带来的收益超过应收账款、收账费用和坏账损失增加导致的成本上升,那么就可以延长信用期,反之则不适合延长。如果缩短信用期,情况与此相反。

【例6-4】某企业现在采用30天按发票金额付款的信用政策,拟将信用期延长至60天,仍按发票金额付款即不给折扣。假设同等风险投资的最低报酬率为15%,一年按360天计算。其他有关的数据如表6-4所示。

表6-4　　　　　某公司不同备选方案的成本与收益

方案	30天	60天
销售量(件)	100 000	120 000
销售额(单价10元)	1 000 000	1 200 000
销售成本:		
变动成本(每件4元)	400 000	480 000
固定成本(元)	100 000	100 000
毛利(元)	500 000	620 000
可能发生的收账费用(元)	3 000	5 000
可能发生的坏账成本(元)	5 000	10 000

在分析时,先计算放宽信用期得到的收益,然后计算增加的成本,最后根据两者比较的结果作出判断。

①收益的增加：
收益的增加 = 销售量的增加 × 单位边际贡献
$$= (120\ 000 - 100\ 000) \times (10 - 4) = 120\ 000\ （元）$$

②应收账款机会成本增加：
$$应收账款机会成本 = 日销售额 \times 平均收现期 \times 变动成本率 \times 资本成本率$$

30 天信用期应收账款机会成本为：
$$\frac{1\ 000\ 000}{360} \times 30 \times \frac{400\ 000}{1\ 000\ 000} \times 15\% = 5\ 000\ （元）$$

60 天信用期应收账款机会成本为：
$$\frac{1\ 200\ 000}{360} \times 60 \times \frac{480\ 000}{1\ 200\ 000} \times 15\% = 12\ 000\ （元）$$

应收账款机会成本增加 = 12 000 - 5 000 = 7 000（元）

③收账费用和坏账成本增加：
收账费用增加 = 5 000 - 3 000 = 2 000（元）
坏账成本增加 = 10 000 - 5 000 = 5 000（元）

④改变信用期的税前损益：
$$收益增加 - 成本费用增加 = 120\ 000 - (7\ 000 + 2\ 000 + 5\ 000)$$
$$= 106\ 000\ （元）$$

由于收益的增加大于成本增加，故应采用 60 天的信用期。

上述信用期分析的方法是比较简略的，可以满足一般制定信用政策的需要。如有必要，也可以进行更细致的分析，如进一步考虑销货增加引起存货增加而多占用的资金，等等。

(2) 现金折扣优惠条件。

现金折扣（cash discount），是企业对客户在商品价格上所做的扣减。企业向顾客提供价格上的优惠，主要是为了吸引顾客为享受优惠而提前付款，从而尽早回收销货款，缩短企业的平均收账期。同时，现金折扣也能吸引一些视折扣为减价出售的顾客前来购货，借此扩大销售量。现金折扣通常用"2/10, n/30"等符号来表示，意味着顾客如果 10 天内付款，可以享受 2% 的现金折扣，即只需要支付货款原价的 98% 即可，我们通常把 10 天称为折扣期限，2% 称为折扣比率；如果超过 10 天付款就没有折扣，顾客要按照原价支付购货款，付款的最后期限为 30 天，即信用期为 30 天。

企业采用什么样的现金折扣，需要与信用期限结合起来考虑。企业给予顾客的现金折扣如果很大，能够吸引更多的顾客，从而增加销售。但如果顾客都在折扣期内还款，那么企业将面临跟原价比少收货款的风险，即存在现金折扣损失。所以企业在制定现金折扣标准时，应综合考虑现金折扣带来的收益和成本，谨慎决定。

因为现金折扣是与信用期结合使用的,所以现金折扣决策的方法和程序与上述的信用期决策的方法与程序基本一致。

【例 6-5】 沿用【例 6-4】例子,假定该公司在放宽信用期的同时,为了吸引顾客尽早付款,提出了"0.5/30,N/60"的现金折扣条件,估计会有一半的顾客(按 60 天信用期所能实现的销售量计)将享受现金折扣优惠。

分析:(1)收益的增加:

收益的增加 = 销售量的增加 × 单位边际贡献
$$= (120\ 000 - 100\ 000) \times (10 - 4) = 120\ 000 \text{(元)}$$

(2)应收账款的机会成本:

①30 天信用期应收账款机会成本:

$$\frac{1\ 000\ 000}{360} \times 30 \times \frac{400\ 000}{1\ 000\ 000} \times 15\% = 5\ 000 \text{(元)}$$

②60 天信用期应收账款机会成本:

应收账款平均收账天数 = 50% × 30 + 50% × 60 = 45(天)

应收账款机会成本为:

$$\frac{1\ 200\ 000}{360} \times 45 \times \frac{400\ 000}{1\ 200\ 000} \times 15\% = 7\ 500 \text{(元)}$$

机会成本增加 = 7 500 - 5 000 = 2 500(元)

(3)收账费用和坏账损失增加。

收账费用增加 = 5 000 - 3 000 = 2 000(元)

坏账损失增加 = 10 000 - 5 000 = 5 000(元)

(4)估计现金折扣成本的变化现金折扣成本增加 = 新的销售水平 × 新的现金折扣率 × 享受现金折扣的顾客比例 - 旧的销售水平 × 旧的现金折扣率 × 享受现金折扣的顾客比例 = 1 200 000 × 0.5% × 50% - 1 000 000 × 0 × 0 = 3 000(元)

(5)提供现金折扣后的税前损益。

收益增加 - 成本费用增加 = 120 000 - (7 500 + 2 000 + 5 000 + 3 000) = 102 500(元)

由于可获得税前收益,故应当放宽信用期,提供现金折扣。

3. 收账政策

收账政策往往是针对过期的应收款项提出的。我们把企业对各种不同过期账款的催收方式,包括准备为此付出的代价称为企业的收账政策。例如,对账款刚刚过期的顾客,企业可以再等待一段时间,不宜过多打扰,以免将来失去这部分顾客;对账款过期时间稍长的顾客,可以措辞委婉地发函催款;对账款过期时间较长的顾客,可以比较频繁地发函或电话催询;对账款过期时间很长的顾客,企业可以措辞严厉地催款,必要时可以提请有关部门仲裁或提起诉讼。

企业催账会产生收账费用,如果采取诉讼等方式进行催账会产生比较高的费用。一般来说,收账费用越高,收账措施越有力,可收回的账款就应该越多,坏账损失就可能越小。因此制定收账政策时要在收账费用和减少的坏账损失之间作出权衡。

法条链接——《征信业管理条例》《征信机构管理办法》《征信业务管理办法》的颁布

(四) 应收账款的管理

由上可见,企业要做好应收账款的管理工作,需要制定科学的信用政策。但是,除了制定好信用政策,企业财会人员还应做好应收账款的日常管理工作,这项工作的好坏直接影响企业应收账款的回收和经济利益的好坏。企业应收账款的日常管理应做好事前评估、事中控制和事后处理三个部分。

1. 事前评估

企业事前评估的工作要点是做好客户的资信调查。企业在赊销前对客户进行资信调查,就是要解决几个问题:能否和该客户进行商品交易;做多大量,每次信用额控制在多少为宜;采用什么样的交易方式、付款期限和保障措施。

一般说来,客户的资信程度通常取决于5个方面,即客户的品德、能力、资本、抵押和条件,也就是通常所说的"5C"系统,这5个方面在前文信用标准的内容已做介绍。

企业通过对客户的各项信息进行信用综合分析后,就可以对客户的信用情况做出判断,并建立客户档案,除客户的基本资料以外,还需着重记录客户的财务状况、资本实力以及历史往来记录等,并对每一客户确定相应的信用等级。但需注意的是,信用等级并非一成不变,最好能每年作一次全面审核,以便于能与客户的最新变化保持一致。对于不同信用等级的客户,企业在销售时就要采取不同的销售策略及结算方式。企业通常在规定信用期限的同时,会附有现金折扣条件,即客户若在规定期限内付款的话,可享受一定的折扣优惠,无非是希望客户能尽早支付货款,但要注意把握好折扣度,即提供折扣应以取得的收益大于现金折扣的成本为宜。

2. 事中评估

企业已发生的应收账款时间有长有短,有的尚未超过收款期,有的则超过了收款期。一般来讲,拖欠时间越长,款项收回的可能性越小,形成坏账的可能性越大。对此,企业应实施严密的监督,随时掌握回收情况。实施对应收账款回收情况的监督,可以通过编制账龄分析表进行。企业事中评估的工作要点是做好应收账款的账龄分析,如表6-5所示。

表 6-5   账龄分析表
                       2023 年 12 月 31 日

应收账款账龄	账户数量（个）	金额（元）	百分比（%）
信用期内	200	80 000	40
超过信用期 1~20 天	100	40 000	20
超过信用期 21~40 天	80	30 000	15
超过信用期 41~60 天	20	20 000	10
超过信用期 61~80 天	20	20 000	10
超过信用期 81~100 天	15	5 000	2.5
超过信用期 100 天以上	10	5 000	2.5
合计	445	200 000	100

利用账龄分析表，企业可以了解到以下情况：

(1) 有多少欠款尚在信用期内。表 6-4 显示，有价值 80 000 元的应收账款处在信用期内，占全部应收账款的 40%。这些款项未到偿付期，欠款是正常的；但到期后能否收回，还要到时再定，故及时的监督仍是必要的。

(2) 有多少欠款超过了信用期，超过时间长短的款项各占多少，有多少欠款会因拖欠时间太久而可能成为坏账。表 6-4 显示，有价值 120 000 元的应收账款已超过了信用期，占全部应收账款的 60%。不过，其中拖欠时间较短的（20 天内）有 40 000 元，占全部应收账款的 20%，这部分欠款收回的可能性很大；拖欠时间较长的（21~100 天）有 75 000 元，占全部应收账款的 37.5%，这部分欠款的回收有一定难度；拖欠时间很长的（100 天以上）有 5 000 元，占全部应收账款的 2.5%，这部分欠款有可能成为坏账。对不同拖欠时间的欠款，企业应采取不同的收账方法，制定出经济、可行的收账政策；对可能发生的坏账损失，则应提前做好准备，充分估计这一因素对损益的影响。

3. 事后处理

企业事后处理的要点是建立坏账准备制度。在市场经济条件下，坏账损失难以避免。为使各会计年度合理负担坏账损失，减少企业的风险，应当建立应收账款坏账准备金制度。按现行企业财务制度规定，企业在年末可按照应收账款余额的 3‰~5‰ 计提坏账准备金。

三、存货管理

（一）存货管理的目标

存货是最重要的流动资产之一，是企业在生产过程中为销售或耗用而储备的物资，包括材料、燃料、低值易耗品、在产品、半成品、产成品、库存商品等。存货门类多、品种复杂，形态不一，具有不同的物理特征或化学特征。这些均可能影响存货价值。例如有些存货易挥发；有些存货易腐坏。因此，加强对存货管理具有非常现实意义。

在一般制造业中，随着生产流程进展，存货实物形态从原材料开始，变成在产品、产成品，最后通过销售完成了周转。存货价值随着储存在不同物质形态中，随着实物的流转而周转。存货置存的目的就在于保证日常生产正常进行。但是置存存货，必然形成一定的资金占用，包括存货持有成本、取得成本、储存成本，也包括缺少存货所带来的缺货成本。因此，存货管理目标就是在各种存货成本与存货效益之间做出权衡，从而达到两者的最佳组合。

（二）存货管理的成本

存货的成本包括三个部分，即取得成本、储存成本和缺货成本。

1. 取得成本

取得成本是指为取得某种存货而发生的支出，包括购置成本和订货成本。

（1）购置成本。购置成本就是存货本身的价值，即存货的买价，通常根据存货的单价和数量的乘积确定。在没有商业折扣的情况下，购置成本不随采购次数的变动而变动，是一项决策无关成本。若存在商业折扣，则购置成本是决策相关成本。

（2）订货成本。订货成本是指取得订单的成本，如办公费、差旅费、邮资、电报电话费等支出。订货成本中有一部分与订货次数无关，如采购部门的日常运行经费等，是订货中的固定成本；另一部分与订货次数有关，如差旅费、邮资等，随着订货次数增加而增加的成本称为订货的变动成本。

2. 储存成本

储存成本是指为保存、持有、流转存货而发生的成本，包括存货占用资金机会成本、仓库费用、保险费用、存货破损和变质损失等。

储存成本也可分为固定成本和变动成本。固定储存成本是指与储存存货量无关的成本，如仓库折旧、仓库职工的固定年薪等。变动储存成本则是与存货数量有关，如存货占用资金机会成本、存货的破损和变质损失、存货的保险费用等。

3. 缺货成本

缺货成本是指由于存货供应中断而造成的损失，包括材料供应中断造成的停工损失、产成品库存缺货造成的拖欠发货损失、丧失销售机会的损失和造成企业声誉损失等；如果生产企业以紧急采购代用材料以解决库存材料中断之急,那么缺货成本表现为紧急额外购入成本(紧急额外购物的开支会大于正常采购的开支)。

存货成本的分类如表6-6所示。

表6-6　　　　　　　　　存货成本的分类

类别	具体项目		计算公式	与订货批量的相关性
取得成本	购置成本		年需要量×单价	有批量折扣时→相关成本
				无批量折扣时→无关成本
	订货成本	固定性订货成本	—	与订货批量无关→无关成本
		变动性订货成本	年订货次数×每次订货成本	与订货批量成反比→相关成本
储存成本	固定性储存成本		—	与订货批量无关→无关成本
	变动性储存成本		平均储存量×单位储存成本	与订货批量成反比→相关成本
缺货成本	直接损失、间接损失		—	不允许缺货→无关成本
				允许缺货→相关成本

(三) 经济订货批量决策

存货的决策涉及决定进货项目、选择供应单位、决定进货时间和决定进货批量4项内容。决定进货项目和选择供应单位是销售部门、采购部门和生产部门的职责。财务部门所做的是决定进货时间和决定进货批量。按照存货管理的目的,需要通过合理的进货批量和进货时间,使存货的总成本最低,这个批量就叫作经济订货量(economic order quantity, EOQ)或经济批量,即能够使一定时期储存成本和订货成本总和最低的采购批量,有了经济批量就可以很容易地找出最适宜的进货时间。

1. 经济订货批量基本模型

影响存货总成本的因素很多,我们需要设立一些假设,在这些假设的基础上建立经济批量的基本模型。这些假设条件是:

(1) 企业全年的进货总量可以预先确定;

(2) 企业现金充实,可以随时购货,不会因现金短缺而影响进货;

(3) 存货市场供应充足,可以随时供货,不存在缺货甚至无货的情况;

(4) 市场价格平稳,且不因批发数量多少而使价格发生变化;

(5) 存货储存成本和每次进货费用为已知;

(6) 不考虑存货购进价值和缺货成本。

经过上述假设,我们将存货总成本的公式简化为:
$$TC = (T/Q) \times F + (Q/2) \times C \tag{6.7}$$

式(6.7)中,TC 为存货总成本;Q 为每次订货数量,即存货经济订货批量;C 为单位存货年存储成本;T 为全年存货总需求量;F 为每次订货的进货费用,其中,Q 为唯一变量。

利用均值不等式进行求解,得出经济订货批量模型的解为:

经济订货批量: $\qquad Q^* = \sqrt{\dfrac{2TF}{C}} \qquad (6.8)$

存货总成本: $\qquad TC = \sqrt{2TFC} \qquad (6.9)$

【例 6-6】某企业全年耗用甲种材料 360 000 千克,该材料单价 10 元,年单位储存成本 2 元,一次订货成本 25 元。

要求确定:(1)经济订货批量;(2)最小相关总成本。

分析:

(1)经济订货批量:

$$Q^* = \sqrt{\dfrac{2 \times 360\ 000 \times 25}{2}} = 3\ 000 \text{(千克)}$$

(2)存货总成本:

$$TC = \sqrt{2 \times 360\ 000 \times 25 \times 4} = 6\ 000 \text{(元)}$$

2. 经济订货批量基本模型的扩展

经济订货批量基本模型是建立在一系列的假设基础之上的,但是现实生活往往不能满足所有的假设条件。比如企业为了促进销售会给予客户价格优惠,另外,企业为了保证正常运行会设定一个保险储备量,以备存货延迟发货或耗用量突然增加的情况。因此,为了增强经济订货批量基本模型在现实经济生活中的适用性,需逐一放宽假设,扩展到更复杂的经济订货批量模型。

(1)存在商业折扣的经济订货批量决策。

为了鼓励客户购买更多的商品,销售企业通常会给予不同程度的价格优惠,即实行商业折扣政策。此时存货的相关总成本,除了考虑进货费用与储存成本外,还应考虑存货的购置成本。

实行数量折扣的经济进货批量模式,存货相关总成本包括:

①存货进价;

②相关进货费用;

③相关储存成本。

用数量关系式表示如下:

存货总成本 = 存货购置成本 + 变动性进货费用 + 变动性储存成本

在实行数量折扣的经济批量模型下,使存货相关总成本最小时的进货批量就是经济订货批量。

【例6-7】某企业乙存货的年需要量为1 800件,每件市场价格为10元。销售企业规定,客户如果一次订货数量超过900件,可给予2%的商业折扣,已知每次订货成本为500元,单位存货年储存成本5元,则该企业乙存货的经济订货批量是多少?

分析:

按照不考虑数量折扣的经济订货批量模型确定的订货批量为:

$$Q = \sqrt{\frac{2 \times 1\,800 \times 500}{5}} = 600（件）$$

如果企业按经济订货批量采购,则每次订货数量达不到折扣标准,没有价格优惠。此时,总成本为:

$$TC(600) = 1\,800 \times 10 + \frac{1\,800}{600} \times 500 + \frac{600}{2} \times 5 = 21\,000（元）$$

如果不按经济订货批量采购,而想享受折扣,那么每次订货就得按900件进行,则:

$$TC(900) = 1\,800 \times 10 \times (1 - 2\%) + \frac{1\,800}{900} \times 500 + \frac{900}{2} \times 5 = 20\,890（元）$$

通过比较可知,每次进货900件时,存货总成本最低,因此,该公司每次购入乙存货900件为宜,费用最低。

(2) 存在订货提前期下的经济订货批量决策。

一般情况下,企业的存货不能做到随用随时补充,因此,不能等到存货全部用完再订货,而需要在存货还没有用完之前提前进行订货。在提前订货的情况下,企业再次发出订单前仍有部分库存,此时的企业的存货库存量称为再订货点,一般用符号R表示,其数量等于交货时间(L)和日平均存货用量(d)的乘积。用公式表示如下:

$$R = L \times d \tag{6.10}$$

【例6-8】承【例6-6】,企业订货日至到货日的时间为8天,每天存货用量500千克,则再订货点为:

R = 8 × 500 = 4 000（千克）

这意味着企业尚有4 000千克存货时,就应当再次订货,等到下批存货到达时,原有库存刚好用完。

(3) 存在保险储备情况下的经济订货量决策。

我们刚刚讨论过的关于存货的相关决策都是假定存货的供需稳定并且数量为常量,即每日需求量不变,交货时间也固定不变。实际上,企业对存货的每日需求量可能会发生变化,交货时间也可能会变化。按照某一订货量(如经济批量)和再订货点发出订单后,如果需求增大或送货延迟,就会发生缺货或供货中断。为了防止由此造成的损失,就需要多储备一些存货以备应急之需,这些储备的存货被称为保险储备,也称为安全存量。这些存货在正常情况下不动用,只有当存货被过量使用或送货延迟时才动用。

保险储备可有效地预防或规避行业风险,降低缺货成本,但同时也增加了储存成本和机会成本。因此,确定合理的保险储备量,应权衡利弊,比较得失。

利用经济订货批量模型计算保险储备量时,一般不考虑机会成本,而主要考虑储存成本的增量。只要使缺货成本与储存成本之和最低,即可确定为最佳保险储备量。

【例6-9】依【例6-6】,若该企业考虑在当年设置0~600千克的保险储备量,其所产生的缺货成本如表6-7所示。

表6-7　　　　　　保险储备量与缺货成本预算　　　　　单位:元

保险储备量(千克)	0	100	200	300	400	500	600
缺货成本(元)	1 000	730	520	350	230	150	100

问:该公司确定设置多少保险储备量为宜?

根据上述资料,可分别计算各种保险储备量下的总成本水平,如表6-8所示。

表6-8　　　　　　保险储备量与总成本核算　　　　　单位:元

存货经济批量	保险储备量	平均存货量	储存成本	预计缺货成本	总成本
3 000	0	1 500	3 000	1 000	4 000
3 000	100	1 600	3 200	730	3 930
3 000	200	1 700	3 400	520	3 920
3 000	300	1 800	3 600	350	3 950
3 000	400	1 900	3 800	230	4 030
3 000	500	2 000	4 000	150	4 150
3 000	600	2 100	4 200	100	4 300

从表6-7可看出,若保险储备量为200千克时,则相关总成本最低。因此,该企业应设定200千克的保险储备量。

(四)存货的日常管理

存货控制是指在日常生产经营过程中,按照存货计划的要求,对存货的使用和周转情况进行的组织、调节和监督。

1. 存货的归口分级控制

存货的归口分级控制是加强存货日常管理的一种重要方法。这一管理方法包括如下三项内容:

(1) 在企业管理层领导下,财务部门对存货资金实行统一管理。企业必须加强对存货资金的集中统一管理,促进供产销相互协调,实现资金使用的综合平衡,加速资金周转。

(2) 实行资金的归口管理。根据使用资金和管理资金相结合,物资管理和资金管理相结合的原则,每项资金由哪个部门使用,就归哪个部门管理。

(3) 实行资金的分级管理。各归口的管理部门要根据具体情况将资金计划指标进行分解,分配给所属单位或个人,层层落实,实行分级管理。

2. ABC 分类管理

在存货管理中,一种实际应用较多的管理方法是意大利经济学家巴雷特首创的 ABC 分类管理法。它就是将存货按其重要性分为 A、B、C 三类,分别按品种重点管理、按类别一般管理、按总额灵活掌握的一种存货管理方法。主要分类标准主要有两个:金额标准和品种数量标准。一般地,A 类存货属于高价值存货,品种数量占整个存货的 10%～15%,但价值占全部存货价值的 50%～70%；B 类存货属于中等价值存货,品种数量占全部存货的 20%～25%,价值占全部存货的 15%～20%；C 类存货属于低价值存货,品种数量多,占整个存货的 60%～70%,价值占全部存货的 10%～35%。A 类存货应当是管理重点严格控制,而对 B 类和 C 类存货的重要程度则可依次降低,采取一般管理。

3. 适时制(JIT)管理

适时制(JIT)管理,也叫适时制库存控制系统、零库存管理。最早由丰田汽车提出并运用于实践。其基本原理是要求制造企业事先与供应商和客户协调好,只有当制造企业在生产过程中需要原材料时,供应商才会将原料或零部件送来。每当产品生产出来就被客户拉走,从而使制造企业的存货水平处于较低水平。

JIT 管理是现代管理需求依赖存货的方法,其目标就是使手中持有的存货水平仅能满足现时的产品需求,使存货数量最小化。JIT 管理的结果是要经常订购和购进存货而不会发生存货短缺,这就要求供应商之间的密切配合。也就是说,只有在使用之前才要供应商送货,从而将存货数量减到最小；公司的物资供应、生产和销售应形成连续的同步运动过程；消除公司内部存在的所有浪费；不间断地提高产品质量和生产效率。

延伸阅读——适时制存货管理:降低成本的新视角

第三节 流动负债管理

一、短期银行借款管理

短期银行借款是指企业根据合同向商业银行借入的期限在 1 年以内的借款。

(一) 短期银行借款的类型

我国目前的短期借款按目的和用途分,主要包括生产周转借款、临时借款、结算借款、票据贴现借款等。

1. 生产周转借款

生产周转借款是指企业因流动资金不能满足正常生产经营需要而向银行或其他金融机构取得的借款。当企业因流动资金不足想要申报办理该项借款时,企业应按有关规定向银行或其他金融机构提出年度、季度借款计划,经借款单位核定后,在借款计划中根据借款借据办理借款。

2. 临时借款

许多企业经营具有明显的季节性特征或临时性客观原因,正常周转的资金不能满足需要,超过生产周转额而需要借入的临时借款。临时借款期限一般为 3~6 个月,实行"逐笔核贷"的办法。

3. 结算借款

在企业销售商品或提供劳务过程中,可能存在不同的货款结算方式。在采用托收承付方式办理销售货款结算的情况下,企业为解决商品发出后至收到托收货款前所需要的在途资金而借入的款项,为结算借款。企业在发货后的规定期间(一般为 3 天,特殊情况不超过 7 天)内向银行托收的,可申请托收承付结算借款。企业的货款收回后,银行将自行扣回其借款。

4. 票据贴现借款

当企业发生经营周转困难时,若持有银行承兑汇票或商业承兑汇票,可以将票据向银行进行贴现借款。当进行票据贴现借款,企业获得的借款金额一般是票据的票面金额扣除贴现息后的金额。在办理贴现借款时,银行一般先将贴现利息予以扣除。票据贴现期限一般不超过 3 个月。

(二) 短期银行借款的信用条件

按照国际惯例,短期银行借款往往附加一些信用条件,主要有信用额度、周转授信协议和补偿性余额等。在实务中,企业需要根据不同的信用条件来进行相应的短期借款决策。表6-9列示了常见的短期银行借款的信用条件。

表6-9 短期银行借款的信用条件

信用条件	含义	说明
信用额度	银行对借款企业规定的无担保贷款的最高额	无法律效用,银行不承担必须提供全部信贷限额的义务
周转信贷协定	银行具有法律义务承诺提供不超过某一最高限额的贷款协定	有法律效用,在协议的有效期内,只要企业的借款总额未超过最高限额,银行必须满足企业任意时期提出的借款要求
补偿性余额	银行要求借款企业在银行中保持按贷款限额或实际贷款额一定百分比(一般为10%~20%)的最低存款余额	补偿性余额提高了实际利率,实际利率=名义利率÷(1-补偿性余额比率)×100%
借款抵押	银行发放贷款时要求企业有抵押品担保	借款抵押是一种风险贷款,手续比较复杂,利率较高
偿还条件	到期一次偿还、贷款期内等额偿还	企业希望一次性偿还,银行希望贷款期内定期等额偿还
其他承诺	银行有时还要求企业为取得贷款而做出其他承诺,如及时提供财务报表、保持适当的财务水平(如特定的流动比率)等	如企业违背所作出的承诺,银行可要求企业立即偿还全部贷款

【例6-10】甲公司与某银行签订周转信贷协议,银行承诺一年内随时满足甲公司最高8 000万元的贷款,承诺费按承诺贷款额度的0.5%于签订协议时交付,公司为贷款支付的承诺费在一年后返还,甲公司在签订协议的同时申请一年期贷款5 000万元,年利率为8%,按年单利计息,到期一次性还本付息,在此期间未使用承诺贷款额度的其他贷款。计算该笔贷款的实际成本。

实际支付的利息 = 5 000 × 8% = 400(万元)
支付的承诺费(未使用部分) = (8 000 - 5 000) × 0.5% = 15(万元)
实际成本 = (400 + 15)/(5 000 - 8 000 × 0.5%) × 100% = 8.37%

(三) 短期银行借款利息的支付方法

短期借款的成本主要是利息、手续费等,它的高低主要取决于借款利率高低和利息支付方法。短期借款利息的支付方法有收款法、贴现法和加息法。不同支付方式将导致企业承担的实际成本不同。

1. 收款法

收款法是指在借款到期时再向银行支付利息的方法。银行给工商企业发放贷款大都是采用这种方法收息。

2. 贴现法

贴现法是指发放贷款时，银行直接先将利息从贷款总额中扣除，到期时贷款企业偿还贷款本金的一种方法。在这种利息支付方法下，企业实际到手使用的贷款净额是本金减去利息的部分，实际上提高了企业贷款成本。

【例6-11】假定某公司从银行借入1年期贷款1 000万元，借款利率为10%。按贴现法付息。计算该公司贷款时，实际到账的借款金额。

实际到账的借款金额 = 1 000 × (1 - 10%) = 900（万元）

$$借款实际利率 = \frac{1\ 000 \times 10\%}{900} \times 100\% = 11.11\%$$

3. 加息法

加息法是指银行发放分期等额偿还贷款时采用的利息收取方法。在分期等额偿还贷款的情况下，银行将根据名义利率计算的利息加到贷款本金上，计算出贷款的本息和，要求企业在贷款期限内分期偿还本息之和的金额。由于贷款分期均衡偿还，贷款企业实际上只平均使用了贷款本金的一半，却支付了全额利息，增加了企业实际贷款成本。

【例6-12】某公司以分期付款方式借入2 000万元，利率为10%，分12个月等额偿还本息，计算该项贷款的实际利率。

$$借款实际利率 = \frac{2\ 000 \times 10\%}{2\ 000/2} \times 100\% = 20\%$$

（四）短期银行借款的优缺点

1. 短期银行借款的优点

与其他短期筹资方式和长期借款相比，短期银行借款具有一定的优点。

（1）银行资金充足、实力雄厚，能随时为企业提供较多的短期借款。对于季节性和临时性的资金需求，采用短期银行借款尤为方便。而那些规模大、信誉好的大公司，更可以以较低的利率借入资金。

（2）企业取得借款的条件和手续较简便，筹资效率较高。

（3）借款数额和借款时间弹性较大，可以在资金需要增加时借入，在资金需要减少时还款，便于企业灵活安排资金。

2. 短期银行借款的缺点

（1）资金成本较高。采用短期银行借款成本较高，不仅不能与商业信用相比，与短期融资券相比成本也高出许多。而抵押借款因需要支付管理和服务费用，成本更高。

（2）限制较多。向银行借款，银行要对企业的经营和财务状况进行调查以后才能决定是否贷款，有些银行还要对企业有一定控制权，要求企业把流动比率、负债比率维持在一定范围之内，这些都会构成对企业的限制。

（3）筹资风险大，实际利率高，在存在补偿性余额和附加利率的情况下更是如此。

在我国，短期银行借款是绝大多数企业短期资金的主要来源。企业应根据自身情况并结合短期银行借款的优缺点进行融资分析和决策。

二、商业信用管理

商业信用是指在商品交易过程中，由于延期付款和延期交货所形成的企业间债权债务关系，是企业间的直接信用行为。商业信用是商品经济的产物，只要存在着商品生产和商品交换，就会产生商业信用，商品经济越发展，商业信用利用越广泛。从提供信用资金的数额来看，商业信用已成为企业短期负债筹集资金的主要方式。

利用商业信用筹资，具体形式主要有应付账款、应付票据和预收账款3种。

（一）应付账款

应付账款是在赊购商品过程中发生的由销货方提供给购货方的信用，是一种最常见的信用形式。在应付账款信用方式下，买卖双方发生了商品交易行为，但卖方允许买方在收到货物后一定时期内支付货款。买方在延期付款的这段时间内等于向卖方借款，这种负债形成的资金来源一般不需要出具正式的借据，是由卖方根据买方的信誉情况而提供的信贷。

如果购买方企业在规定的折扣期内享受折扣而支付了欠款，该企业就获得了免费信用。如果购买方企业放弃折扣（显然这是以放弃收益为代价）而支付了欠款获得的信用，则为有代价信用。如果购买方企业超过规定的信用期推迟付款而强制获得的信用，则为展期信用。

1. 应付账款的成本

应付账款的成本也称为应付账款的资金成本率，即买方放弃现金折扣的成本。倘若买方企业购买货物后在卖方规定的折扣期内付款，便可以享受免费信用，但若买方付款时间在折扣期之后，就会因没有享受折扣而付出代价。其计算公式如下：

$$放弃现金折扣的成本 = \frac{折扣率}{1-折扣率} \times 100\%$$

但这个放弃现金折扣成本仅是在剩余的信用期间（即信用期－折扣期）内的成本，不是年化成本，因此，需要将其转化成年化利率。其计算公式如下：

$$放弃现金折扣的成本 = \frac{折扣率}{1-折扣率} \times \frac{365}{信用期-折扣期} \times 100\% \tag{6.11}$$

放弃现金折扣的成本与折扣百分比的大小、折扣期的长短呈同方向变化，与信用期的长短呈反方向变化。这里需要注意，当放弃现金折扣时，成本为资金成本率；当享受现金折扣时，成本就是收益率。

【例6-13】 某企业购进一批材料，价款为100 000元，销货方的信用条件为"2/10、N/30"，假设企业在购货后的第10天、第30天付款，试分别计算商业信用的成本。

（1）如果企业在第10天付款，享受现金折扣为2 000元（100 000×2%），只需支付98 000元，并享受了10天的免费信用，此时应付账款没有成本。

（2）如果企业在第30天付款，可使用30天的信用，但要以放弃现金折扣为代价，这种代价就是商业信用的成本。可理解为企业占用对方货款98 000元，占用了20天，支付了2 000元的利息，故应付账款的成本用年利率表示为：

$$\frac{2\,000}{98\,000} \times \frac{365}{20} \times 100\% \approx 37.24\%$$

以上计算表明，如果公司放弃现金折扣，取得为期20天的98 000元资金的使用权，是以承担37.24%的利率为代价的。或者说，放弃2%的现金折扣意味着该公司可向销货方融资98 000元使用20天。

2. 利用现金折扣的决策

在附有信用条件的情况下，因为获得不同信用要负担一定代价，买方企业便要在利用哪种信用之间作出决策。一般说来：在现金折扣期内用借入的资金支付货款，享受现金折扣。如【例6-13】中，若银行的短期借款年利率为10%，则买方企业应利用更便宜的银行借款在折扣期内偿还应付账款；反之，企业应放弃折扣。

如果在折扣期内将应付账款用于短期投资，所得的投资收益高于放弃折扣的隐含利息成本，则应放弃折扣而去追求更高的收益。当然，如果企业放弃现金折扣，那么通常是在信用期的最后一天付款，以降低放弃现金折扣的损失。

如果企业因缺乏资金而欲展延付款期，则需在降低了的放弃折扣成本与展延付款带来的损失之间作出选择。展延付款带来的损失主要是指因企业信誉恶化而丧失供应商乃至其他贷款人的信用，或日后招致苛刻的信用条件。

（二）应付票据

应付票据是一种期票，是由出票人出票，由承兑人允诺在一定时期内支付一定款项的书面证明。这种票据由购货方或销货方开出，由购货方承兑或请求其开户银行承诺在一定期限后兑付。应付票据的承兑期限由交易双方协商确定，一般为6个月以内。应付票据有带息和不带息两种，带息应付票据的利率一般比银行借款的利率低。

知识拓展——商业汇票的分类

（三）预收账款

预收账款是销货方在交货前向购货方预先收取部分或全部货款所发生的负债，这项负债要用以后的商品或劳务偿还，实际等于向购货方预借一笔款项。通常买方对于紧俏商品愿意采用这种结算方式进行交易；对于生产周期长、售价高的商品，生产者也经常会向订货者分次预收货款。

（四）商业信用的评价

1. 商业信用筹资的优点

（1）商业信用的筹资较为便捷。它是在商品交易过程中自然产生的借贷行为，无须专门进行安排，属于一种"自然筹资"方式，使用起来十分简便。

（2）和银行借款对比，商业信用的限制条件更少，更容易获取。只需要向销货方增加一定额度，就能够扩大信用规模。

（3）商业信用的筹资成本相对较低。在商业信用不存在现金折扣的情况下，或者企业在折扣期内进行付款时，不会产生信用成本，也就是说在特定条件下，利用商业信用进行筹资是没有成本的。

2. 商业信用筹资的缺点

（1）商业信用的可利用期限较为有限，其中应付账款的期限通常较短。

（2）由于商业信用比较容易获取，若过度使用，会使企业背负过多的债务负担。

（3）就应付账款而言，倘若存在现金折扣，而企业放弃现金折扣的话，成本会非常高；并且如果出现拖欠情况，还会产生损害信用的内在成本。

【本章总结】

营运资金，又称营运资本，是指流动资产减去流动负债后的余额，是企业用以维持正常经营所需的资金。实际中，营运资金的管理主要是指流动资产的管理，流动资产主要包括现金、应收账款、存货等。

现金是指企业在生产经营过程中暂时停留在现金形态的资金，经济意义上的现金包括库存现金、银行存款、其他货币资金。财务管理中的现金还包括现金等价物。现金管理的目的是在保证企业经营活动现金需要的同时，降低企业闲置的现金数量，以降低现金的成本、提高资金收益率等。本节内容应把握最佳现金持有量的确定方法，包括成本分析模式和存货分析模式。

应收账款是企业因对外赊销产品、材料、供应劳务等而应向购货方或接受劳务单位收取的款项，包括应收销售款、其他应收款、应收票据等。企业提供商业信用，采取赊购，可以扩大销售，增加利润，但在利用赊销扩大企业销售收入的同时，应尽量避免由于应收账款的存在而给企业带来的成本的增加。应收账款管理的目标，是在发挥应收账款扩大销售功能的同时，通过制定科学合理的应收账款信用政策，尽可能地降低持有应收账款的成本。本节内容应重点掌握应收账款信用政策的内容。

存货是企业在生产经营过程中为销售或耗用而储备的物资，包括材料、燃料、低值易耗品、在产品、半成品、产成品等。存货管理效率的高低，直接决定着企业的收益、风险和流动性的综合水平，因而在营运资本管理中存货占有举足轻重的作用。对于存货管理的重点，应从两方面考虑，即提高存货效益和力求控制降低存货占用资金的比重。本节内容应重点掌握存货经济订货批量的确定方法以及 ABC 分类管理法。

短期银行借款是指企业根据合同向商业银行借入的期限在一年以内的借款。按照国际惯例，短期银行借款往往会附加一些信用条件，主要有信用额度、周转授信协议、补偿性余额等。本节内容应理解短期银行借款的信用条件和短期银行借款利息支付的方式。

在规范的商业信用行为中，债权人为了控制应收账款的期限和额度，往往会向债务人提出信用条件。企业是否按照信用条件接受折扣优惠并提前付款，需考虑放弃这笔现金折扣所形成的隐含利息成本，即考虑商业信用成本是否太高。

【重要术语】

营运资金　成本分析模式　存货分析模式　应收账款　信用标准　信用条件　信用政策　收账政策　经济订货量　适时制（JTI）管理　短期银行借款　商业信用

术语释义

【复习与思考】

1. 营运资金的特点是什么？
2. 企业持有现金的主要动机是什么？
3. 如何利用存货分析模式确定最佳现金持有量？
4. 应收账款的管理目标是什么？
5. 应收账款管理主要存在哪些成本？
6. 如何评估客户的信用水平？
7. 存货的成本有哪些？
8. 经济订货量基本模型为公司确定的是什么？
9. 短期银行借款的信用条件有哪些？
10. 如何利用现金折扣进行决策？

第七章
利润分配管理

【学习目标】

1. 了解利润的构成；
2. 掌握股利政策的基本理论；
3. 理解股利分配政策的选择与评价；
4. 掌握股票分割和股票回购。

【本章知识逻辑结构】

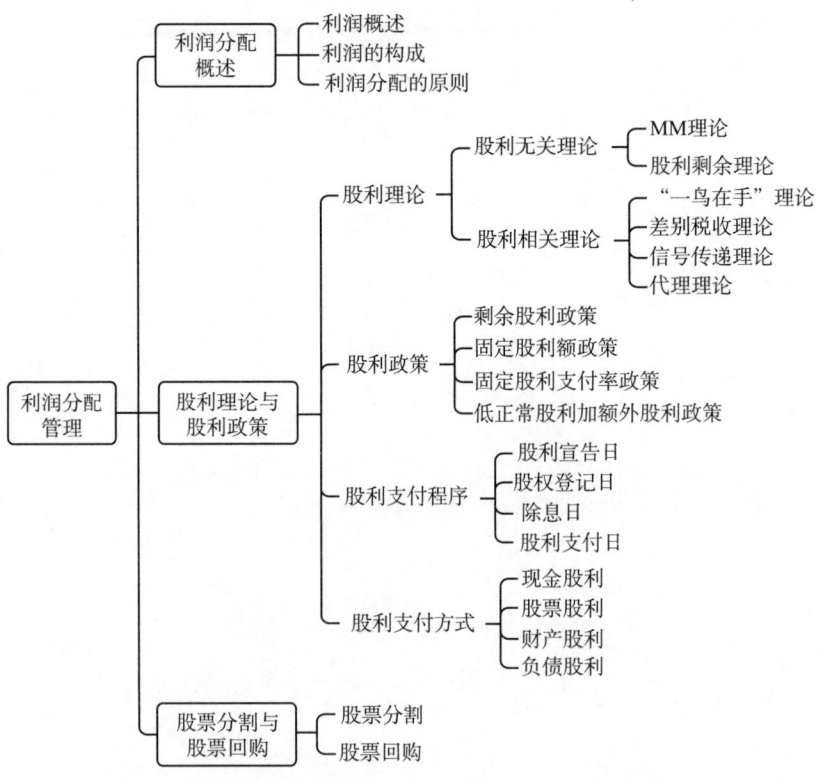

【引导案例】

贵州茅台股利分配之谜

在上市公司的财务管理领域，利润分配是核心决策之一，其影响深远。贵州茅台，作为 A 股市场的明星企业，在股利分配方面呈现出独特现象，为我们理解利润分配管理提供了绝佳案例。

贵州茅台长期坚持派现，且单位派现水平与累计分红总额在 A 股市场占据领先地位。自 2001 年上市后连续十三年派现，其每股单位派现均值达 1.759 元，远超白酒行业及 A 股平均水平。例如，2010~2014 年，不仅单位派现额夺冠，近三年派现总额更是高达 164.182 亿元，堪称分红楷模。

然而，令人困惑的是，其高派现与股利高增长并未获得市场青睐。如 2010 年，公司分红与盈余双高之际，年报分配预案公布当日股价却净跌 4.02 元，跌幅达 2.1%。从股利政策细节来看，其单位派现虽总体上升，但股利支付率波动剧烈且无显著规律。2001 年与 2006 年股利支付率超 40%，而其他年份多在 30% 以下。

深入探究发现，首发股利时大股东受益明显。2001 年上市发行股票后，2002 年宣告每股派现 0.6 元，大股东虽持股比例有所下降，但仍获利丰厚，而流通股股东所得相对微薄，损害了流通股股东利益，这是市场消极反应的重要原因。同时，看似高分红，实则收益低。对比其每股收益，贵州茅台虽盈利强劲，均值达 5.15 元，远超行业平均，但股利支付率均值仅 29.88%，且多年股票获利率低于储蓄利率，表明股东实际投资收益率并不高。

此外，股利增长与盈余增长缺乏紧密相关性。如 2002 年单位派现额大幅下降，而每股收益却增长显著，后续检验也显示当期股利增长与当期盈余增长无统计显著性，与未来盈余增长相关性也较弱。

此案例为利润分配管理敲响警钟。企业制订利润分配政策时，需综合考量股东利益平衡、分红实质收益、股利与盈利关联性等多方面因素，确保政策合理稳定，既能满足股东回报期望，又能保障企业可持续发展，为后续深入学习利润分配管理知识奠定了重要的实践基础。

资料来源：笔者根据蒋东生：《高分红、高增长屡遭冷遇究竟为何——基于贵州茅台股利分配的案例》，载于《财会月刊》2016 年第 31 期，第 94~97 页相关内容整理得来。

引导案例启示

第一节 利润分配概述

利润分配是企业（或其他组织）在一定时期（通常为年度）内

对所实现的利润按规定向各权利方进行分配。国家有关法律、法规对企业利润分配的基本原则、一般次序作了较为明确的规定，其目的是保障企业利润分配的有序进行，维护企业和所有者、债权人以及职工的合法权益，促使企业增加积累，增强风险防范能力。根据我国《公司法》及相关法律制度的规定，公司净利润的分配应按照下列顺序进行：第一，弥补以前年度亏损；第二，提取法定公积金；第三，提取任意公积金；第四，向股东（投资者）分配股利（利润）。

一、利润概述

利润是指企业收入减去成本和费用后的余额，是在一定时期内企业通过经营活动中所获得的最终财务成果，是企业经营效果的效益体现与综合反映。企业进行生产经营的主要目的是要不断提高企业的盈利水平，增强其获利能力。利润是企业经营的核心目标之一，也是衡量企业经营绩效的重要指标。通过合理管理和优化经营策略，企业可以实现更高的利润水平，从而在市场竞争中实现可持续发展。

二、利润的构成

企业的利润主要由营业利润、投资净收益和营业外收支净额构成。计算公式如下：

$$利润总额 = 营业利润 + 投资净收益 + 营业外收支净额 \quad (7.1)$$

（一）营业利润

对于工业企业来说，营业利润也称销售利润，是指企业从事经营活动取得的净收益，它由主营业务利润加上其他业务利润，扣除当期的期间费用后形成的。计算公式如下：

$$营业利润 = 主营业务利润 + 其他业务利润 - 销售费用 - 管理费用 - 财务费用 \quad (7.2)$$

主营业务利润是企业从事基本生产经营活动取得的利润，是营业利润的主要组成部分。它是由产品销售净收入扣除产品销售成本和产品销售税金及附加后的金额。

其他业务利润是指企业从事基本生产活动以外的其他经营活动取得的利润，包括材料销售、固定资产出租、包装物出租以及无形资产转让等取得的利润。

（二）投资净收益

投资净收益是指企业对外投资取得的投资收益扣除投资损失后的

余额。企业为了合理有效地使用资金以获取更多的经济利益，除了进行正常的生产经营活动外，还可以将资金投入于债券、股票或其他金融资产等，形成企业的对外投资。计算公式如下：

$$投资净收益 = 投资收益 - 投资损失 \qquad (7.3)$$

投资收益包括企业对外投资分得的利润、股利和债券利息，投资到期收回或者中途转让、出售取得款项高于账面价值的差额，以及按照权益法核算的股权投资在被投资企业增加的净资产中所拥有的数额等。

投资损失包括投资到时收回或者中途转让、出售取得的款项低于账面价值的差额，以及按照权益法核算的股权投资在被投资企业减少的净资产中所分担的数额等。

（三）营业外收支净额

营业外收支净额是指与企业生产经营无直接关系的收入与支出的差额。其计算公式如下：

$$营业外收支净额 = 营业外收入 - 营业外支出 \qquad (7.4)$$

（四）净利润

净利润，又称税后利润，是企业缴纳所得税后形成的利润，是企业所有者权益的组成部分，也是企业进行利润分配的依据。其计算公式为：

$$净利润 = 利润总额 - 所得税费用 \qquad (7.5)$$

净利润是企业经过一定时期的生产经营活动所取得的最终财务成果。而利润的形成是净利润实现的基础。根据我国《公司法》的规定，公司利润分配就是关于公司净利润的分配。

三、利润分配的原则

企业利润分配必须遵循国家相关法律法规的规定，并依法纳税。企业利润分配的对象是缴纳所得税后的净利润。公司分配净利润时，应当先弥补以前年度亏损、提取法定公积金与任意公积金，然后企业有权按照《公司法》等法律法规的规定自主分配。企业的利润分配应考虑和平衡各相关方的利益，包括国家、股东、债权人、职工等。

（一）依法分配原则

企业的利润是企业的权益，企业有权自主分配，但必须依法进行。国家有关利润分配的法律和法规主要有公司法、外商投资企业法等，企业在利润分配中必须切实执行上述法律、法规。企业在利润分

延伸阅读——利润分配制度的基本逻辑和路径选择：以公司法与会计规则协调为视角

配以前，首先要依法及时、足额地缴纳企业所得税，同时要按照《公司法》规定，确定正确的分配项目和顺序。同时，企业的章程必须在不违背国家有关规定的前提下，对本企业利润分配的原则、方法、决策程序等内容作出具体而又明确的规定。

（二）资本保全原则

企业的利润分配必须以资本的保全为前提，企业在分配中不能侵蚀资本。利润的分配是对经营中资本增值额的分配，不是对资本金的返还。按照这一原则，一般情况下，企业如果存在尚未弥补的亏损，应首先弥补亏损，再进行其他分配。企业当年无盈利，原则上不得分配股利。资本保全原则可以使企业资本充实，在利润分配之后，企业还能维护企业财产基础和正常资金运转，同时保持一定的偿债能力来保护债权人的利益，以免产生财务风险和危机。

（三）兼顾各方面利益原则

企业在进行利润分配时需要综合考虑不同利益相关方的需求和权益，以实现企业的可持续发展和社会责任的履行，包括国家、企业投资者、经营者、债权人、职工、社会等各方面的利益。企业需要在利润分配中平衡各方的利益，确保各方都能获得合理的回报。

企业在利润分配中，必须兼顾国家、企业投资者、经营者职工等各方面的利益。企业是经济社会的基本单位，企业的利润分配涉及各方面的经济利益。分配时既要考虑企业的长远利益，也要调动各方面的积极性，不能只强调长远利益而忽视所有者、经营者和职工的近期利益；也不能只顾近期利益而损害企业的长远利益。因此，企业进行收益分配时，应当统筹兼顾，维护各利益相关团体的合法权益。

（四）分配与积累并重原则

企业在获取利润时，应平衡分配和积累的比例。企业实现的净利润，有一部分对投资者进行分配；另一部分剩余留在企业的内部积累，形成企业的累计留存收益，不断增加企业的净资产。企业向投资者分配利润将在一定程度上减少企业的资产。过度分配利润，可能导致企业资产不足，降低企业的偿债能力，影响长期发展。企业在分配利润时，要结合企业的投融资规划和发展战略，合理确定利润分配金额，留存足够的利润积累。不仅要满足当前生产的需要，还应留存一部分利润作为扩大再生产的资金储备，以增强企业的风险抵御能力和经营稳定性。所以，企业要平衡利润分配和留存收益积累的比例，充分考虑短期和长期战略规划，兼顾长期与短期利益，确保企业资金充足。

(五) 投资与收益对等原则

利润分配应体现"谁投资，谁受益"的原则，投资者的收益应与其投资比例相匹配，确保投资者的利益与其投资行为相一致，确保投资者的投资与收益对等。企业的投资者，因其投资行为而享有收益权，并期望通过利润分配获得投资回报，投资收益应同其投资比例对等。企业应根据股东的投资和持股比例公平的分配股利，确保股东能够公平、公正分享企业的经营成果。坚持投资与收益对等原则，有利于保护投资者的利益，提高投资者的积极性。

第二节 股利理论与股利政策

一、股利理论

企业财务管理的目标是实现企业价值最大化。因此，企业的股利分配要求以这一目标作为出发点，即如何权衡公司股利支付决策与未来长期增长之间的关系，以实现企业价值最大化。股利政策是公司在利润再投资与回报投资者之间的一种权衡，它作为公司财务管理的重要内容之一，多年来一直是学术界研究和讨论的重点。有关股利分配对企业价值影响的理论观点主要有两种：股利无关理论和股利相关理论。

（一）股利无关理论

股利无关理论认为在一定的假设条件限定下，股利政策不会对公司的价值或股票的价格产生任何影响。该理论认为，一个公司的股票价格完全由公司的经营活动和投资决策的获利能力和风险组合决定，而与公司的股利发放的多少没有关系。该理论认为公司股利（分红）的多少并不会影响股东对公司的判断和态度，因此不会影响股票价格。公司进行利润分配时只需从投资机会、投资收益和资金成本方面等方面考虑股利政策。具体来说，股利无关理论主要有 MM 理论和股利剩余理论。

1. MM 理论

这一理论是由米勒（Miller）和莫迪利亚尼（Modigliani）在 1961 年发表的《股利政策增长和股票价值》一书中提出的，故简称 MM 理论，也称为完全市场理论。该理论认为，在不考虑公司所得税时,当公司的债务比率由零增加到100%时,企业的资本总成本不发生改变,进而企业的市场价值也不变化。所以认为公司价值与公司的资本结构无关,即企业价值与企业是否负债无关,不存在最佳资本结构。他们认为,公司市场价值的高低,是由公司所选择的投资政策和经营活动的好坏所决定的,不受股利政策的影响。股利政策只改变收益在现金股利与资本利得之间分配比例。

MM理论是建立在完善的市场假设基础上的。这些基本假设的前提条件有以下几点：第一,不存在任何股票发行或交易费用；第二,不存在个人所得税和企业所得税,对投资者来说,无论收到股利或是资本利得都是无差别的；第三,公司的资本投资决策独立于其股利政策；第四,公司的股东和企业管理当局可相同地获得未来投资机会的信息（即市场信息是充分的）；第五,企业的投资政策不变,投资回收没有风险。

在现实生活中,MM理论的这些假设是很难满足的。如股票的交易费用与股票发行费用的存在；股票市场会存在信息不对称的情况；存在税收以及不同税收的税率不同。因此,关于MM理论的结论在现实条件下并不一定有效。

2. 股利剩余理论

股利剩余理论是指公司利润和盈余首先应满足公司的资金需要,当有投资计划时,优先使用利润和留存收益,如果仍有剩余资金,才会以现金股利方式发放给股东,即进行现金分红；如果没有剩余,则不派发股利。公司的股利政策应由投资计划的报酬率来决定。如果公司发现有利可图的投资机会,即公司投资机会的预期报酬率大于投资者要求的报酬率,则不应该分配现金股利,而应采取以保留盈余的形式来满足这些投资机会所需要的资金。如果公司没有有利可图的投资机会,或者保留盈余超过了投资方案的资金需要量,公司则应将其保留盈余或将剩余的部分,以现金股利的方式分配给股东。该理论认为股利分配完全由新投资计划的资金需求来决定的,同时投资者（股东）不会关心现金股利与资本利得（股价上涨）的差别,所以现金股利的多少不影响股价。

该理论是站在公司筹资角度分析的,是以在完全资本市场假设为前提,忽视交易费用和税率差异,这在现实世界可能不匹配。它也没有考虑股东的特殊要求,现金股利与资本利得（股价上涨）的税收在现实世界也存在差别,这降低了该理论的适用性。

（二）股利相关理论

股利无关理论是在完美资本市场的一系列假设下提出的,但这些假设往往在现实世界无法完全满足,降低了其适用性。而股利相关理论则更契合现实世界,认为现金股利发放多少将直接影响股东对公司的态度、偏好和投资决策,进而影响公司的股票价格。这类理论具体包括以下几种:

1. "一鸟在手"理论

它源于一句谚语:"百鸟在林,不如一鸟在手。"该理论的核心观点是,投资者更倾向于获得当前的现金股利,而不是依赖于未来的资本利得或留存收益再投资带来的潜在收益。理论背景是:大多数投资者通常对风险有天生的厌恶,他们更倾向于获得确定的收益,而不是冒险等待不确定的未来收益。未来的资本利得具有很大的不确定性,而当前的现金股利则是实实在在可以拿到手的收益。相较于未来不确定的资本利得,投资者比较偏好当前的现金股利,也就是所谓的"一鸟在手"。所以企业在制定股利政策时,需要考虑投资者对现金股利的需求,以吸引和留住投资者。通过支付稳定的股利,企业可以提高其股票在市场上的吸引力,从而提升其股票价格和市场价值。

2. 差别税收理论

投资者投资股票可以获得两类收益:一类是利润分配获得的现金股利,另一类是因为股价上涨获得的资本利得。如果公司不派发现金股利,那么留存利润的积累会增加公司净资产,进而推升股价。或者,公司派发现金股利,理论上股价在股利除权后价格会相应等值的下跌。所以在股利无关论中,往往不考虑所得税或者假设不存在所得税,那么无论公司是否派发现金股利,投资者的总财富都不会发生变化。即投资者应该并不关心公司是否派发股利。但是,现实世界中在许多国家,现金股利收入的所得税率高于资本利得的所得税率,这导致是否派发现金股利会影响投资者的财富,进而影响股价。

差别税收理论认为由于股利收入的所得税率通常高于资本利得的所得税税率,因此公司选择保留盈余而不支付股利,对投资者更有利。投资者偏好公司少支付股利,并将更多的公司利润用于留存积累,而推升股价,这样投资者的收益将更多地表现为资本利得,而不是股利,这样投资者可以少缴所得税,获得更多财富。另外,资本利得在卖出股票时才产生纳税义务,在纳税时间的选择上更具有弹性和延后性,如果考虑货币的时间价值,这种税收递延的特点也减少资本利得的税收负担。差别税收理论强调了税收政策对股利政策和公司价值的重要影响。

3. 信号传递理论

信号传递理论认为,公司在制定股利政策时,可以通过股利支付向市场传递有关其未来盈利能力的信息。公司管理层通常拥有比外部投资者更多的关于公司未来现金流、投资机会和盈利前景的信息。股利政策被视为一种信号,管理层通过调整股利支付水平来向投资者传

延伸阅读——股利政策评述和研究:基于信号理论的视角

递其对公司未来发展的信心。当公司宣布增加股利时，通常被视为公司对未来现金流有信心的信号，表明公司预期未来盈利能力较强，这会增强投资者的信心，从而可能导致股价上升。相反，股利削减通常被视为公司面临财务困难或未来盈利能力下降的信号，这会导致投资者对公司前景的担忧，进而可能导致股价下跌。现实世界中，投资者对股利变化的反应是显著的；非预期的股利增加通常会导致股价上升，而非预期的股利削减则会导致股价下降。所以，稳定的股利政策和股利支付被认为是公司财务健康和未来盈利能力稳定的信号，有助于稳定股价并吸引长期投资者。

4. 代理理论

代理理论主要关注股东与管理层之间的利益冲突以及如何通过股利政策来缓解这种冲突。在现代公司中，所有权与经营权分离，股东作为委托人，将企业的经营权委托给管理层（代理人）。管理层可能因个人利益而做出与股东利益不一致的决策。由于信息不对称和利益冲突，股东需要承担监督成本和契约成本来确保管理层按照股东的利益行事。通过支付现金股利，公司可以减少管理层的自由现金流，从而降低管理层进行过度投资或进行不利于股东利益的行为的可能性。另一方面，由于股利的发放而使得公司可能需要进入资本市场寻求外部融资，进而接受资本市场的有效监督，减少了代理成本，但也增加了企业的外部融资成本。所以，代理理论认为最优的股利政策应该平衡代理成本和新增的融资成本，使两者总和最小。

二、股利政策

股利政策是指公司决定如何将利润分配给股东的策略和实践。它涉及公司是否发放股利、发放多少股利以及何时发放股利等方面。股利政策的制定对公司的财务状况、股东权益和股价都有重要影响。

（一）影响股利政策的因素

影响公司股利政策的因素有很多，比如法律因素的限制和约束、公司自身的特点与财务状况、股东的偏好和期望等。分别从以下方面进行介绍：

1. 法律因素

公司分配利润必须符合法律规定。为了保护债权人、股东及相关方的利益，公司的利润分配必须符合《公司法》和《证券法》等法律法规的规定以及政策相关法律法规的要求。以下主要介绍资本保全约束、偿债能力约束、资本积累约束、超额累积利润约束等几个方面的规定。

（1）资本保全约束。资本保全约束是指企业在进行利润分配时，必须确保其资本的完整性不被侵蚀。具体来说，企业不能使用资本（包括实收资本或股本和资本公积）来发放股利。这一约束的目的是维护企业的资本基础，保护股东和债权人的利益。我国法律规定，公司资本公积的用途只能是转增资本，不能发放股利。公司的税后利润应按10%计提法定盈余公积金。股利的发放只能来源于留存收益或当期利润，如果当期出现亏损，一般不得分配股利，即使出于维护公司形象的考虑，用以前年度留存收益分配股利，也必须在弥补亏损后进行。

（2）偿债能力约束。派发现金股利会导致公司现金流出，一定程度上影响公司的偿债能力。偿债能力约束是指企业在进行利润分配时，必须确保其有足够的能力偿还到期债务。这一约束的目的是保证企业的财务稳定性和持续经营能力，避免因过度分配利润而导致偿债能力不足，从而影响企业的长期发展和债权人的利益。

（3）资本积累约束。企业在进行利润分配时，必须确保有足够的资金用于再投资和扩大生产规模，以维持企业的持续发展和竞争力。这一约束要求企业在分配利润时，不仅要考虑股东的短期利益，还要兼顾企业的长期发展需要。《公司法》里有规定，公司的年度税后利润必须提取10%的法定盈余公积金；公司可决定提取一定比例的任意盈余公积金；只有当公司提取的公积金累计数达到注册资本的50%时才可不再提取。另外，企业在进行利润分配时，一般当企业出现年度亏损时，不进行利润分配。资本积累有助于企业在面临市场波动和经济不确定性时，满足其长期投资需求，保持财务稳定和持续经营。

（4）超额累积利润约束。企业在进行利润分配时，不能过度积累利润，以防止企业通过留存过多利润来帮助股东避税。具体来说，当企业的留存收益超过法律认可的水平时，可能会被加征额外的税款，它要求公司不得超额累积利润。因为很多国家，股利收入的税率高于资本利得税率。公司可能通过保留利润来提高其股票价格，则可使股东避税。有些国家法律规定当公司的留存收益超过法律规定的合理水平，将被加征额外的税款。如美国《国内收入法》规定，如果国内税务局能够查实企业是故意压低股利支付率以帮助股东逃避缴纳个人所得税，就可以对企业的累积盈余处以惩罚性的税率。目前，我国法律对此尚未作出有关的规定。

2. 公司自身因素

公司自身因素也极大地影响了股利政策。公司在指定股利政策时，需要考虑以下因素：

（1）盈利的稳定性。稳定的盈利为企业提供了持续的现金流，确保企业有足够的资金用于再投资和扩大业务。稳定的盈利减少了企业在经营过程中面临的财务风险，使得企业在分配利润时可以更放心地将部分利润用于股东分红。公司是否能够获得长期稳定的盈利，是公司决定其股利政策的基础。当企业的盈利较为稳定时，管理层可以更准确地预测未来的盈利水平，从而制定更为稳定和可预测的利润分配政策。例如，稳定的盈利使得企业能够持续支付股利，增加股东的信心。这种信心有助于企业在资本市场上获得更好的融资条件，进一步支持其盈利的稳定性。

（2）资产的流动性。支付现金股利会直接减少企业的现金持有量，从而降低资产的流动性。因此，企业在制定利润分配政策时，需要考虑其对现金流量的影响，确保在满足股东回报的同时，保持足够的流动性以支持日常运营和应对突发事件。公司应该注意会计利润与净现金流量之间的差异，关注企业的现金流量是否充足，避免资金链断裂。

（3）资金成本。资金成本是企业为筹集和使用资金而支付的代价。当资金成本较高时，企业可能会选择将更多的利润留存用于再投资，以降低对高成本资金的依赖。这会导致可用于分配给股东的利润减少。同时，公司留存收益作为公司内部筹资的主要来源，不发生额外的筹资费用，这比发行新股或举债等外部筹集方式节约了筹资费用。所以当公司需要大量资金且资金成本较高时，通常会减少现金股利分配。

（4）投资需求。当企业面临较高的投资需求时，管理层可能会选择将更多的利润留存，以满足这些投资需求。例如，企业可能需要资金用于扩大生产规模、研发新产品或进行其他战略投资，因此会减少股利分配，以确保有足够的资金用于这些项目。企业在制定利润分配政策时，需要综合考虑当前和未来的投资需求，以确保在满足股东回报的同时，支持企业的长期发展和战略投资。

（5）筹资能力。如果企业具有较强的筹资能力，能够随时筹集到所需资金，那么它在进行利润分配时，会具有较强的股利支付能力。企业可以更灵活地决定股利支付水平，因为即使留存收益不足，也可以通过外部融资来满足股东的股利需求。而筹资能力较弱的公司将不得不更多地依靠利润留存来获得资金积累，可能导致现金股利较少。

3. 股东因素

股东在收入与现金偏好、控制权、税负等方面的考虑会对公司的利润分配政策产生影响。因此，公司进行利润分配时应考虑的股东因素主要有以下几个方面：

（1）稳定的收入与现金偏好。如果股东更偏好当期的现金收入或者希望通过现金股利来获得稳定的收入和现金流，那么股东则希望公司进行较为稳定的现金分红。比如一些退休基金组织、保险公司和一些依靠股利谋生或补贴生活费支出的大量小股东，他们是特别关心公司是否发放现金股利。

(2) 控制权。股东可以运用控制权去影响公司的相关政策，包括股利分配政策。而股东可能会担心过多地进行现金股利分配，导致公司资金不足而需要发行新股来筹集资金，进而导致股权结构和控制权发生变化，这可能导致股东就会倾向于较低的股利支付水平。

(3) 税负。税负的高低不同，现金股利对股东的财富影响也不同。股利收入的税率一般高于资本利得税。许多国家的个人所得税税率采用累进税率。属于高收入阶层的股东为了合理避税往往反对公司发放较多的股利，希望通过资本利得来实现投资收益；属于低收入阶层的股东因个人税负较轻，则希望多分股利。

4. 其他因素

(1) 通货膨胀因素。通货膨胀一般使原材料等物价上涨，公司资金购买力下降，维持现有的经营规模需追加更多投入。因此，通货膨胀情况下，需要采取相对较低的股利政策，将留存更多利润用于内部积累。但有的收入较低的股东可能希望得到更多的股利收入以维持更高的个人开支。

(2) 股利政策的惯性。公司的股利政策保持稳定性和连续性可以向市场传递企业经营稳定的信号，增强投资者的信心，吸引长期投资者。反之，股利政策的重大调整，会给投资者带来企业经营不稳定的印象，可能导致股票价格下跌。另外，如果股利收入是部分股东生产和消费的主要来源，那么他们可能更偏好稳定持续的股利。

(二) 股利分配政策的选择与评价

合理的股利政策对企业及股东来说是十分重要的。企业应当确定适当的股利政策，并使其保持连续性，以方便股东判断其发展的趋势。在实际工作中，通常有下列几种股利发放政策可供选择：

1. 剩余股利政策

剩余股利政策的核心思想是将公司的净利润首先用于满足公司的资金需求，如果在满足这些需求后仍有剩余，则将剩余部分作为股利分配给股东。根据股利无关理论，在完全理想状态下的资本市场中，公司的股利政策与公司普通股每股市价无关，投资者不偏好现金股利，也不关心现金股利，公司的股利政策依据投资方案和资金需求而确定。剩余股利政策通常适用于公司初创阶段或有大量投资机会的企业，因为这些企业需要大量的资金来支持其快速发展。

采用剩余股利政策时，应遵循四个步骤：第一，设定目标资本结构,即确定权益资本与债务资本的比率,并确定最低水平的资本成本。第二,确定目标资本结构下投资所需要的股东权益金额。第三,最大限度地利用保留的盈余来满足投资方案所需的权益资本金额。第四,投资方案所需的权益资本已经满足后若有剩余盈余,再将其作为股利发放给股东。

【例7-1】华商公司上年税后利润600万元,今年年初公司讨论决定股利分配的数额。预计今年需要增加投资资本800万元。公司的最佳资本结构是:权益资本占60%,债务资本占40%,今年继续保持。按法律规定,公司至少要提取10%的公积金。已知公司采用剩余股利政策,且筹资的优先顺序是留存利润、借款和增发普通股。问:华商公司应该分配多少的股利?

公司当年应保留的用于满足投资需求的收益 = $800 \times 60\%$ = 480(万元)

可以用于分配的利润 = 600 - 480 = 120(万元)

值得注意的是,按法律要求,公司至少提取10%的公积金,即要求至少要提取60万元($600 \times 10\%$)作为留存收益。

实行剩余股利政策的优点在于能够为公司保持比较理想的资本结构,使综合平均资本成本最低,即达到最优的资本结构,从而实现企业价值的长期最大化这一目标。而且,在负债比率较高、利息负担及财务风险较大的情况下,能满足投资规模扩大对资金需求增加的需要,可以减少从外部融资的交易成本。

采用剩余股利政策的不足之处在于,如果完全按剩余股利政策去执行,股利的发放额就会每年随着投资机会和盈利水平的波动而变动。由于股利支付依赖于公司的投资需求和盈利水平,剩余股利政策可能导致每年的股利发放额不稳定。但实际上,股东可能更倾向于稳定的股利收入,而剩余股利政策可能导致股利的波动,从而影响股东的满意度。

2. 固定股利额政策

固定股利额政策是指公司将每年派发的股利额固定在某一特定水平上,并在较长时间内保持不变。这种政策的特点是,不论公司的盈利情况和财务状况如何,派发的股利额均保持不变,每年按照预先规定的固定的每股股利额支付给股东。只有当公司认为未来盈利水平将会不可逆转的增长时,才有可能相应提高其股利发放额。这种股利政策适用于经营比较稳定且财务状况良好的公司,比如已经进入成熟期或稳定增长期的企业。

稳定的股利支付的优点是能够向市场传递公司经营稳定的信号,增强投资者的信心,从而有利于股票价格的稳定。同时,也让投资者能够提前预估股利的收入,便于其安排收入和支出。

其缺点在于在公司盈利下降或现金紧张的情况下，为了保持固定的股利支付，可能会导致现金短缺，甚至影响公司的财务状况。股利支付与公司的实际盈利水平脱节，可能导致在盈利较低时仍需支付较高的股利，难以真实地反映出公司的经营状况和盈利水平。

3. 固定股利支付率政策

固定股利支付率政策是指公司确定一个固定的股利支付率，然后每年按照这个比率从净利润中支付股利给股东。这种政策使得股东每年获得的股利额与公司的净利润紧密相关，做到了"多盈多分，少盈少分，无盈不分"。固定股利支付率政策适用于那些处于稳定发展阶段且财务状况较为稳定的公司。对于这些公司，这种政策可以更好地反映公司的盈利状况，同时也能在一定程度上满足股东的收益预期。它也有利于投资者通过股利的变化，了解公司真实的经营状况和财务状况，作出恰当的投资决策。

这种股利政策的缺点是由于股利支付额与净利润直接相关，如果公司每年盈利波动较大，年度间股利支付额可能会波动较大，容易给投资者带来公司经营不稳定的印象，对股价和股东信心可能带来消极影响。

4. 低正常股利加额外股利政策

低正常股利加额外股利政策下，公司设定一个较低的正常股利额，每年按此金额支付给股东；在公司盈利较多或现金流充裕的年份，根据实际情况向股东发放额外股利。低正常股利加额外股利政策是一种灵活的股利分配策略，旨在平衡公司的现金流和股东回报的需求。

采用该政策的优点是赋予公司较大的灵活性，使其可以根据经营状况和资金需求灵活调整股利支付。依靠股利生活的股东每年至少可以获得稳定的低正常股利收入，从而吸引这部分股东。在公司盈利较好时发放额外股利，可以向市场传递公司良好经营状况的信号，增强投资者信心。

其缺点是股利不稳定：由于额外股利的支付取决于公司的盈利状况，可能会导致股利的波动，给投资者造成公司收益不稳定的印象。如果公司在较长时间内持续发放额外股利，股东可能会将其视为正常股利的一部分。一旦取消额外股利，可能会被误解为公司财务状况恶化的信号，导致股价下跌。

三、股利支付程序

股份制企业的股利支付程序是指股份公司向股东支付股利的过程，主要内容有：股利宣告日、股权登记日、除息日和股利发放日。

公司董事会首先提出分配预案，比如分红的数量、分红的方式等。预案提交股东大会讨论并通过。股东大会决议通过分配预案后，公司董事会将股利支付方案予以公告。

（一）股利宣告日

股利宣告日是指公司董事会将股东大会通过本年度利润分配方案的情况以及股利支付情况予以公告的日期。在宣布分配方案的同时，要公布具体的每股应支付的股利、股权登记日、除息日和股利支付日等。我国股份制企业一般是一年发放一次或两次股利。在西方国家，股利通常是按季度来支付。

（二）股权登记日

股权登记日即有权领取股利的股东有资格登记截止日期，即能否取得股利的日期界限，凡是在此指定日期收盘之前取得公司股票的股东，都有资格享受公司分派的股利。只有在股权登记日前在股东名册上登记的股东，才有权分享股利。凡是在股权登记日这一天登记在册的股东都有资格领取本期的股利，而在这一天之后登记在册的股东，即使是在股利发放日之前买到的股票，也无权领取本次分配的股利。例如，某公司公告声明：本次派息股权登记日为2023年5月4日，派息对象是：截至2023年5月4日下午3点收市前在上海证券结算公司登记在册的本公司全体股东。

（三）除息日

除息日是指领取股利的权利与股票相互分离的日期，即除去股利的日期。在除息日之前购买的股票才能领取本次股利；而在除息日当天或以后购买的股票，则不能领取本次股利。除息之后，股票价格是扣除股利后的除权价格，除息后理论价格将相应下调。比如某股票除息前一天收盘价为10元/股，然后每股分红1元，那么除息日经过除息后理论价格调整为9元/股。如果不考虑交易费用和税收且假设股价不波动，那么分红后股东将拥有9元的股票和1元现金，总价值仍然为10元，即股东的财富实际并无变化。

目前在计算机交易系统下，股权登记日的次日即可确定为除息日。例如，2023年4月15日收市前持有该公司股票的投资者有权获得该公司本次派发的现金股利，而在4月16日当天或者以后才购入本公司股票的投资者就不能获得本次发放的现金股利，那么，4月16日就是该次发放股利的除息日。除息日在股票交易中具有重要意义。在不考虑股市波动的情况下，在除息日当天，公司股票的市价将会下跌，每股股价的跌幅一般约等于每股发放的股利。

（四）股利支付日

股利支付日也称作股利发放日或付息日，是指其企业向股东发放股利的日期。在这一天，公司按照公布的分红方案向股权登记日在册的股东实际支付股利。现在，计算机交易系统可以通过中央结算登记系统将现金股利直接转入股东资金账户，由股东向其证券代理商领取股利。在我国，上市公司支付给股东的股利在支付日当天自动划转到股东账户。

【例 7-2】华商公司 2023 年 3 月 20 日发布公告："公司于 2023 年 3 月 20 日召开股东大会，决定每 10 股分派现金 5 元，所有 2023 年 4 月 3 日前持有本公司股票的股东都将获得这次分派的股利，股利将于 4 月 23 日发放。"

在本例中，2023 年 3 月 20 日为股利宣告日，4 月 3 日为股权登记日，4 月 4 日为除息日，4 月 23 日为股利支付日。

四、股利支付的方式

股份制企业股利支付的方式一般包括现金股利、股票股利、财产股利和负债股利等。

（一）现金股利

现金股利也称为派现或现金分红，是指股份公司以货币形式发放给股东的股利，它是股利支付的主要方式，也是最容易被投资者接受和理解的股利支付方式。现金股利直接以现金形式支付给股东，股东可以立即获得现金收入，具有较高的流动性。如果不考虑税费影响的话，现金股利理论上并不直接增加股东财富。但一般，现金股利的支付会导致公司现金的直接下降，也会导致公司资产与所有者权益的减少。

公司在制定现金股利政策时，可以考虑法律规定、自身的盈利状况、现金流状况、投资需求、股东期望以及市场环境等因素，灵活调整现金股利的支付金额和频率。

延伸阅读——现金股利政策、企业生命周期与公司治理

（二）股票股利

股票股利是公司将部分留存收益转化为公司股份，并作为股票红利发放给股东，从而增加股东的持股数量。这种支付方式下，支付给股东的股利是股票，不是现金，不会减少公司的净资产，而只是将公司的留存收益转化为股本。股东权益的总量并未变化，只是股东权益内部结构的再调整，但新增股份是无偿分配给股东的，公司也没有获

得额外的新的资金。由于股份数量增加,每股收益和每股净资产一般会被稀释。所以股价在发放股票股利后,除权后价格会相应下调。比如,发放股票股利前收盘价格为 10 元/股,现在 10 股送 10 股,则股票除权价格会调整为 5 元/股,原来的 1 股股票虽然会变成 2 股股票,但总价值仍然是 10 元。所以公司发放股票股利并不增加股东财富,也没有改变股东的股权结构,但由于它既不减少公司现金数额,又可使股东分享公司的利润,因此,这种方式在全世界都比较流行。

发放股票股利必须同时具备两个条件:一是必须有可分配的利润,无利润向股东增配新股,实际上是一种欺诈行为,法律是明令禁止的;二是必须经股东大会决定,并按法律程序报有关部门审批,因为发放股票股利等于直接把公司留存收益转化为普通股票,即留存收益的资本化,是一种增资行为,而股份公司增资必须由股东大会决定,报经有关部门审批,并修改公司章程。

不过,在中国股票市场中,高比例分配股票股利的股票往往受到部分投资者的追捧,在公布送股方案后,股价往往大幅推升。有一部分原因是,高比例分配股票股利往往被认为是一种信号,即:公司看好未来的发展,预计公司将高速成长,利润和资产将大幅上升,有信心能充实稀释后的每股净资产。但某些不具备成长性上市公司有意利用这一想法,毫无根据地进行大比例股票股利分配,这可能伴随着一些有意炒作,利用部分投资者不了解股票股利的本质,误导投资者。近年来中国证监会加强了对此类情形的监管,投资者投资此类股票时也应该谨慎对待并加强风险防范。

(三) 财产股利

财产股利是公司以持有的其他公司的有价证券(如股票、债券)或实物资产(如公司产品)的形式向股东发放的股利。这种股利支付方式也会导致公司资产的减少。与现金股利相比,财产股利的分配更加灵活,公司可以根据自身的财务状况和市场环境选择最适合的形式。

(四) 负债股利

负债股利是指公司通过建立负债的方式所发放的股利,通常以公司的应付票据支付给股东,有时也以发行公司债券的方式支付股利。负债股利通常在公司现金流紧张但又需要支付股利时使用,以缓解现金压力。公司将即时的现金支付压力转化为更长期的还本付息压力,以作为现金不足时的权宜之策。

四种股利支付之中,财产股利和负债股利实际上是现金股利的替代。这两种股利方式目前在我国公司实务中很少使用,但并非法律所禁止。我国公司普遍使用的还是现金股利和股票股利。

第三节 股票分割与股票回购

一、股票分割

股票分割,又称股票拆分,是指将面额较高的股票转换成更多面额较低的股票的行为。股票分割后,发行在外的股数增加,每股面值降低。这种操作不会改变公司的总市值,净利润、净资产(股东权益)总额不发生变化,但由于股票分割后股票数量增加,每股盈利与每股净资产相应下降,每股的价格随之降低。

股票分割不属于股利分配方式,但其所产生的效果与发放股票股利近似,因此在此一并介绍。总的来说,股票分割一般只会增加发行在外的股票总数,公司总价值不变,股东权益总额以及股东权益内部各项目相互之间的比例也不改变,不会对公司的资本结构产生任何影响。股票股利与股票分割都会增加股份数量,降低每股盈利与每股净资产。股票股利虽不会引起股东权益总额的改变,但股东权益的内部结构会发生变化;而股票分割之后,股东权益总额及其内部结构都不会发生任何变化,变化的只是股票面值。

采取股票分割的积极作用有:

第一,降低股票价格,促进股票的流通。股票分割会使每股市价降低,买卖该股票所需资金量减少,从而吸引更多的投资者,继而促进股票的流通和交易。

第二,向市场和投资者传递有利的信号。股票分割往往是高成长的公司认为以后公司每股净资产和净利润会快速增长,所以宣告股票分割后容易给市场传递"公司发展前景良好"的信号,提升投资者对公司股票的信心,进而推升股价。

【例7-3】华商公司原发行面额2元的普通股400 000股,若按1股换成2股的比例进行股票分割,分割前和分割后的每股收益计算如表7-1和表7-2所示。

表7-1　　　　　股票分割前的股东权益　　　　　单位:元

项目	金额
普通股(面额2元,已发行400 000股)	800 000
资本公积	1 600 000

续表

项目	金额
未分配利润	8 000 000
股东权益合计	10 400 000

表7-2　　　　　股票分割后的股东权益　　　　　单位：元

项目	金额
普通股（面额1元，已发行800 000股）	800 000
资本公积	1 600 000
未分配利润	8 000 000
股东权益合计	10 400 000

假设该公司本年净利润800 000元，那么，华商公司的股票在分割前是每股收益2元（800 000÷400 000）。

假定华商公司在股票分割后本年度净利润不变，分割后的每股收益为1元（800 000÷800 000），如果市盈率不变，每股市价也会因此而下降。

二、股票回购

股票回购是指上市公司利用现金等方式，从股票市场上购回本公司发行在外的一定数额的股票的行为。这将减少企业流通在外的股票数量，从而达到市值管理、股权激励、稳定股价等积极作用。回购的股票可以予以注销或作为库存股。在大多数情况下，公司将回购的股票作为库存股保留，不参与每股收益的计算和分配。库存股日后可用于发行可转换债券、员工持股计划或股权激励等，或在需要资金时将其出售。

（一）股票回购的方式

一般情况下，公司进行股票回购主要通过以下四种方式进行。

1. 公开市场回购

公开市场回购是上市公司在股票市场以等同于任何潜在投资者的地位，按照公司股票当前市场价格回购股票的方式。该方式在成熟的股票市场较为流行。通常公司在该股票市场表现欠佳时，小规模进行回购以满足特殊用途，如股票期权、员工福利计划和可转换证券执行转换权所需的股票。当公司在公开市场购回股票时，需要披露购回股票的目的、数量等信息,并遵守公司法和证券法的有关规定。这种回购方式很容易推高股价,从而增加回购成本,另外交易税和交易佣金方面的成本也很高。

2. 要约回购

要约回购是指公司通过公开向股东发出回购股票的要约来实现股票回购计划。要约回购确定的回购价格一般会高于现行市场价格,即有一定的溢价,从而回购成本高于公开市场回购。在公司公告要约回购之后的限定期限内,股东可自愿决定是否按要约价格将持有的股票出售给公司。如果股东愿意出售的股数多于公司计划回购的股数,那么公司可以自行决定购买部分或全部股票。根据《上市公司回购社会公众股份管理办法(试行)》规定,上市公司采用要约回购方式回购股票,其要约价格不得低于回购报告书公告前 30 个交易日股票每日加权平均价的算术平均值,并且要约期限不得少于 30 日,不得超过 60 日。

3. 协议回购

协议回购是指公司与某一类或者某几类投资者直接见面,通过协商来回购股票的一种行为。协议回购方式通常作为公开市场回购方式的补充。采用这种方式时,公司必须公开披露股票回购的目的、数量等信息,并保证回购的价格公平,以避免公司向特定的股东输送利益而使其他股东利益受到侵害。协议回购方式的回购价格通常低于当前市场价格,并且一次回购股票的数量巨大,作为大宗交易在场外进行。

4. 转换回购

转换回购是指公司用债券或者优先股代替现金回购普通股的股票回购方式。采用该方式,公司不必支付大量的现金,对于现金流量并不充足的公司而言,是一种可选的回购方式,而且采用这种回购方式还可以起到调整资本结构的作用。但是,由于债券或者优先股的流动性比普通股要差,因而采用该方式时,可能要支付一定的溢价,因而会提高股票的回购成本。

(二) 股票回购的动机

上市公司采取股票回购的方式,一般情况下主要是出于以下几种考虑。

1. 反收购的动机

股票回购是一种较常用的反收购措施。股票回购的反收购效果主要表现在:一方面减少在外流通的股份,增加买方收购到足额股份的难度;另一方面则可提高股价,增大收购成本。当然,股份回购也有可能产生另一种结果,即股份回购可能导致收购计划落空或失败,炒作收购概念的投资者因此而失望,由此引发股价回落。

2. 减少公司自由现金流量的动机

如果公司没有足够的投资机会,但是存在过多的自由现金流量,那么管理层可能会选择将多余的现金用于股票回购,这样股票数量减少、公司现金流量减少,但每股收益会相应增加、资金效率提升、股票价值提升。当股价上涨时,持股股东个人财富增加。此外,股票回购使得公司的自由现金流量减少,也降低了公司的代理成本,改善公司资本结构。

3. 稳定公司股价的动机

如果公司股价过低,会影响公司的股票价值,也会影响进一步配股融资,同时削弱公司的形象和声誉。当公司管理层认为股价远远低于公司的内在价值,公司则可以通过股份回购稳定和提升股价。一方面,公司回购股票增加了市场上对公司股票的购买量,支撑和推升股价;另一方面,公司回购股票,会向市场表明公司管理层对于公司前景的信心,将公司价值被严重低估这一信息传递给市场,增强投资者信心,增加股票的吸引力,增加购买需求,减少抛售,从而稳定股价。另外,由于流通股数量减少,每股收益会相应增加,这也有利于股价提升。

4. 建立企业职工持股制度需要的动机

企业回购股票也可能是为了配合建立职工持股制度。很多企业为了激励和留住人才会推行股权激励或员工持股计划等。这样通过股票回购可以获得库存股用于发放给员工,在一定程度上使员工与股东之间的利益更为一致。

(三)股票回购的意义

1. 股票回购对于公司利润分配的影响

公司以多余的现金购回股东所持有的股票,使流通在外的股票减少,每股利润和股利增加,从而会使股价上升,股东因此获得资本利得,这相当于公司向股东发放现金股利。因此,可以将股票回购当作是一种现金股利替代方式。

【例7-4】华商公司普通股每股收益、每股市价等资料如表7-3所示。

表7-3　　　　　　　　华商公司普通股资料

项目	金额
税后利润(元)	8 000 000
流通股数(股)	2 000 000

续表

项目	金额
每股收益（8 000 000÷2 000 000）（元）	4
每股市价（元）	40
市盈率（40÷4）	10

假定华商公司准备发放 2 000 000 元盈利作为现金股利，每股可得股利为 1 元（2 000 000÷2 000 000），那么每股市价为 41 元（40+1）。

如果公司将 2 000 000 元现金以每股 41 元的价格回购股票，可回购股票数量为 48 780 股（2 000 000÷41），那么每股收益将为：

$$EPS = \frac{8\ 000\ 000}{2\ 000\ 000 - 48\ 780} = 4.1（元）$$

如果市盈率仍为 10，那么回购后的股票市价为 41 元（4.1×10）。这与支付现金股利之后的每股市价是相同的。由此可知，公司不论是采用支付现金股利的方式，还是采用股票回购的方式，分配给股东的每股现金都是 1 元。

2. 股票回购对于股东的意义

股票回购一般会稳定和推升股价，这会增加股东财富。另外资本利得税一般低于股票红利的所得税，所以考虑到税收差异的话，相较于现金股利，股票回购可以让股东得到纳税上的好处。

3. 对于公司的意义

一般来说，公司进行股票回购的主要目的是增加公司的价值。股票回购对公司自身具体有以下影响：

（1）公司进行股票回购的目的之一是向市场传递股价被低估的信号，向市场传递公司对自身价值的信心，增强投资者信心，稳定和提升公司股票价格。

（2）当公司可支配的现金流明显超过投资项目所需的现金流，而公司又缺乏投资机会时，可以用自由现金流进行股票回购，提升资金使用效率，增加每股盈利水平。同时降低管理层代理成本的作用。

（3）避免股利波动带来的负面影响。当公司剩余现金是暂时的或者是不稳定的，没有把握能够长期维持高股利政策时，可以在维持一个相对稳定的股利支付率的基础上，通过股票回购发放股利。

（4）改善公司的资本结构，发挥财务杠杆的作用。如果公司认为资本结构中权益资本的比例较高，可以通过股票回购，注销一部分股权，提高负债比率，改善公司的资本结构，提高每股利润。特别是如果通过发行债券融资回购本公司的股票，可以快速提高负债比率，发挥财务杠杆的作用。

（5）避免被收购，通过股票回购，可以减少外部流通股的数量，提高了股票价格，在一定程度上降低了公司被收购的风险。

（6）调节所有权结构。公司拥有回购的股票（库存股），可以用来交换被收购或被兼并公司的股票，也可用来满足认股权证持有人认购公司股票或可转换债券持有人转换公司普通股的需要，还可以在执行管理层与员工股票期权时使用，避免发行新股而稀释收益。

值得注意的是：我国《公司法》规定，公司只有在以下四种情形下才能回购本公司的股份：一是减少公司注册资本；二是与持有本公司股份的其他公司合并；三是将股份奖励给本公司职工；四是股东因对股东大会作出的合并、分立决议持异议，要求公司收购其股份。公司因第一种情况收购本公司股份的，应当在收购之日起10日内注销；属于第二、第四种情况的，应当在6个月内转让或者注销。属于第三种情况的，公司回购股票的数量不得超过本公司已发行股份总额的5%；用于回购的资金应当从公司的税后利润中支出；所回购的股票应当在一年内转让给职工。

【本章总结】

利润是企业在一定时期生产经营活动所取得的财务成果，是企业生产经营活动的效益体现。企业的利润主要由营业利润、投资净收益和营业外收支净额构成。利润分配是指企业将实现的经营成果按照法律规定的要求，向投资者进行分配的过程。企业在利润分配过程中必须遵循依法分配原则、资本保全原则、兼顾各方面利益原则、分配与积累并重原则、投资与收益对等原则。股利政策是公司在利润再投资与回报投资者之间的一种权衡。有关股利分配对企业价值影响的理论观点主要有两种：股利无关论和股利相关论。合理的股利政策对企业及股东来说是十分重要的。在实际工作中，通常有剩余股利政策、固定股利额政策、固定股利支付率政策、低正常股利加额外股利政策等几种政策可供选择。股份制企业的股利支付程序是指股份公司向股东支付股利的过程，主要内容有：股利宣告日、股权登记日、除息日和股利发放日。股份制企业股利支付的方式一般包括现金股利、股票股利、财产股利和负债股利等。股票分割是指将面额较高的股票转换成面额较低的股票的行为。股票分割一般只会增加发行在外的股票总数，但不会对公司的资本结构产生任何影响。对于公司来讲，采取股票分割的措施主要有降低股票价格、向市场和投资者传递有利的信号等作用。股票回购是指上市公司出资将其发行在外的普通股以一定价格购买回来予以注销或作为库存股的一种资本运作方式。公司以多余的现金购回股东所持有的股票，使流通在外的股票减少，每股股利增加，从而会使股价上升，股东因此获得资本利得，这相当于公司向股东发放现金股利。公司采取股票回购的方式的最终目的是有利于增加公司的价值。

【重 要 术 语】

利润分配　股利无关理论　股利相关理论　"一鸟在手"理论　差别税收理论　信号传递理论　剩余股利政策　固定股利额政策　固定股利支付率政策　除息日　现金股利　股票股利　股票分割　股票回购

术语释义

【复习与思考】

1. 利润分配过程中必须遵循哪几项原则？
2. 股利理论主要有哪些观点？
3. 影响股利政策的因素主要有哪些方面？企业股利分配有哪些政策可供选择。
4. 股利支付的方式有哪几种？
5. 什么是股票分割与股票回购？
6. 对于公司来讲，采取股票分割的措施有什么作用？
7. 股票回购的主要方式有哪几种？

第八章 预算管理

【学习目标】

1. 理解企业预算的概念、内容、目标、分类、原则;
2. 掌握预算的编制方法;
3. 掌握现金预算的编制。

【本章知识逻辑结构】

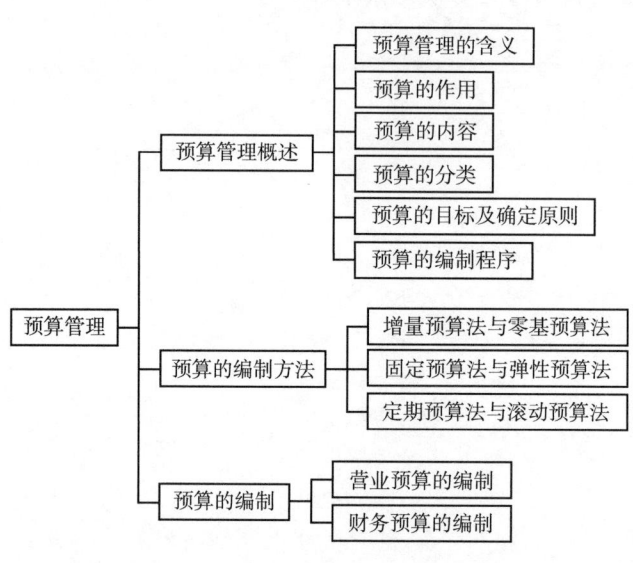

【引导案例】

某城投集团"1+N+M"的全面预算管理平台

一、公司简介

某城投集团主要职能是接受市政府委托,承担城市基础设施及市政公用事业项目的投资、融资、建设、运营、管理任务；同时，以经营城市的理念和市场化运作的方式，从事授权范围内国有资产经营和资本运作，盘活城建存量资产，广泛吸纳社会资本，实施项目投资和管理、资产收益管理、产权监管、资产重组和经营等。某城投集团的主营业务为城市基础设施投资、建设和运营，公共交通、供水、燃气、污水处理等城市公用事业经营，土地一级开发整理和持有型物业的开发、建设和经营。

二、项目目标

为了打通业务与财务之间的通道，某城投集团将预算管理及经营过程管控作为重点提升领域，在原有财务预算管理的基础上，对集团本部及全资企业、控股企业开始循序渐进地推行信息化控制的全面预算管理、执行控制管理。某城投集团基于现代信息技术打造一个"1+N+M"模式下业财融合的全面预算管理平台，确保业务数据、财务数据能够顺畅流动和全面共享，为各部门提供高质量的数据信息，提升集团核心财务管控能力、提高资源配置效率。

三、框架设计

为了实现项目建设目标，方便重点企业根据自身管理需要搭建符合自身行业特点及管控需求的预算管控平台，某城投集团与东华企服共同制定了"1+N+M"（集团、二级单位、经营主体）的设计模式："1"为某城投集团业财一体化经营管控平台，称为一级平台；"N"为三期项目重点建设的公交、水务等四家二级集团的经营管控平台，作为二级平台为一级平台提供数据支撑（其中，根据下级单位之前的建设情况，部分全新搭建符合自身管理需求的经营管控二级平台，部分已经有相关系统在用，因数据口径与集团管控口径不同，通过数据交换平台进行数据转换来满足集团整体监管的需求）；"M"为某城投集团下属的其他子公司，目前属于非重点管理板块，直接使用集团一级平台进行经营管理，发展到一定程度后可以独立为一个二级平台。

东华企服从集团整体利益出发，充分考虑了各下级单位现有系统及应用条件，对重点企业先行搭建二级平台，其他企业根据需要适时选择搭建符合自身管控需求的二级平台或继续使用一级平台，以实现某城投集团多级管控与垂直管理的总体目标。全面预算管理从编制到执行控制、分析逐步实现所有关键业务的业财联动，以全面预算管理系统倒逼业务系统的规范应用和提升。

四、建设内容

某城投集团全面预算管理系统建设方案结合了集团保供类业务、托管类业务、项目建设类业务、准经营类业务、综合类业务等的特点，满足集团多行业编制、多单位管控的预算管理要求。

(一) 预算体系

全面预算管理系统通过咨询调研，协助集团财务部梳理预算体系，包括预算组织体系、预算项目体系、预算表格模板体系、预算编制流程等。

(二) 预算编制

系统建设预算编制模块覆盖某城投集团22家成员子公司以及三级、四级责任主体，基于业务数据，根据定额和基础数据实现自动预算编制，根据各级预算主体上下级关系实现自动汇总合并，根据业务和财务核算规则自动生成预计财务"三表"。

(三) 预算控制

全面预算管理系统根据某城投集团现有业务梳理出不同的审批控制流程，实现以预算为准绳、采用预算引擎对企业各项经营业务活动进行控制。

(四) 与外部系统对接关系

全面预算管理系统通过与核算系统、人力资源系统、保险系统等对接，抓取相关业务数据与预算数进行比对分析，起到业务与财务相互监督的作用，有效解决数据滞后性问题，为企业降低经营风险。

(资料来源：《某城投集团以全面预算管理为纽带的业财融合"1+N+M"平台案例分析》，载于《中国总会计师》2021年第8期，第38~39页，原文有删改)

案例评述

第一节 预算管理概述

一、预算管理的含义

预算管理的内涵

预算管理是在对企业内外部环境加以分析的基础上，通过预测与决策，合理调配相应资源，为企业未来特定时段的经营与财务等领域制订一整套计划。预算以战略规划目标为指引，既是决策的具象化呈现，也是控制经营和财务活动的重要依据。预算是计划的数字化、格式化与明细化的表达。

正确把握预算管理的内涵，需要从以下四方面进行理解：

(一) 预算管理是一项管理活动

作为一项管理活动，预算管理具备管理活动的五项基本要素。

1. 预算管理的主体——企业管理层

企业管理层是在企业中发挥决策、领导与管理职能的组织或个人。其中，既包括企业董事会，也包括经理团队；既可以是企业的决策、领导和管理机构，也可以是董事长、总经理等占据决策、领导和管理地位的个人。

2. 预算管理的客体——企业预算期内所有经济活动

企业预算期内所有经济活动，即企业预算期内经营活动、投资活动和融资活动的过程与结果。企业的经营活动包括销售活动、生产活动、研发活动、人力资源活动等；投资活动包括固定资产投资、无形资产投资、长期股权投资等；融资活动包括债务融资、股权融资和资金管理等。

3. 预算管理的手段——预算方法

预算方法，即将企业将预算期内的所有经济活动全部编制成预算，并且经过特定的程序进行审查和批准，使其成为企业在预算期内规范且具有高度权威性的行动计划。

4. 预算管理的职能——计划、执行、控制、分析、考核和奖惩等

企业的计划、执行、控制、分析、考核和奖惩等，即企业采用预算方法，对预算期内所有经济活动进行计划、执行、控制、分析、考核和奖惩。

5. 预算管理的目标——实现战略规划和经营目标

企业实施预算管理的目的是确保预算期内战略规划和经营目标的实现。

(二) 预算管理的本质属性是企业实施内部管理控制的方法和工具

在企业的运营进程中，内部管理控制涵盖了诸多行之有效的方法与工具。诸如授权批准控制，其严格限定了各层级人员在业务处理时的权限范围，确保决策流程合规有序；会计系统控制，凭借精准的账务处理、规范的核算流程，为企业财务信息的真实可靠保驾护航；财产保全控制，从资产的登记、保管到定期盘点，全方位守护企业资产的安全与完整；风险防范控制，犹如企业前行的瞭望塔，提前洞悉市场、经营等各类风险，助力企业未雨绸缪；合同管理控制，对合同的签订、履行、变更等各个环节严密把控，防范合同风险，保障企业合法权益；管理信息系统控制，通过高效整合、传输企业数据，打破"信息孤岛"，提升内部沟通与决策效率；内部审计控制，以独立、客观的视角定期审视企业运营，及时发现问题并督促整改。

而在这众多手段之中，预算管理脱颖而出，成为企业内部管理控制的关键利器。它依据企业战略目标、市场预测等要素，细化各部门、各项目的资金与资源分配方案，进而为后续执行提供清晰可行的框架。在执行过程中，预算又化为一把精准的标尺，实时比对实际业

务开展与预算规划的偏差，以便迅速调整策略，实现事中控制。业务结束后，全面复盘经济活动成效，总结经验、吸取教训，完成事后控制。预算管理对企业的所有经济活动实现了事前精心谋划、事中精准把控、事后深刻复盘的全过程管控，稳稳占据企业内部管理控制的核心地位。

（三）预算管理是一项全员参与、全方位管理、全过程控制的综合性、系统性管理活动

"全员参与"是指企业内部各部门、各单位、各岗位，上至董事长，下至各部门负责人、各岗位员工都必须参与预算管理。"全方位管理"是指企业的一切经济活动，包括人、财、物各个方面，供、产、销各个环节，都必须全部纳入预算管理。"全过程控制"是指企业各项经济活动的事前、事中和事后都必须纳入预算管理控制系统。"全员参与""全方位管理""全过程控制"三者相辅相成，共同为企业预算管理注入强大动力，助力企业在激烈的市场竞争中稳健前行。

（四）预算管理是企业实现战略规划和经营目标的有效方法与工具

战略规划和经营目标的制定是一个思维过程，而战略规划和经营目标的实施则是一个行动过程。规划和目标制定得再好，如果得不到有效实施，就不能将美好蓝图和愿景转变为现实，真正落地生根则仰赖于后续扎实的行动推进。通过实施预算管理，企业不仅可以使用预算这个量化工具，使自身所处的经营环境、拥有的资源与企业的战略规划和经营目标保持动态平衡，而且通过预算编制可以将企业的战略规划和经营目标分解、细化为一个个具体行动计划和作业计划，并通过预算执行、控制、分析、考核、奖惩等一系列预算管理活动的实施，使企业的战略规划、经营目标与具体的行动方案紧密结合，从而使战略成为行动，确保企业战略规划和经营目标的实现。

二、预算的作用

（一）预算是各级各部门工作的奋斗目标

在当今复杂多变的商业环境中，企业所追求的目标绝非单一维度，无法单纯凭借唯一的数量指标一概而论。毋庸置疑，盈利是企业前行路上的关键驱动力，是众多目标中的重中之重，但与此同时，企业还必须将社会层面施加的各类限制纳入考量范畴。因此，企业需要

通过预算分门别类、有层次地表达企业的各种目标。企业的总目标，通过预算被分解成各级各部门的具体目标。它们根据预算安排各自的活动，如果各级各部门都完成了自己的具体目标，企业的总目标也就有了保障。预算中规定了企业一定时期的总目标以及各级各部门的子目标，可以动员全体职工为此而奋斗。通过精细的预算编制，总目标被层层拆解，化作各级各部门能够切实执行的具体子目标。这些子目标沿着企业的组织架构脉络，精准渗透至各个角落，成为每一个部门、每一位员工日常工作的行动指南。

(二) 预算是各级各部门工作的协调工具

企业内部各级各部门必须协调一致，才能最大限度地实现企业的总目标。各级各部门因其职责不同，往往会出现互相冲突的现象。例如，企业的销售、生产、财务等各部门可以分别编制出对自己来说最好的计划，而该计划在其他部门不一定能行得通。销售部门根据市场预测，提出一个庞大的销售计划，生产部门可能没有那么大的生产能力；生产部门可以编制一个充分发挥生产能力的计划，但销售部门却可能无力将这些产品销售出去；销售和生产部门都认为应当扩大生产能力，财务部门可能认为无法筹集到必要的资金。现金预算运用货币度量来表达，具有高度的综合性，经过综合平衡以后，可以体现解决各级各部门冲突的最佳办法，可以使各级各部门的工作在此基础上协调起来。

(三) 预算是各级各部门工作的控制标准

预算一经确定，就进入了实施阶段，管理工作的重心转入控制过程，即设法使经济活动按计划进行。控制过程包括经济活动状态的计量、实际状态和标准的比较、两者差异的确定和分析以及采取措施调整经济活动等。预算是控制经济活动的依据和衡量其合理性的标准，当实际状态和预算有了较大差异时，要查明原因并采取措施。

(四) 预算是各级各部门工作的考核依据

现代化生产是许多共同劳动的过程，不能没有责任制度，而有效的责任制度离不开对工作绩效的考核。通过考核，企业对每个人的工作进行评价，并据此实行奖惩和人事任免，可以促使人们更好地工作。考核与不考核是大不一样的。当管理人员知道将根据他们的工作实绩来评价其能力并实行奖惩时，他们将会更努力地工作。超过上年或历史最高水平，只能说明有所进步，而不能说明这种进步已经达到了应有的程度。由于客观条件的变化，收入减少或成本增加并不一定是管理人员失职造成的，很难依据历史变化趋势说明工作的好坏。当然，考核时也不能只看预算是否被完全执行了，某些偏差可能是有利的，如增加销售费用可能对企业总体有利；反之，年终"突击花钱"，虽未超过预算，但也不是一种好的现象。

为使预算发挥上述作用，除了要编制一个高质量的预算外，还应制定合理的预算管理制度，包括编制程序、修改预算的办法、预算执行情况的分析方法、调查和奖惩办法等。

三、预算的内容

预算主要包括经营预算、投资预算、财务预算三大部分。

（一）经营预算

经营预算的主要内容

经营预算是预算期内企业日常生产经营活动的预算，主要包括销售预算、生产预算、供应预算、期间费用预算和其他经营预算。

（二）投资预算

投资预算的主要内容

投资预算也称资本预算，是预算期内企业有关资本性投资活动的预算，主要包括固定资产投资预算、权益性资本投资预算、债券投资预算、其他投资预算和项目筹资预算等。

（三）财务预算

财务预算的主要内容

财务预算是预算期内企业财务活动、经营成果和财务状况方面的预算，主要包括利润预算、现金预算、财务状况预算等。

四、预算的分类

（一）按预算的性质分类

延伸阅读——固定预算和弹性预算举例

按预算的性质分类，预算可分为固定预算和弹性预算。

固定预算也称为静态预算，固定预算的编制秉持着特定的原则，在实际操作过程中，编制人员基于对过往经验、现有市场环境以及企业短期战略目标的综合考量，锁定某一相对稳定的业务量数值，进而围绕这一核心数据去规划资金的分配、资源的调配以及各项费用的列支。

弹性预算也称为动态预算，其编制基础截然不同，在编制之初，企业就充分考虑到市场的风云变幻、业务的不确定性，通过深入的市场调研、数据分析以及对行业趋势的精准预判，预先设定多个可能出现的业务量情景，并针对每一个情景量身定制相应的预算方案。

（二）按预算的基础分类

按预算的基础分类，预算可分为增量预算和零基预算。

增量预算是在过去预算的基础上，根据预算期内经营目标的要求，结合目前实际，考虑未来变化，经过综合调整而形成的预算。

零基预算是不考虑过去的预算项目和收支水平，以零为基础编制的预算。

延伸阅读——增量预算和零基预算举例

（三）按预算的期间分类

按预算的期间分类，预算可分为短期预算、长期预算和滚动预算。

短期预算是预算期为一年或不到一年的预算。比如一家小型餐饮企业，以一个季度为短期预算周期，围绕当季热门菜品推出、餐厅客流量提升、食材采购成本控制等事项编制预算，力求在短期内实现盈利增长、市场口碑提升，凭借短期预算对即时经营活动的紧密把控，稳稳扎根于激烈的市场竞争土壤之中。

延伸阅读——零基预算：发展历程、改革成效与优化建议

长期预算是预算期在一年以上的预算。以一家大型汽车制造企业为例，制定五年期的长期预算，为新能源汽车研发项目逐年规划资金投入，提前布局未来十年的海外生产基地建设，通过长期预算的前瞻性规划，为企业的持续进阶筑牢根基，确保企业在未来的市场浪潮中始终保有强劲的竞争力。

滚动预算是预算期间始终保持为一个固定期间（如一年、一季等）的预算。例如一家互联网科技企业，以一年作为滚动预算周期，每个季度根据用户增长趋势、技术迭代速度、市场竞争态势重新审视并调整后续三个季度的预算安排，确保预算与企业瞬息万变的经营现实紧密贴合，让企业在高速发展的科技赛道上灵活应变，精准决策，稳健迈向成功彼岸。

（四）按预算的主体分类

按预算的主体分类，预算可分为部门预算和总预算。

部门预算是以企业各职能部门为主体编制的预算。比如，市场营销部门为了拓展市场份额、提升品牌知名度，会围绕新品推广活动、广告投放渠道、线下营销展会参与等事项编制预算，精准规划人力、物力与财力的投入，旨在实现短期内产品销量的显著攀升以及市场影响力的扩大；研发部门则聚焦于新技术探索、新产品研发周期、专利申请等关键环节，合理安排科研设备购置、高端人才招募、实验材料采购等预算项目，为企业的持续创新注入源源不断的动力。

总预算是反映企业总体情况的预算。例如，一家大型制造企业的总预算，不仅涵盖了各个生产车间、销售团队、后勤保障等部门的预算详情，还精准反映出企业全年预计的销售收入总额、各类成本支出总和、净利润目标以及为实现战略扩张所需的资金筹备情况，为企业掌舵者制定重大决策、调整战略方向提供了坚实可靠的依据，确保企业在波澜壮阔的市场浪潮中稳健航行。

（五）按预算的精细度分类

按预算的精细度分类，预算可分为年度预算、季度预算、月度预算、旬预算和周预算。其中，旬预算和周预算是企业为适应市场经济的特点和精细化管理而编制的预算。

五、预算的目标

预算的目标是以企业战略规划和经营目标为导向，在市场预测和平衡企业内部各项资源的基础上，经过公司投资者、决策者、经营者以及内部各个预算执行部门反复协调、测算确定的，是企业战略规划和经营目标在预算期内的具体化和明细化。它将宏观的战略远景拆解为一个个可操作、可衡量的阶段性小目标，落实到每一个预算周期、每一个业务板块、每一个执行岗位，为企业的稳健前行铺就坚实道路。

六、确定预算目标的原则

（一）恰当性

预算目标应能反映企业及各个预算执行部门在预算期内可以达到的最佳水平，充分考量企业现有的资源储备、技术实力以及市场环境的复杂性，与企业的实际承载能力相契合。若是脱离现实，盲目追求过高目标，企业将陷入资源透支、执行乏力的困境，员工也会因难以企及而士气低落；反之，若目标设定过低，如同低垂的果实，轻易可得，企业便会错失成长机遇，陷入发展停滞，员工亦会缺乏奋进动力。想要做到既先进又合理，应避免目标"定位太高"或"定位太低"两种倾向。

（二）全面性

预算目标的全面性包括以下三个方面的要求：

一是在预算目标的属性上，既包括财务指标，又包括非财务指标；既包括绝对数指标，又包括相对数指标；既包括数量指标，又包括质量指标；既包括实物指标，又包括价值指标；既包括定量指标，又包括定性指标。

二是在预算目标的范围上，既包括供产销各个环节、人财物各个方面的指标，又包括企业各个部门、各个层级的指标。

三是在预算目标的导向上，既要兼顾国家、投资人、债权人、经营者和员工各方面的利益和要求，又要兼顾企业的长远发展规划与近期经营效益。

（三）导向性

确定预算目标既要以企业战略规划和经营目标为导向，又要为各预算执行部门预算期内的生产经营活动指明重点和方向。以销售部门为例，货款回收情况直接影响企业的资金流动性与财务健康状况。为有力促使销售部门积极回收货款，企业明智地把销售货款回收率列为一项重要的预算指标。这促使销售人员在拓展客户、签订合同、交付产品等各个环节，都时刻关注客户的付款能力与付款意愿，加强与客户的沟通协调，及时跟进货款催收事宜，确保企业资金能够及时回笼，为企业的持续运营注入源源不断的活力。

（四）可控性

企业向各预算执行部门分解落实预算目标时要遵循可控性原则，预算指标要与该责任部门的权责相匹配。每个预算执行部门在企业这部庞大的运营机器中都扮演着独特角色，拥有特定的权力范畴与责任边界。例如，生产部门掌控着原材料采购、生产流程调度、产品质量管控等方面的权力，相应地，其承担的责任便是按时交付合格产品、控制生产成本、保障生产安全等。那么在分解预算目标时，所设定的诸如原材料消耗率、产品次品率、生产效率提升幅度等预算指标，就必须紧密关联其权责领域。只有这样，生产部门才能在自身能力与职权范围内，对这些指标实施有效的管控与优化。

（五）科学性

企业各项预算目标的制定要以历史资料为基础，根据市场调研和科学预测，通过分析、研究产品品种、结构、成本、产销数量和价格等变量之间的相互关系及其影响，以可靠的数据为依据来确定。例如，产品品种的更新换代可能影响成本结构，进而波及产销数量与市场定价策略；成本的升降又会左右产品定价的弹性空间，反向影响市场需求与产销规模。

（六）客观性

预算目标的制定一要符合市场的客观需求，以市场预测为基础，经得起市场的考验，与企业的外部环境相适应，通过细致入微地研究市场趋势，预算目标方能经得起市场的严苛考验，稳稳扎根于企业所处的外部环境土壤之中。二要符合企业内部生产经营活动的客观实际，这要求企业对自身资源状况进行全面盘查，从资金储备的雄厚程度到原材料供应的稳定与否，从设备设施的先进水平到场地空间的充裕程度，无一遗漏；精准考量生产能力，包括生产线的运转效率、产能的弹性空间、产品交付的及时性；细致评估技术水平，审视研发创新的实力、现有技术对产品质量与效率的支撑力；同时充分兼顾员工素质，考量员工的专业技能熟练度、团队协作能力、学习成长潜力。

（七）系统性

预算目标不仅要与企业的发展战略协调一致，各期预算目标如同紧密咬合的齿轮，前后衔接、相互协调，不容有丝毫错齿。从短期的季度、年度预算目标，到长期的三年、五年规划所对应的预算目标，均要沿着企业战略规划的既定轨迹稳步推进。同时，企业预算总目标与内部各层级的预算分目标之间、同层级预算目标之间要相互协调、相互配合、相互适应。

七、预算的编制程序

全面预算的编制涉及企业经营管理的各个部门，只有执行人参与预算的编制，才能使预算成为其自愿努力完成的目标，而不是外界强加的枷锁。

预算的编制程序如下：

第一，企业决策机构根据长期规划，利用本量利分析等工具，提出企业一定时期的总目标，并下达规划指标。

第二，最基层成本控制人员自行草编预算，使预算能较为可靠、较为符合实际。

延伸阅读——优化工会预算编制模式实践探索

第三，各部门汇总部门预算，并初步协调本部门预算，编制出销售、生产、财务等预算。

第四，预算委员会审查、平衡各预算，汇总出公司的总预算。

第五，经过总经理批准，审议机构通过或驳回修改预算。

第六，主要预算指标报告给董事会或上级主管单位，讨论通过或驳回修改。

第七，批准后的预算下达给各部门执行。

第二节 预算的编制方法

预算编制的方法有若干种，正确选择预算的编制方法，不仅可以有效提高预算的编制效率，而且对于提高预算指标的准确性和恰当性也是至关重要的。常用的预算的编制方法主要包括增量预算法与零基预算法、固定预算法与弹性预算法、定期预算法与滚动预算法，这些方法被广泛应用于与营业活动有关的预算的编制。

一、增量预算法与零基预算法

按其出发点的特征不同，预算的编制方法可分为增量预算法和零基预算法。

（一）增量预算法

增量预算法又称调整预算法，是指以基期水平为基础，分析预算期业务水平及有关影响因素的变动情况，通过调整基期项目及数额，编制相关预算的方法。增量预算法能够顺利施行，离不开特定的前提条件支撑。首先，现有的业务活动宛如企业机体运转不可或缺的"零部件"，是维持企业正常运营、持续发展的关键要素，具有不可替代的必要性。其次，原有的各项业务在过往实践检验中被证明是合理合规的，它们在资源配置、流程设计、效益产出等诸多方面达到了相对平衡的状态，为后续基于基期的调整提供了可靠的参照蓝本。

1. 增量预算法的优点

增量预算法简便易行。增量预算法的编制方法简便，容易操作，便于理解，易于认同。由于增量预算法考虑了基期预算的实际执行情况，其编制的预算易于得到企业各层级领导、员工的理解和认同。

2. 增量预算法的缺点

当预算期的情况发生变化，预算数额会受到基期不合理因素的干扰，可能导致预算的不准确，不利于调动各部门达成预算目标的积极性。

（二）零基预算法

零基预算法是"以零为基础编制预算"的方法，采用零基预算法在编制费用预算时，不考虑以往期间的费用项目和费用数额，主要根据预算期的需要和可能分析费用项目和费用数额的合理性，综合平衡编制费用预算。运用零基预算法编制费用预算的具体步骤如下：

（1）根据企业预算期利润目标、销售目标和生产指标等，分析预算期各项费用项目，并预测费用水平。

（2）拟订预算期各项费用的预算方案，权衡轻重缓急，划分费用支出的等级并排列先后顺序。

（3）根据企业预算期预算费用控制总额目标，按照费用支出等级及顺序，分解落实相应的费用控制目标，编制相应的费用预算。

应用零基预算法编制费用预算的优点是不受前期费用项目和费用水平的制约，能够调动各部门降低费用的积极性。其缺点是编制工作量大。

二、固定预算法与弹性预算法

按其业务量基础的数量特征不同，预算的编制方法可分为固定预算法和弹性预算法。

（一）固定预算法

固定预算法又称静态预算法，是指在编制预算时，只根据预算期内正常、可实现的某一固定的业务量（如生产量、销售量等）水平作为唯一基础来编制预算的方法。比如，选定生产量作为参照，便假定在预算期内生产量将维持在某一既定数值，以此为依据铺陈开各项成本、费用以及收入的预算规划；若以销售量为基准，同样预设其在该时段内保持恒定，进而推导与之相关的资金流向安排。

固定预算法存在适应性差和可比性差的缺点，一般适用于经营业务稳定、生产产品产销量稳定、能准确预测产品需求与产品成本的企业。

（二）弹性预算法

弹性预算法又称动态预算法，是在成本性态分析的基础上，依据业务量、成本和利润之间的联动关系，按照预算期内可能的一系列业务量（如生产量、销售量、工时等）水平编制的预算方法。理论上，该方法适用于编制预算中所有与业务量有关的预算，但实务中主要用于编制成本费用预算和利润预算，尤其是成本费用预算。一般经验法则下，业务量范围常常设定在正常生产能力的 70% ~ 110% 之间，如此既能涵盖常见的业务量波动区间，又为特殊情况预留了一定缓冲；当然，也有企业另辟蹊径，以历史上见证过的最高业务量和最低业务量作为上下限，凭借过往数据的沉淀，精准锚定业务量的弹性边界，让预算在应对变化时游刃有余。

弹性预算有两个显著特点：一是弹性预算是按一系列业务量水平编制的，从而扩大了预算的适用范围；二是弹性预算是按成本性态分类列示的，在预算执行中可以计算一定实际业务量的预算成本，以便于预算执行的评价和考核。

弹性预算法的基本步骤

弹性预算法又分为公式法和列表法两种具体方法。

公式法是运用总成本性态模型，测算预算期的成本费用数额，并编制成本费用预算的方法。根据成本性态，成本与业务量之间的数量关系可用公式表示为：

$$y = a + bx \tag{8.1}$$

式（8.1）中，y 表示某项预算成本总额，a 表示该项成本中的预算固定成本额，b 表示该项成本中的预算单位变动成本额，x 表示预计业务量。

【例 8 – 1】 某企业制造费用中的修理费用与修理工时密切相关。经测算，预算期修理费用中的固定修理费用为 2 000 元，单位工时的变动修理费用为 3 元；预计预算期的修理工时为 1 500 小时。运用公式法，测算预算期的修理费用总额为 2 000 + 3 × 1500 = 6 500（元）。

列表法也叫多水平法，是在确定的业务量范围内，按照一定的业务量标准，划分若干个不同的水平，然后分别计算各项预算数额，汇总列入一个预算表格中的方法。在应用列表法时，业务量之间的间隔应根据实际情况确定。间隔越大，水平级别就越少，可简化编制工作，但间隔太大了就会丧失弹性预算的优点；间隔越小，用以控制成本费用标准就越为准确，但又会增加编制预算的工作量。一般情况下，业务量的间隔以 5% ~ 10% 为宜。

列表法的优点是不管实际业务量是多少，不必经过计算即可找到与业务量相近的预算数额，运用列表法进行预算管控时，其便利性一目了然。但是，由于预算的实际执行结果不可能与预算标准完全一致，因此运用列表法评价和考核实际业绩时，往往需要使用插值法来计算实际业务量的预算标准，以确保考核评价的公平性与准确性，计算过程比较麻烦。

三、定期预算法与滚动预算法

按其预算期的时间特征不同，预算的编制方法可分为定期预算法和滚动预算法。

（一）定期预算法

定期预算法是以固定不变的会计期间（如年度、季度、月份）作为预算期间编制预算的方法。采用定期预算法编制预算，保证预算期间与会计期间在时期上配比，便于依据会计报告的数据与预算的比较，考核和评价预算的执行结果。但不利于前后各个期间的预算衔接，当业务跨区间发展时，预算的连贯性受阻，容易出现资源配置在不同期间失衡、经营目标阶段性脱节等问题，进而对企业持续、高效的预算管理形成一定阻碍。

（二）滚动预算法

滚动预算法又称连续预算法或永续预算法，是在上期预算完成情况的基础上，调整和编制下期预算，并将预算期间逐期连续向后滚动推移，使预算期间保持一定的时期跨度。

采用滚动预算法编制预算，按照滚动的时间单位不同可分为逐月滚动、逐季滚动和混合滚动。

1. 逐月滚动方式

逐月滚动方式是指在预算编制过程中，以月份为预算的编制和滚动单位，每个月调整一次预算的方法。

例如在 2023 年 1 月至 12 月的预算执行过程中，需要在 1 月末根据当月预算的执行情况，修订 2 月至 12 月的预算，同时补充 2024 年 1 月的预算；到 2 月末可根据当月预算的执行情况，修订 3 月至 2024 年 1 月的预算，同时补充 2024 年 2 月的预算；以此类推。逐月滚动预算方式如图 8-1 所示。

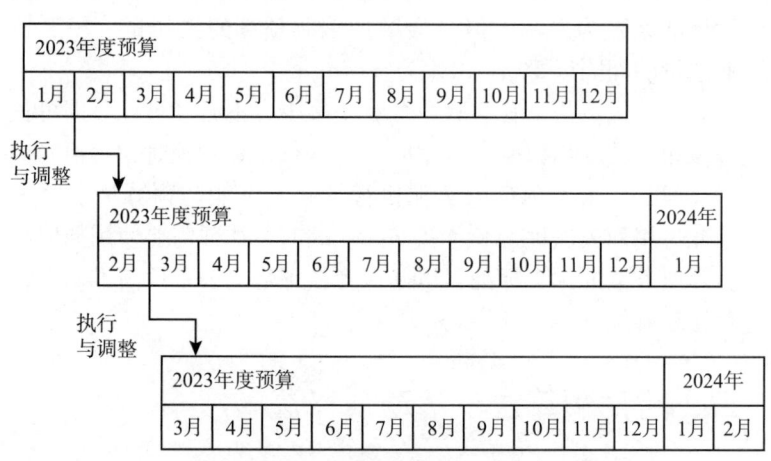

图 8-1 逐月滚动预算方式

2. 逐季滚动方式

逐季滚动方式是指在预算编制过程中，以季度为预算的编制和滚动单位，每个季度调整一次预算的方法。逐季滚动编制的预算比逐月滚动的工作量小，但精确度较差。

3. 混合滚动方式

混合滚动方式是指在预算编制过程中，同时以月份和季度作为预算的编制和滚动单位的方法。这种预算方法的理论依据是：人们对未来的了解程度具有对近期把握较大、对远期的预计把握较小的特征。混合滚动预算方式如图8-2所示。

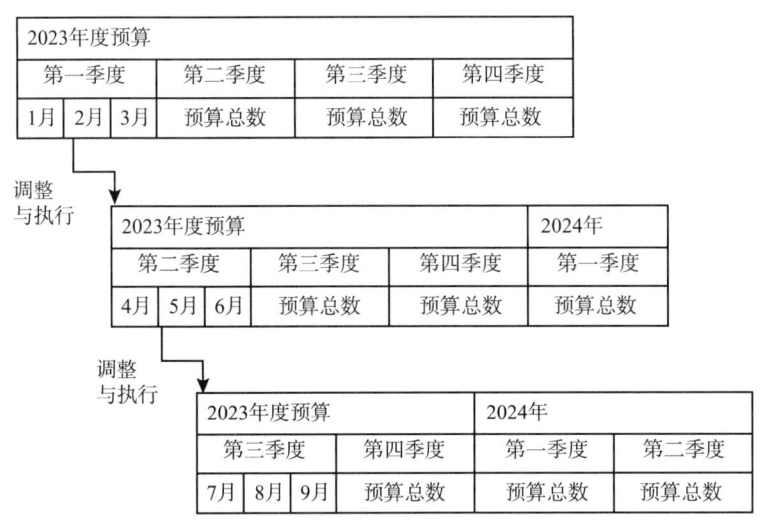

图8-2 混合滚动预算方式

第三节 营业预算的编制

营业预算是企业日常营业活动的预算，企业的营业活动涉及供产销等各个环节及业务。营业预算包括销售预算、生产预算、直接材料预算、直接人工预算、制造费用预算、产品成本预算、销售及管理费用预算等。

一、销售预算

销售预算是整个预算的编制起点，其他预算的编制都以销售预算为基础。

【例8-2】假定华商公司只产销甲产品，其单位售价为200元/件。根据销售合同和市场预测，预算年度（2024年）销售量为630件，其中第一季度100件，第二季度150件，第三季度200件，第四季度180件。在每季度销售收入中，收到现金60%，另外40%现金要到下季度才能收到。上年度（2023年）应收账款余额6 200元在本年第一季度收回现金。根据上述资料，如表8-1所示是华商公司的销售预算。

表8-1　　　　　　　　　销售预算

项目	第一季度	第二季度	第三季度	第四季度	全年
预计销售量/件	100	150	200	180	630
预计单位售价/元	200	200	200	200	200
销售收入/元	20 000	30 000	40 000	36 000	126 000
预计现金收入/元					
上年应收账款/元	6 200				6 200
第一季度（销货20 000）/元	12 000	8 000			20 000
第二季度（销货30 000）/元		18 000	12 000		30 000
第三季度（销货40 000）/元			24 000	16 000	40 000
第四季度（销货36 000）/元				21 600	21 600
现金收入合计/元	18 200	26 000	36 000	37 600	117 800

预算的主要内容是销量、单价和销售收入。销量是根据市场预测或销货合同并结合企业生产能力确定的。单价是通过价格决策确定的。销售收入是两者的乘积，在销售预算中计算得出。

销售预算通常要分品种、分月份、分销售区域、分推销员来编制。为了简化，【例8-2】只划分季度销售数据。

销售预算中通常还包括预计现金收入的计算，其目的是为编制现金预算提供必要的资料。第一季度的现金收入包括两部分，即上年应收账款在本年第一季度收到的货款和本季度销售中可能收到的货款部分。在【例8-2】中，假设每季度销售收入中，本季度收到现金60%，另外40%现金要到下季度才能收到。

二、生产预算

生产预算是在销售预算的基础上编制的，其主要内容有预计销售量、期初和期末产成品存货、预计生产量。

【例8-3】依据【例8-2】，假定华商公司预算期期初有甲产品存货10件，预计期末留存20件，其他各季度末存货预计销售量的10%确定，编制华商公司的生产预算表。如表8-2所示是华商公司的生产预算。

表 8-2　　　　　　　　　生产预算　　　　　　　单位：件

项目	第一季度	第二季度	第三季度	第四季度	全年
预计销售量	100	150	200	180	630
加：预计期末产成品存货	15	20	18	20	20
合计	115	170	218	200	650
减：预计期初产成品存货	10	15	20	18	10
预计生产量	105	155	198	182	640

通常，企业的生产和销售不能做到"同步同量"，需要设置一定的产成品存货，以保证能在发生意外需求时按时供货，并可均衡生产，节省赶工的额外支出。期末产成品存货数量通常按下期销售量的一定百分比确定，【例 8-3】按 10% 安排期末产成品存货。年初产成品存货是编制预算时预计的，年末产成品存货根据长期销售趋势来确定。【例 8-3】假设年初有产成品存货 10 件，年末留存 20 件。产成品存货预算也可单独编制。

生产预算的"预计销售量"来自销售预算，其他数据从表 8-2 可以计算得出：

预计期末产成品存货 = 下季度销售量 × 10%

预计期初产成品存货 = 上季度期末产成品存货

预计生产量 = 预计销售量 + 预计期末产品产成品存货 − 预计期初产成品存货

生产预算在实际编制时是比较复杂的，产量受到生产能力的限制，产成品存货数量受到仓库容量的限制，只能在此范围内来安排产成品存货数量和各期生产量。此外，有的季度可能销量很大，可以用赶工方法增产，为此要多付加工费。如果提前在淡季生产，会因增加产成品存货而多付资金利息。因此，企业要权衡两者得失，选择成本最低的方案。

三、直接材料预算

直接材料预算是以生产预算为基础编制的，同时要考虑原材料存货水平。表 8-3 是直接材料预算，其主要内容有直接材料的单位产品用量、生产需用量、期初和期末存量等。"预计生产量"的数据来自生产预算，"单位产品材料用量"的数据来自标准成本资料或消耗定额资料，"生产需用量"是上述两项的乘积。年初和年末的材料存货量是根据当前情况和长期销售预测估计的。各季度"期末材料存量"根据下季度生产量的一定百分比确定，【例 8-4】按 20% 计算。

各季度"期初材料存量"是上季度的期末存货。预计各季度采购量根据下列公式计算确定:

$$预计采购量 = 生产需用量 + 期末存量 - 期初存量 \quad (8-2)$$

为了便于以后编制现金预算,通常要预计材料采购各季度的现金支出。每个季度的现金支出包括偿还上期应付账款和本期应支付的采购存货。【例8-4】假设材料采购的货款有50%在本季度内付清,另外50%在下季度付清。这个百分比是根据经验确定的。如果材料品种很多,需要单独编制材料存货数量。

【例8-4】依据【例8-2】和【例8-3】,假定华商公司预算期期初存量预计为300千克,年末存量预计为400千克,其余各季度末存量按下一季度的生产需要量的20%计算,单位产品材料用量为10千克/件,计划单价为5元/件。假定每季度的购料款当季付50%,余款在下季度付讫,上年应付购料款余额2 350元将在预算期第一季度支付,编制华商公司直接材料预算如表8-3所示。

表8-3 直接材料预算

项目	第一季度	第二季度	第三季度	第四季度	全年
预计生产量/件	105	155	198	182	640
单位产品材料用量/千克	10	10	10	10	10
生产需用量/千克	1 050	1 550	1 980	1 820	6 400
加:预计期末存量/千克	310	396	364	400	400
合计/千克	1 360	1 946	2 344	2 220	6 800
减:预计期初存量/千克	300	310	396	364	300
预计材料采购量/千克	1 060	1 636	1 948	1 856	6 500
单价/元	5	5	5	5	5
预计采购金额/元	5 300	8 180	9 740	9 280	32 500
预计现金支出/元					
上年应付账款/元	2 350				2 350
第一季度(采购5 300元)/元	2 650	2 650			5 300
第二季度(采购8 180元)/元		4 090	4 090		8 180
第三季度(采购9 740元)/元			4 870	4 870	9 740
第四季度(采购4 640元)/元				4 640	4 640
合计/元	5 000	6 740	8 960	9 510	30 210

四、直接人工预算

直接人工预算也是以生产预算为基础编制的，其主要内容有预计产量、单位产品工时、人工总工时、每小时人工成本和人工总成本。"预计产量"数据来自生产预算。单位产品人工工时和每小时人工成本数据，来自标准成本资料。人工总工时和人工总成本是在人工预算中计算出来的。华商公司的直接人工预算如表8-4所示。由于人工工资都需要使用现金支付，因此不需另外预计现金支出，可直接参加预算的汇总。

【例8-5】依【例8-2】~【例8-4】，假定华商公司预算期内生产甲产品所需直接人工只有一个工种，单位产品的工时定额为10小时/件，单位工时的标准工资率为2元/小时，编制华商公司的直接人工预算如表8-4所示。

表8-4　　　　　　　　直接人工预算

项目	第一季度	第二季度	第三季度	第四季度	全年
预计产量/件	105	155	198	182	640
单位产品工时/小时	10	10	10	10	10
人工总工时/小时	1 050	1 550	1 980	1 820	6 400
每小时人工成本/元	2	2	2	2	2
人工总成本/元	2 100	3 100	3 960	3 640	12 800

五、制造费用预算

制造费用预算通常分为变动制造费用和固定制造费用两部分。变动制造费用以生产预算为基础来编制。如果有完善的标准成本资料，用单位产品的标准成本与产量相乘，即可得到相应的预算金额。如果没有标准成本资料，就需要逐项预计计划产量需要的各项制造费用。固定制造费用，需要逐项进行预计，通常与本期产量无关，按每季度实际需要的支付额预计，然后求出全年数额。表8-5是华商公司的制造费用预算。

为了便于以后编制产品成本预算，需要计算小时费用率。

变动制造费用分配率 = 3 200 ÷ 6 400 = 0.5(元/小时)

固定制造费用分配率 = 9 600 ÷ 6 400 = 1.5(元/小时)

表 8-5　　　　　　　　　　制造费用预算

项目	第一季度	第二季度	第三季度	第四季度	全年
变动制造费用：					
间接人工/1元/件	105	155	198	182	640
间接材料/1元/件	105	155	198	182	640
修理费/2元/件	210	310	396	364	1 280
水电费/1元/件	105	155	198	182	640
小计/元	525	775	990	910	3 200
固定制造费用：					
修理费/元	1 000	1 140	900	900	3 940
折旧/元	1 000	1 000	1 000	1 000	4 000
管理人员工资/元	200	200	200	200	800
保险税/元	75	85	110	190	460
财产税/元	100	100	100	100	400
小计/元	2 375	2 525	2 310	2 390	9 600
合计/元	2 900	3 300	3 300	3 300	12 800
减：折旧/元	1 000	1 000	1 000	1 000	4 000
现金支出的费用/元	1 900	2 300	2 300	2 300	8 800

为了便于以后编制现金预算，需要预计现金支出。制造费用中，除折旧费外都需支付现金，因此根据每个季度制造费用扣除折旧费后，即可得到"现金支出的费用"。

六、产品成本预算

产品成本预算是销售预算、生产预算、直接材料预算、直接人工预算、制造费用预算的汇总。其主要内容是产品的单位成本和总成本。单位产品成本的有关数据，来自前述表8-3直接材料预算、表8-4直接人工预算、表8-5制造费用预算。生产量、期末存货量来自生产预算，销售量来自销售预算。生产成本、存货成本和销货成本等数据，根据单位成本和有关数据计算得出。表8-6是华商公司的产品成本预算。

表 8-6　　　　　　　　　　产品成本预算

项目	单位成本		成本/元	生产成本 （640 件） /元	期末存货 （20 件） /元	销货成本 （630 件） /元
	元/千克或 元/小时	投入量				
直接材料	5	10 千克	50	32 000	1 000	31 500
直接人工	2	10 小时	20	12 800	400	12 600
变动制造费用	0.5	10 小时	5	3 200	100	3 150
固定制造费用	1.5	10 小时	15	9 600	300	9 450
合计			90	57 600	1 800	56 700

七、销售及管理费用预算

销售费用预算是指为了实现销售预算所需支付的费用预算。它以销售预算为基础，分析销售收入、销售利润和销售费用的关系，力求实现销售费用的最有效使用。在安排销售费用时，企业要利用本量利分析方法，费用的支出应能获取更多的收益。在草拟销售费用预算时，企业要对过去的销售费用进行分析，考察过去销售费用支出的必要性和效果。销售费用预算应和销售预算相配合，应有按品种、按地区、按用途的具体预算数额。表 8-7 是华商公司的销售及管理费用预算。

表 8-7　　　　　　　　　　销售及管理费用预算

项目	金额/元
销售费用：	
销售人员工资	2 000
广告费	5 500
包装、运输费	3 000
保管费	2 700
管理费用：	
管理人员薪金	4 000
福利费	800
保险费	600
办公费	1 400
合计	20 000
每季度支付现金（20 000÷4）	5 000

管理费用是搞好一般管理业务必要的费用。随着企业规模的扩

大，一般管理职能日益重要，其费用也相应增加。在编制管理费用预算时，要分析企业的业务成绩和一般经济状况，务必做到费用合理化。管理费用多属于固定成本，因此一般是以过去的实际开支为基础，按预算期的可预见变化来调整。重要的是，必须充分考察每种费用是否必要，以便提高费用效率。

第四节 财务预算的编制

财务预算是企业的综合性预算，包括现金预算、利润表预算和资产负债表预算。

一、现金预算

现金预算由四部分组成：现金收入、现金支出、现金多余或不足、现金的筹措和运用，如表8-8所示。

表8-8　　　　　　　　　现金预算　　　　　　　　　单位：元

项目	第一季度	第二季度	第三季度	第四季度	全年
期初现金余额	8 000	8 200	6 060	6 290	8 000
加：销货现金收入（取自表8-2）	18 200	26 000	36 000	37 600	117 800
可供使用现金	26 200	34 200	42 060	43 890	125 800
减：各项支出					
直接材料（取自表8-3）	5 000	6 740	8 960	9 510	30 210
直接人工（取自表8-4）	2 100	3 100	3 960	3 640	12 800
制造费用（取自表8-5）	1 900	2 300	2 300	2 300	8 800
销售及管理费用（取自表8-7）	5 000	5 000	5 000	5 000	20 000
所得税费用	4 000	4 000	4 000	4 000	16 000
购买设备		10 000			10 000
股利		8 000		8 000	16 000
支出合计	18 000	39 140	24 220	32 450	113 810
现金多余或不足	8 200	(4 940)	17 840	11 440	11 990
向银行借款		11 000			11 000
偿还银行借款			11 000		11 000
短期借款利息（年利率10%）			550		550
长期借款利息（年利率12%）				1 080	1 080
期末现金余额	8 200	6 060	6 290	10 360	10 360

现金收入部分包括期初现金余额和预算期现金收入，销货取得的现金收入是其主要来源。期初的现金余额是在编制预算时预计的，销货现金收入的数据来自销售预算，可供使用现金是期初余额与本期现金收入之和。

现金支出部分包括预算期的各项现金支出。直接材料、直接人工、制造费用、销售及管理费用的数据分别来自前述有关预算。此外，现金支出部分还包括所得税费用、购买设备、股利等现金支出，有关的数据分别来自另行编制的专门预算。

现金多余或不足部分列示现金收入合计与现金支出合计的差额。差额为正，说明收大于支，现金多余，可用于偿还过去向银行借取的款项，或者用于短期投资。差额为负，说明支大于收，现金不足，要向银行取得新的借款。本例中，该企业需要保留的现金余额为6 000元，不足此数时需要向银行借款。假设银行借款的金额要求是1 000元的倍数，那么第二季度借款数额为：

借款额 = 最低现金余额 + 现金不足额
$\qquad$ = 6 000 + 4 940 = 10 940 ≈ 11 000(元)

第三季度现金多余，可用于偿还借款。一般按"每期期初借入，每期期末归还"来预计利息，因此本例借款期限为6个月。假设利率为10%，则应计利息为550元。

利息 = 11 000 × 10% × 6 ÷ 12 = 550(元)

此外，企业还应将长期借款利息纳入预算，本例中，长期借款余额为9 000元，利率为12%，预计在第四季度支付利息1 080元。

还款后，企业仍须保持最低现金余额，否则只能部分归还借款。

现金预算的编制，以各项营业预算和资本预算为基础，反映各预算期的收入款项和支出款项，并做对比说明。其目的在于资金不足时筹措资金，资金多余时及时处理现金余额，并且提供现金收支的控制限额，发挥现金管理的作用。

二、利润表预算

利润表预算和资产负债表预算是财务管理的重要工具。财务报表预算的作用与历史实际的财务报表不同。财务预算报表侧重于企业的过去，历史实际财务报表侧重于企业的过去实际发生的事项。所有企业都要在年终编制历史实际的财务报表，这是有关法规的强制性规定，其主要目的是向外部报表使用人提供财务信息。当然，这并不表明常规财务报表对企业经理人员没有价值。财务报表预算主要为企业财务管理服务，是控制企业资金、成本和利润总量的重要手段。因其可以从总体上反映一定期间企业经营的全局情况，通常称为企业的

"总预算"。

表8-9是华商公司的利润表预算,它是根据上述各有关预算编制的。

表8-9　　　　　　　　　利润表预算　　　　　　　　　单位:元

项目	金额
销售收入(取自表8-1)	126 000
销售成本(取自表8-6)	56 700
毛利	69 300
销售费用和管理费用(取自表8-7)	20 000
借款利息(取自表8-8)	1 630
利润总额	47 670
所得税费用(取自表8-8)	16 000
净利润	31 670

其中,"销售收入"项目的数据,来自销售收入预算;"销售成本"项目的数据,来自产品成本预算;"毛利"项目的数据是前两项的差额;"销售费用和管理费用"项目的数据,来自销售费用及管理费用预算;"借款利息"项目的数据,来自现金预算。

另外,"所得税费用"项目是在利润规划时估计的,并已列入现金预算。它通常不是根据"净利润"和所得税税率计算出来的,因为有诸多纳税调整的事项存在。

此外,从预算编制程序上看,如果根据"本年利润"和税率重新计算所得税,就需要修改"现金预算",引起信贷计划修订,进而改变"利息",最终又要修改"本年利润",从而陷入数据的循环修改。

利润表预算与实际利润表的内容、格式相同,只不过数据是面向预算期的。它是在汇总销售收入、销货成本、销售及管理费用、营业外收支、资本支出等预算的基础上加以编制的。编制利润表预算可以了解企业预期的盈利水平。如果预算利润与最初编制方针中的目标利润有较大的不一致,就需要调整部门预算,设法达到目标,或者经企业领导同意后修改目标利润。

三、资产负债表预算

资产负债表预算与实际的资产负债表内容、格式相同,只不过数据是反映预算期末的财务状况。该表是利用本期期初资产负债表,根据销售、生产、资本等预算的有关数据加以调整编制的。

表 8-10 是华商公司的资产负债表预算,大部分项目的数据来源已注明在表中。

表 8-10　　　　　　　　资产负债表预算　　　　　　单位:元

资产			负债与股东权益		
项目	年初	年末	项目	年初	年末
现金(取自表8-8)	8 000	10 360	应付账款(取自表8-3)	2 350	4 640
应收账款(取自表8-1)	6 200	14 400	长期借款	9 000	9 000
直接材料(取自表8-3)	1 500	2 000	普通股	20 000	20 000
产成品(取自表8-6)	900	1 800	未分配利润	16 250	31 920
固定资产	35 000	45 000			
累计折旧(取自表8-5)	4 000	8 000			
资产总额	47 600	65 560	负债与股东权益总额	47 600	65 560

普通股、长期借款两项指标本年度没有变化。年末"未分配利润"是这样计算的:

期末未分配利润=期初未分配利润+本期利润-本期股利=16 250+31 670-16 000=31 920(元)

"应收账款"是根据表8-1中的第四季度销售额和本期收现率计算的。

期末应收账款=本期销售额×(1-本期收现率)=36 000×(1-60%)=14 400(元)

"应付账款"是根据表8-3中的第四季度采购金额和付现率计算的。期末应付账款=本期采购金额×(1-本期付现率)=9 280×(1-50%)=4 640(元)

编制资产负债表预算的目的在于判断预算反映的财务状况的稳定性和流动性。如果通过资产负债表预算的分析,发现某些财务比率不佳,必要时可修改有关预算,以改善财务状况。

【本 章 总 结】

预算管理是指企业为了实现战略规划和经营目标,采用预算方法对预算期内所有经营活动、投资活动和财务活动进行统筹安排,并以预算为标准,对预算执行过程和结果进行控制、核算、分析、考评、奖惩等一系列管理活动的过程。

预算主要包括经营预算、投资预算、财务预算三大部分。预算的原则包括恰当性原则、全面性原则、导向性原则、可控性原则、科学性原则、客观性原则、系统性原则等。

预算编制的方法有若干种，正确选择预算编制方法，不仅可以有效提高预算的编制效率，而且对于提高预算指标的准确性和恰当性也是至关重要的。常用的预算方法主要包括增量预算法与零基预算法、固定预算法与弹性预算法、定期预算法与滚动预算法，这些方法广泛应用于营业活动有关预算的编制。

营业预算是企业日常营业活动的预算，企业的营业活动涉及供产销等各个环节及业务。营业预算包括销售预算、生产预算、直接材料预算、直接人工预算、制造费用预算、产品成本预算、销售费用预算和管理费用预算等。财务预算是企业的综合性预算，包括现金预算、利润表预算和资产负债表预算。

术语释义

【重要术语】

预算管理　固定预算法　弹性预算法　增量预算法　零基预算法　定期预算法　滚动预算法　销售预算　生产预算　财务预算　现金预算

【复习与思考】

1. 什么是预算？什么是预算管理？
2. 预算管理在管理工作中有哪些作用？
3. 预算的编制方法有哪些？
4. 零基预算法的主要优缺点有哪些？
5. 固定预算法的主要优缺点有哪些？
6. 弹性预算法编制有哪几个主要步骤？
7. 为什么说销售预算是预算编制的关键？
8. 现金预算主要包含哪些内容？

第九章 财务分析与评价

【学习目标】

1. 了解财务分析的意义、基础、程序;
2. 识记财务分析的目的、方法;
3. 理解财务分析的基本概念;
4. 掌握基本的财务分析指标;
5. 掌握杜邦财务分析方法及其应用。

【本章知识逻辑结构】

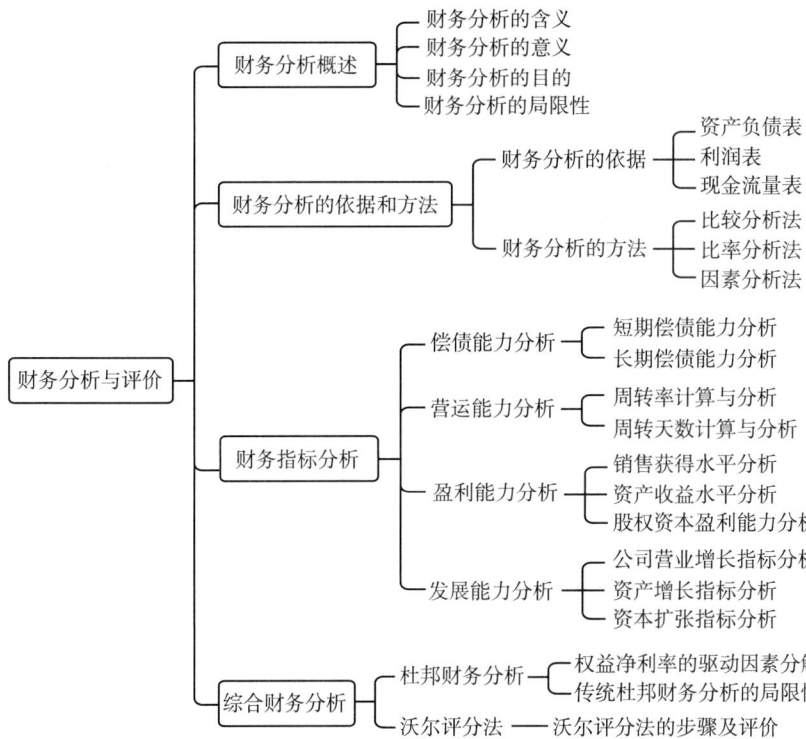

【引导案例】

三一重工是一家在建筑工程机械等领域具有广泛业务的上市公司。其发展历程中经历了股权结构变革、股本转增等重要事件。

在财务状况方面，盈利能力强劲，多项盈利指标远超行业均值且呈逐年上升趋势，即便在金融危机期间也保持良好态势。偿债能力指标虽低于行业平均，但公司凭借强大盈利能力合理配置资产，实际偿债能力有保障。营运能力出色，存货和应收账款管理高效，各项周转率指标高于行业水平且受金融危机影响后迅速恢复。

筹资方式上，进行过定向增发和债券发行，资本结构总体合理，负债率在正常区间，虽短期和长期借款结构有待优化，但应付账款体现出较强议价能力，利息保障倍数高，债务风险不大。

资本运作层面，采用前向一体化战略，投资方向集中于主业相关的联营、合营及子公司，包括国内外的研发、生产、销售等领域，还参股银行增强筹资能力，投资风险小且回报高。

股利政策方面，上市初期大股东倾向现金股利，帮助原始股东收回成本，后期现金股利与每股收益互补，送股增多，同时股利政策考虑了盈利状况、控制权等因素，对稳定投资者起到一定作用。总体而言，三一重工在财务各方面表现出较强实力和合理规划。

要求：请扫码获取三一重工财务状况的详细资料，并根据上述案例，总结上市公司财务分析的方法与技巧。

资料来源：王其超：《上市公司财务分析方法及技巧——基于三一重工案例分析》，载于《财会通讯》2015 年第 8 期，第 77~80 页。

延伸阅读——上市公司财务分析方法及技巧：基于三一重工案例分析

引导案例启示

第一节 财务分析概述

一、财务分析的含义

从基本意义上来讲，财务分析是对各项财务指标的完成情况所作的分析。将财务分析仅仅理解为会计报表分析，是对财务分析的一种狭义理解。事实上，其分析内容涉及企业的各个方面，其分析方法和分析指标适用于任何企业及企业内的各个部门，只是不同的企业和部门应充分注重其特殊性和适用性。广义的财务分析应包括企业一般的和具体的、整体的和部门的、内部的和外部的、目前的和未来的、价值的和非价值的各种与企业经营和投资的过去、现在和未来财务状况相关的各项分析内容。

通过上述分析，我们可以将财务分析的基本概念这样概括：财务分析是根据企业的经营和财务等各方面的资料，运用一定的分析方法和技术，有效地寻求企业的经营和财务状况变化的原因，正确地解答有关问题的过程。财务分析的职能是评价企业以往的经营业绩，衡量企业现在的财务状况，预测企业未来的发展趋势，为企业正确的经营和财务决策提供依据。例如，为什么有时企业销售情况良好，但利润增长却十分缓慢；为什么企业利润状况不错，但现金流量却不理想；什么原因造成企业的成本费用急剧上升或负债比例持续居高不下……这些都要通过财务分析进行解答。

二、财务分析的意义

财务分析对于企业各方面利益相关者都具有重要意义，企业的投资者、经营者、债权人等，都十分关心财务分析的结果。不同财务信息使用者注重的财务分析的结论是不同的，因此其对财务分析提出的要求也是有区别的，这就必然决定了企业财务分析对于不同的信息使用者具有不同的意义。

（一）从投资者角度看

一般来讲，投资者最注重的是企业的投资回报率水平，又十分关注企业的风险程度，不但要求了解企业的短期盈利能力，还要求考虑企业长期的发展潜力。因此，企业财务分析对投资者具有十分重要的意义。它不但说明企业的财务目标是否最大限度地实现，也为投资者作出继续投资、追加投资、转移投资或抽回投资等决策提供最重要的信息。

（二）从债权人角度看

债权人更多地关心企业的偿债能力，关心企业的资本结构和负债比例以及企业长短期负债的比例是否恰当。一般来讲，短期的债权人更多地注重企业各项流动比率反映出来的短期偿债能力，而长期的债权人则会更多地考虑企业的经营方针、投资方向以及项目性质等包含的企业潜在财务风险和偿债能力；同时，长期债权人也要求了解企业的长期经营方针和发展实力以及是否具有稳定的盈利水平，因为这是对企业持续偿债能力的基本保证。所有这些都要通过全面的财务分析才能实现，并要提供具有针对性的财务指标及相关信息。

（三）从经营者角度看

财务分析对于提高企业内部经营管理水平、制定有效的内外部决策具有重要意义。企业外界的利益者对企业的影响是间接的，而企业经营管理当局能利用财务分析信息并将其马上应用于管理实务，对促进企业各级管理层管理水平的提高至关重要。因此，对应用企业内部管理财务分析信息的要求越具体和深入，越有助于企业的管理当局及时了解企业的经营规划和财务、成本等计划的完成情况，并通过分析各种主观、客观原因，及时采取相应的措施，改善各个环节的管理工作。同时，财务分析信息也是企业内部总结工作业绩、考核各部门经营责任完成情况的重要依据。

延伸阅读——新形势下基于利益相关者企业财务分析的完善

（四）从政府角度看

对企业有监管职能的主要有工商、税务、财政和审计等政府部门，它们也要通过定期了解企业的财务分析信息，把握和判断企业是否按期依法纳税、有无通过虚假财务报告来偷逃国家税款、各项税目的缴纳是否正确等。同时，国家为了维护市场竞争的正常秩序，必然会利用财务分析资料来监督和检查企业在整个经营过程中是否严格地遵循国家规定的各项经济政策、法规和有关制度。

三、财务分析的目的

财务分析的意义是外在的，是不同财务信息使用者赋予它的。而财务分析的目的是内在的，是其本质所具有的。虽然不同人员关心的问题不相同，对财务分析的要求和目的也必然会有差异，但归纳起来，财务分析的基本目的是从各个方面对企业进行一个总体的评价，而其他的作用实际是一种派生的目标。因此，从评价的角度看，财务分析应该具有以下几个基本目的：

（一）评价企业财务状况

财务分析应根据财务报表等综合核算资料，对企业整体和各个方面的财务状况做综合和细致的分析，并对企业的财务状况作出评价。财务分析应全面了解企业资产的流动性状态是否正常等，最后说明企业长短期的偿债能力是否充分，从而评价企业的长短期财务风险与经营风险，为投资人和管理当局提供有用的决策信息。

（二）评价企业资产管理水平

企业资产作为企业生产经营活动的经济资源，其管理效率的高低直接影响到企业的盈利能力和偿债能力，也表明了企业综合经营管理水平的好坏。财务分析应对企业资产的占用、配置、利用水平、周转状态和获利能力等做全面且细致的分析，不能只看总体的管理水平，也要看相对的收益能力；不能只看现在的盈利状况，也要看其对企业长远发展的促进作用。

（三）评价企业盈利能力

一个企业是否长期具有良好和持续的盈利能力是一个企业综合素质的基本表现。企业要生存和发展，就要求企业必须能获得较高的利润，这样才能在激烈的竞争中立于不败之地。企业的投资者、债权人和经营者都十分关心企业的盈利能力，同时只有盈利能力强的企业才能保持良好的偿债能力。财务分析应从整体、部门和不同项目对企业盈利能力做深入分析和全面评价，不但要看绝对数，还要看相对数；不但要看目前的盈利水平，还要比较过去和预测未来的盈利水平。

（四）评价企业未来发展能力

企业的投资人、债权人或企业管理当局等都十分关心企业的未来发展能力，因为这不但关系到企业的命运，也直接与利益相关者的切身利益相关。只有通过全面、深入、细致的财务分析，才能对企业未来的发展趋势做出正确的评价。企业财务分析应根据企业偿债能力和盈利能力、资产管理质量和成本费用控制水平以及企业其他相关的财务和经营方面的各项资料，对企业中长期的经营前景做合理的预测和正确的评价。这不但能为企业管理当局和投资人等决策提供重要的依据，也能避免由于其决策失误而给企业造成重大损失。

四、财务分析的局限性

财务分析主要以财务报表数据为主要分析依据，而财务报表本身存在一定的局限性。

（一）财务报表本身的局限性

受会计环境和企业会计战略的影响，财务报表存在如下局限性：第一，财务报表没有披露企业的全部信息，管理层拥有更多的信息，披露的只是其中的一部分；第二，已经披露的财务信息存在会计估计误差，不可能是真实情况的全面准确计量；第三，管理层的各项会计政策选择，有可能导致降低信息可比性。

(二) 财务报表的可靠性问题

只有依据符合规范的、信息可靠的财务报表，才能得出正确的分析结论。外部分析人员很难认定财务报表是否存在虚假陈述，财务报表的可靠性有赖于注册会计师的鉴证。可是，注册会计师也不能保证财务报表没有任何错报和漏报。因此，分析人员自己必须关注财务报表的可靠性，对可能存在的问题保持足够的警觉。

(三) 财务分析的比较基础问题

在比较分析时，分析人员需要选择比较的参照标准，如同业数据或本企业历史数据等。近年来，在和同行业数据比较时不少分析人员以一流企业作为标杆，进行对标分析，其实，选择同行业一组有代表性的企业求平均数作为标杆可能更加合理。但是，有些企业实行多种经营，没有明确的行业归属，同业比较很困难。在进行趋势分析时需要和本企业历史数据比较，但是历史数据代表过去，并不代表合理性。经营环境变化后，本年比上年利润提高了，未必说明已经达到应该达到的水平，甚至未必说明管理有了改进。

五、判别财务指标优劣的标准

企业的财务分析总是通过一系列财务指标来进行的。然而，计算出的财务指标必须与一定的标准进行对比，才能判断财务状况的好坏。因此，选择财务指标的判别标准便成为一个十分重要的问题。通常，判别的标准有以下几种：

(一) 以经验数据为标准

经验数据是在长期的财务管理实践中总结出来的，被实践证明是比较合理的数据。经验数据有绝对标准和相对标准之分，如全部收入大于全部费用、资产总额大于负债总额等属于绝对标准，而流动比率等于 2 较好、负债比率在 50%～70% 比较合适则属于相对标准。

(二) 以历史数据为标准

历史数据是企业在过去的财务管理工作中实际发生的一系列数据，如上年实际数据、上年同期数据、历史最好水平等。与历史数据进行对比要注意剔除因物价变动、会计核算方法变更等带来的一系列不可比因素，以便合理判断企业的财务状况。

(三) 以同行业数据为标准

同行业数据是指同行业有关企业在财务管理中产生的一系列数据,如同行业平均数据、本国同行业先进企业数据、国际同行业先进企业数据等。与同行业数据对比可以发现企业财务管理中存在的差距与不足,以便及时采取措施,赶超同行业先进水平。与同行业指标对比也要注意指标之间的可比性。

(四) 以本企业预定数据为标准

预定数据是企业事先确定的力争达到的一系列数据。企业事先确定的目标、计划、预算、定额、标准等都可以看成预定数据。通过与预定数据进行对比,可以发现实际数据与预定数据存在的差异,以便及时加以改进,保证预定数据能够顺利实现。

第二节 财务分析的依据和方法

一、财务分析的依据

财务分析的依据也就是财务分析的基础,主要是指财务分析的各种资料来源。只有基础资料充分、正确和完整,并能有效地按不同的分析目的进行归类和整理,才能确保财务分析信息的真实、可靠,因此充分正确的财务资料是保证高质量财务分析的重要前提。财务分析基础资料主要有企业的基本财务报表、财务状况说明书、企业内部管理报表、上市公司披露的信息资料、外部评价报告和分析评价标准等。

财务分析需要从大量客观的财务数据中得出结论,主要依据是企业的各种财务报表,其中最主要的是企业的资产负债表、利润表和现金流量表。

二、财务分析的方法

一般来说,财务分析通常包括定性分析和定量分析两种类型。定性分析是指报表分析主体根据自己的知识、经验以及对企业的经营活动、外部环境的了解程度做出的非量化的分析和评价;定量分析是指财务分析主体采用一定的数学方法和分析工具对有关指标做出的量化分析。财务分析主体应根据分析的目的和要求，以定性分析为基础和前提，以定量分析为工具和手段，透过数字看本质，正确地评价企业的财务状况和经营成果。由于定性分析更多要靠主观判断，因此应坚持以定量分析为主。

常用的定量分析方法有比较分析法、比率分析法、因素分析法、趋势分析法等。

（一）比较分析法

比较分析法是对两个或两个以上有关的可比数据进行对比，揭示差异和矛盾的一种分析方法。比较的标准如下：

（1）与本公司历史数据比，即不同时期指标相比，也称趋势分析。

（2）与同类公司比，即与行业平均数或竞争对手比较，也称横向比较。

（3）与计划预算比，即实际执行结果与计划指标比较，也称预算差异分析。

由于比较分析法是将两个或两个以上有关可比的经济数据从数量上进行比较来确定差异，因此采用这种比较方式要注意指标之间的可比性，计算口径、计算基础和计算期限都应尽可能保持一致。

（二）比率分析法

在评价企业历史的盈利能力、偿债能力、现金保障能力以及未来变动趋势时，经常用到比率分析法。比率分析法能够反映出会计报表上数据之间的相互关系。比率分析法按照分析的对象不同可以分成以下三类：

1. 结构比率分析

结构比率分析又称比重比较分析，研究的是某一总体中，每一部分占总体结构的比重，用以观察和了解总体内容的构成和变化的影响程度，把握经济事项发展的规律。结构比率分析可运用于会计报表分析，有时也称垂直分析，如总资产的构成和总负债的构成及变化等，也可以运用于利润表的利润总额分析。

2. 相关比率分析

将两个性质不同，但在财务活动中互相关联的指标进行对比，求出的比率即相关比率。例如，销售利润率是将利润和企业实现的营业收入两个性质不同，但有联系的指标相比而得到的，反映企业营业收入的获利水平及总体盈利的能力。因此，相关比率分析能使我们更深入地认识企业的财务状况。

财务分析中运用的销售利润率、负债比率、总资产收益率、流动比率、速动比率等指标都是相关比率分析。

3. 趋势比率分析

趋势比率分析可以揭示出财务指标的变化及其发展趋势。趋势比率分析是对某项财务指标不同时期的数值进行对比,求出比率。趋势比率主要有两种形式,分别为定基动态比率和环比动态比率。

定基动态比率分析是指基期标准或标准保持不变,而将各期的实际数与其进行持续比较,来揭示经济事项变化规律和发展趋势的方法。其基本计算公式如下:

$$\text{定基动态比率} = \frac{\text{报告期指标数值}}{\text{固定基期指标数值}} \times 100\% \qquad (9.1)$$

环比动态比率分析是指持续地把某项经济指标的本期实际数与上一期实际数进行比较,不断计算相对于上一期的变动率,以了解该经济事项的连续变化趋势。其基本计算公式如下:

$$\text{环比动态比率} = \frac{\text{报告期指标数值}}{\text{报告前期指标数据}} \times 100\% \qquad (9.2)$$

在进行趋势比率分析时应注意以下几个问题:一是既可以采用绝对数比较,也可以采用相对数比较;二是用于比较的不同时期的经济指标在计算口径上应保持一致,以确保分析质量;三是特别注意一些重大经济事项对不同时期财务指标造成的影响。

(三) 因素分析法

在企业经营活动过程中,各类财务指标具有高度的综合性,一个财务指标变动往往是由于多种因素共同影响的结果。这些因素同方向或反方向地变动对财务指标有着重要的作用。因素分析法是从数值上测定各个相互联系的因素变动对有关财务指标影响程度的一种分析方法。

连环替代法是因素分析法的基本形式。它是根据财务指标构成和不同的分析目标,将各个因素标准连环地用分析值替代,计算出各因素变动对整个财务指标影响程度的方法。例如,某个财务指标是由 A、B、C 三个因素相乘得到的,其标准指标与实际指标的关系如下:

标准指标: $R_0 = A_0 \times B_0 \times C_0$

实际指标: $R_1 = A_1 \times B_1 \times C_1$

实际与标准的总差异为 $R_1 - R_0$,这个总差异同时受 A、B、C 三个因素影响,分析方式如下:

A 因素变动对总差异的影响 = $(A_1 - A_0) \times B_0 \times C_0$

B 因素变动对总差异的影响 = $A_1 \times (B_1 - B_0) \times C_0$

C 因素变动对总差异的影响 = $A_1 \times B_1 \times (C_1 - C_0)$

最后三个因素影响的总和必然等于总差异数。如企业某产品的原

材料总成本是由产品产量、每件产品原料单耗和单位原料的单价三个因素综合决定的。其基本公式为:

$$某产品原料总成本 = 产量 \times 单耗 \times 单价$$

【例9-1】 某公司2023年6月生产某产品耗用A材料费用总额的资料如表9-1所示,要求对A材料费用总额进行因素分析。

表9-1　　　　　　　　　某产品耗用A材料费用总额

项目	计划数	实际数	差异
耗用材料费用总额/万元	19 200	19 505.2	+305.2
产量/万件	5 000	5 200	+200
单位产品耗用材料量/千克/件	320	310	-10
材料单价/元/千克	0.012	0.0121	+0.0001

耗用材料费用总额 = 产量 × 单位产品耗用材料量 × 材料单价
计划耗用材料费用总额 = 5 000 × 320 × 0.012 = 19 200(万元)
　　　　　　　　　　　　　　　　　　　　　　　　　　　式①
替代产量 = 5 200 × 320 × 0.012 = 19 968(万元)　　　式②
替代单位产品耗用材料量 = 5 200 × 310 × 0.012 = 19 344(万元)
　　　　　　　　　　　　　　　　　　　　　　　　　　　式③
替代材料单价 = 5 200 × 310 × 0.0121 = 19 505.2(万元)　式④
产量变动对材料费用总额的影响计算如下:
　　式② - 式① = 19 968 - 19 200 = 768(万元)
单位产品耗用材料量变动对材料费用总额的影响计算如下:
　　式③ - 式② = 19 344 - 19 968 = -624(万元)
材料单价变动对材料费用总额的影响:
　　式④ - 式③ = 19 505.2 - 19 344 = 161.2(万元)
全部因素影响耗用材料费用总额:
　　768 + (-624) + 161.2 = 305.2(万元)

从以上计算可知,由于产量增加使材料耗用费用总额增加768万元;由于单位产品材料耗用减少使材料耗用费用总额减少624万元;而材料单价上升使材料耗用费用总额增加161.2万元。在这些因素共同影响下,材料费用总额增加305.2万元。由此可见,企业要降低材料费用总额,主要途径是要降低材料采购成本。

我们在运用因素分析法时,要注意其顺序性和假定性。各因素变动替代的顺序不同,计算的各项影响额也不同。此外,在分析时,研究某因素变动的影响,是假设其他因素不变的,因此分析结果具有假定性。

第三节 财务指标分析

在财务实践中，财务人员一般通过对某些财务指标进行分析，对企业经济效益的优劣作出判断。因此，财务指标的选择和运用尤为重要。依据反映企业综合绩效的四个方面能力，即偿债能力、营运能力、盈利能力和发展能力，分别建立相应的四类财务分析指标体系。本节以星辉公司为例，说明各类指标的分析和运用。现将后面举例需要用到的该公司资产负债表（见表 9-2）、利润表（见表 9-3）以及连续三年资产情况汇总表（见表 9-4）的部分内容列出，为简化计算，我们采用的报表数据是假设的。

表 9-2　　　　　　　　　　资产负债表

编制单位：星辉公司　　　2018 年 12 月 31 日　　　　　　　单位：万元

资产	年末数	年初数	负债与所有者权益	年末数	年初数
流动资产：			流动负债：		
货币资金	42	25	短期借款	58	45
交易性金融资产	6	12	交易性金融负债	26	10
应收票据	14	11	应付票据	5	4
应收账款	396	199	应付账款	98	109
预付账款	22	4	预收账款	10	4
其他应收款	12	22	应付职工薪酬	2	1
存货	117	326	应交税费	5	4
一年内到期的非流动资产	77	11	应付利息	12	16
其他流动资产	8	0	其他应付款	25	22
流动资产合计	694	610	其他流动负债	53	5
			流动负债合计	294	220
可供出售金融资产	0	45	长期借款	448	245
长期股权投资	30	0	应付债券	240	260
固定资产	1 336	1 055	长期应付款	50	75
在建工程	18	35	非流动负债合计	738	580
固定资产清理	0	12	负债合计	1 032	800
无形资产	9	8	所有者权益：		
长期待摊费用	5	15	实收资本（股本）	200	200

续表

资产	年末数	年初数	负债与所有者权益	年末数	年初数
非流动资产合计	1 398	1 170	资本公积	10	10
			盈余公积	60	40
			未分配利润	790	730
			所有者权益合计	1 060	980
资产合计	2 092	1 780	负债与所有者权益合计	2 092	1 780

表 9-3　　　　　　　　　　　利润表

编制单位：星辉公司　　　　　　2018 年　　　　　　单位：万元

项目	本年金额	上年金额
一、营业收入	3 000	2 850
减：营业成本	2 644	2 503
税金及附加	28	28
销售费用	22	20
管理费用	46	40
财务费用	110	96
资产减值损失	0	0
加：公允价值变动收益	0	0
投资收益	6	0
二、营业利润	156	163
加：营业外收入	45	72
减：营业外支出	1	0
三、利润总额	200	235
减：所得税费用	64	75
四、净利润	136	160

表 9-4　　　　　　　　连续三年资产情况汇总表　　　　　　单位：万元

项目	前年金额	上年金额	本年金额
应收账款	101	199	396
存货	380	326	117
流动资产	500	610	694
固定资产	755	1 055	1 336
总资产	1 500	1 780	2 092

一、偿债能力分析

在生产经营活动中，为了满足某一时期的资金需求，企业不可避免地会利用举债来融资。债务到期必须以资产变现来偿付，企业必须持有一定的资产作为保证。因此，对企业的偿债能力进行分析便于管理当局了解企业的财务实力和资产变现能力，促进企业合理安排资金和提高资金使用效果。根据债务偿还期限的长短，偿债能力分析可以分为短期偿债能力分析和长期偿债能力分析。

(一) 短期偿债能力分析

短期偿债能力是指企业偿还流动负债的能力，流动负债又称短期负债，是指企业在一年以内或超过一年的一个营业周期内必须偿还的债务。

评价短期偿债能力的指标主要有流动比率、速动比率、现金比率等。

1. 流动比率

流动比率是流动资产与流动负债的比率，表明企业每1元流动负债有多少流动资产作为偿还的保证。其计算公式如下：

$$流动比率 = \frac{流动资产}{流动负债} \qquad (9.3)$$

流动比率越高，反映企业短期偿债能力越强，债权人的权益越有保证。但是流动比率也不宜过高，过高的流动比率可能由以下原因所致：

(1) 企业某些环节的管理较为薄弱，从而导致企业在应收账款或存货等方面有较高水平。

(2) 企业可能因经营意识较为保守而不愿扩大负债经营的规模。

(3) 股份制企业在以发行股票、增资配股或举债长期借款、债券等方式筹得的资金后，尚未充分投入营运。

总体而言，流动比率过高反映企业的资金没有得到充分利用，而比率过低则说明企业偿债的安全性较弱。因此，用流动比率衡量短期偿债能力时，并没有绝对的数量标准，不同行业、企业以及同一企业不同时期的评价标准是不同的。在过去很长一段时期里，多数人认为生产性企业合理的最低流动比率是2∶1；最近几十年，企业的经营方式和金融环境发生了很大变化，流动比率有下降的趋势，许多成功企业的流动比率都低于2∶1。

【例9-2】根据星辉公司的财务报表数据，该公司的流动比率计算如下：

上年流动比率 = 610÷220 = 2.77
本年流动比率 = 694÷294 = 2.36

与上年相比，该公司本年的流动比率有所下降。但是，该公司本年和上年的流动比率均超过一般公认标准，表明该公司还是具有较强的短期偿债能力。

2. 速动比率

构成流动资产的各项目，流动性差别很大，包含了一部分变现能力（流动性）较弱的资产。其中，货币资金、交易性金融资产和各种应收款项等，可以在较短时间内变现，称为速动资产；另外的流动资产，包括存货、预付款项、一年内到期的非流动资产及其他流动资产等，称为非速动资产。

为了进一步反映企业偿还短期债务的能力。通常，人们用速动资产和流动负债的比率结合起来测试。速动比率是速动资产与流动负债的比率。与流动比率相比，速动比率能够更加准确、可靠地评价企业资产的流动性及可以立即用于偿付流动负债的能力。其计算公式如下：

$$速动比率 = \frac{速动资产}{流动负债} \quad (9.4)$$

$$速动资产 = 货币资金 + 交易性金融资产 + 应收账款$$
$$+ 应收票据 + 其他应收款$$
$$= 流动资产 - 存货 - 预付款项$$
$$- 1年内到期的非流动资产 - 其他流动资产$$

一般情况下，速动比率较高，表明企业立即偿付流动负债的能力越强。通常认为，速动比率等于1时较为适当。如果速动比率小于1，将使企业面临很大的偿债风险；如果速动比率大于1，债务偿还的安全性很高，但会因企业速动资产占用过多而大大增加企业的机会成本。

与流动比率一样，不同行业的速动比率差别很大，不能一概而论。例如，采用大量现金销售的商店，几乎没有应收款项，速动比率大大低于1很正常。相反，一些应收款项较多的企业，速动比率可能要大于1。

影响速动比率可比性的重要因素是应收款项的变现能力。账面上的应收款项不一定都能变成现金，实际坏账可能比计提的坏账准备要多；季节性的变化，可能使报表上的应收款项金额不能反映平均水平。这些情况，外部分析人员不易了解，而内部人员则有可能作出估计。

【例9-3】根据星辉公司的财务报表数据，该公司的速动比率计算如下：

上年速动比率 = (25 + 12 + 11 + 199 + 22) ÷ 220 = 1.22
本年速动比率 = (42 + 6 + 14 + 398 + 12) ÷ 294 = 1.60

虽然该公司的流动比率呈下降趋势，但分析表明，该公司本年的速动比率比上年有所上升，为流动负债提供的速动资产保障反而增加了，并且该公司两年的速动比率均超过一般公认标准，表明该公司具有比较理想的短期偿债能力。

3. 现金比率

现金比率也称超速动比率，是现金及其等价物与流动负债的比率。现金等价物是指与现金几乎具有相同变现能力的银行存款、短期有价证券、可贴现和转让票据等。它们可以随时提现、转让变现或贴现变现，持有它们等于持有现金。现金比率的计算公式如下：

$$现金比率 = \frac{现金 + 现金等价物}{流动负债} \qquad (9.5)$$

现金比率更能反映短期负债偿还的稳定性和安全性。现金比率的计算结果越大，表明企业产生的现金流越多，越能保证企业按时偿还到期债务，但这一比率也不是越大越好。现金比率过高，说明企业的现金资产未能充分利用，以取得更大的效益。因此，一般认为现金比率为 10%～20% 较为理想。同样，该比率也不是绝对的，应视企业的实际情况而定。

【例 9-4】根据星辉公司的财务报表数据，该公司本年的现金比率计算如下：

上年现金比率 = (25 + 12) ÷ 220 = 0.168
本年现金比率 = (42 + 6) ÷ 294 = 0.163

分析表明，该公司本年的现金比率与上年相比略微下降，但都处于一般公认标准 10%～20%，表明该公司具有较强的短期偿债能力。

（二）长期偿债能力分析

长期偿债能力分析也称为企业的资本结构分析，主要反映企业的负债与总资产及权益资本之间的关系，结合企业的投资盈利能力，可以较全面地分析判断企业资本结构是否合理、企业未来还本付息的能力如何以及有无可能导致企业破产的财务风险存在。企业的长期债权人和所有者可能更关心企业的长期偿债能力。反映企业长期偿债能力的指标主要有资产负债率、产权比率和利息保障倍数。

1. 资产负债率

资产负债率是企业的负债总额与资产总额的比率，也称举债经营比率或负债比率。资产负债率是企业财务分析的重要指标，反映了企业的资本结构状况，直接表现了企业财务风险的大小。资产负债率的计算公式如下：

$$资产负债率 = \frac{负债总额}{资产负债} \times 100\% \qquad (9.6)$$

资产负债率本身没有好坏之说,如从企业长期偿债能力来看,该指标越大说明企业总资产中负债比例越大,企业潜在财务风险越大;资产负债率越低,表明企业长期偿债能力越强,但绝不能说该指标越低越好。资产负债率还代表企业的举债能力。一个企业的资产负债率越低,举债越容易。

通常,资产在破产拍卖时的售价不到账面价值的50%,因此如果资产负债率高于50%,则债权人的利益就缺乏保障。各类资产变现能力有显著区别,房地产的变现价值损失小,专用设备则难以变现。不同企业的资产负债率不同,与其持有的资产类别有关。保守的观点认为,资产负债率不应高于50%,而国际上通常认为资产负债率在60%较为适当。

【例9-5】根据星辉公司的财务报表数据,该公司资产负债率计算如下:

上年资产负债率 = (800÷1 780)×100% = 44.94%

本年资产负债率 = (1 032÷2 092)×100% = 49.33%

分析表明,与上年相比,本年的资产负债率提高了4.58%,削弱了企业资产对债权人权益的安全保障程度,不利于增强债权人对该公司出借资金的信心,但总体来说,该公司的资产负债率处于中等水平。

2. 产权比率

产权比率是企业负债总额与权益资本总额的比率,也称权益负债率或资本负债率。产权比率是企业财务结构稳健与否的重要标志,反映股东权益对债权人权益的保障程度。其计算公式如下:

$$产权比率 = \frac{负债总额}{股东权益总额} \times 100\% \qquad (9.7)$$

可以看出,这个指标实际上是资产负债率的又一种表述形式,反映了企业负债的风险程度与偿付能力,主要说明了负债与权益资本的对应关系。仅从偿债能力来看,该比率较低是好的,说明债权人的债权安全性有保障,企业的财务风险较小。

一般情况下,产权比率越低,表明企业长期偿债能力越强,债权人权益的保障程度越高,承担的风险也越少,但企业不能充分发挥负债的财务杠杆效应。因此,在保证债务偿还安全的前提下,企业应尽可能提高产权比率。

【例9-6】根据星辉公司的财务报表数据,该公司的产权比率计算如下:

上年产权比率 = 800÷980×100% = 81.63%

本年产权比率 = 1 032 ÷ 1 060 × 100% = 97.35%

计算结果表明，该公司的产权比率呈上升趋势，股东权益对债权人权益的保障程度下降了，公司的财务风险增大，长期偿债能力不理想。但由于负债总额中的流动负债的金额经常变化，资本结构管理大多使用长期资本负债率来反映长期资本结构。长期资本负债率是指非流动负债占长期资本的百分比，即长期资本负债率 = 非流动负债 ÷（非流动负债 + 股东权益）× 100%。根据星辉公司的财务报表数据，上年长期资本负债率 = 580 ÷（580 + 980）× 100% = 37.18%，本年长期资本负债率 = 738 ÷（738 + 1 060）× 100% = 41.05%。可以看出，长期债务资本能够得到一定程度上的权益保障。

3. 利息保障倍数

利息保障倍数也称已获利息倍数，是指企业一定时期息税前利润对利息支出的倍数。长期债务不需要每年还本，却要每年付息。利息保障倍数表明每 1 元利息支付有多少倍的息税前利润作为保障，可以反映债务政策的风险大小。如果企业一直保持按时付息的信誉，则长期负债可以延续，举借新债也比较容易。利息保障倍数越大，利息支付越有保障。如果利息支付尚且缺乏保障，归还本金就更难指望。因此，利息保障倍数可以反映长期偿债能力。

利息保障倍数的计算公式如下：

$$利息保障倍数 = \frac{息税前利润总额}{利息支出} = \frac{利润总额 + 利息支出}{利息支出} \times 100\%$$

(9.8)

由利息保障倍数的计算公式可知，当利息保障倍数为 1 时，息税前利润与利息支出相等，仅够弥补利息支出，利润总额为零；当利息保障倍数为 2 时，利润总额与利息费用相等，说明息税前利润的一半用于支付利息。因此，利息保障倍数一般应大于 3。但过高的利息保障倍数可能表明公司未能充分利用财务杠杆效应。该指标反映了企业全部收益对于支付利息的保障能力。如果该比率过低，说明企业可能无法按时偿付当期的利息费用；如果该比率为 1，说明企业的全部收益正好用于支付利息，企业没有一分钱利润。因此，该指标最起码要大于 1，否则就难以偿还债务利息，企业将面临较大的财务风险。

延伸阅读——会税差异、税收风险管理与企业短期偿债能力

【例 9-7】根据星辉公司的财务报表数据，该公司的利息保障倍数计算如下：

上年利息保障倍数 =（160 + 75 + 96）÷ 96 = 3.45（倍）
本年利息保障倍数 =（136 + 110 + 64）÷ 110 = 2.82（倍）

计算表明，该公司本年的利息保障倍数比上年有所下降，但上年和本年利息保障倍数都大于 1，说明星辉公司支付利息完全没有问题，有较强的长期偿债能力。

偿债能力思政案例

二、营运能力分析

营运能力分析是对企业资产利用效果进行分析。资产的利用效果是指每单位资产能够创造多少效益或耗费多少成本,创造的效益越高,耗费的成本越少,说明资产充分利用的程度越高。营运能力分析通过企业生产经营资产周转速度的有关指标反映资产利用程度。企业的资产周转速度越快,说明资产的利用程度越高,也就是资产的营运能力越强;反之,则越差。周转速度通常用周转率(周转次数)和周转期(周转天数)表示。计算公式如下:

$$周转次数(率)=周转额÷资产平均余额 \quad (9.9)$$
$$周期天数(期)=计算期÷周转次数$$
$$=计算期×资产平均余额÷周转额 \quad (9.10)$$

周转期指标中的分子是一个时期数,更具体地说,是一年的时期数,因此这里的周转期也包括后面将要出现的周转期,都是指一年而言,以360天计算。

企业拥有或控制生产资料表现为各项资产的占用,因此企业营运能力实际上就是企业的总资产及各个组成要素的营运能力。企业营运能力的分析可以从以下几个方面进行:

(一)应收账款周转率

应收账款周转率是企业一定时期销售收入或赊销收入与应收账款平均余额之比。应收账款周转率表明一定时期内应收账款周转的次数,或者说明每1元应收账款投资支持的销售收入。应收账款周转期也称应收账款收现期,表明从销售开始到收回现金平均需要的天数。计算公式如下:

$$应收账款周转率=销售收入(赊销收入)÷应收账款平均余额 \quad (9.11)$$

$$应收账款周转期=360÷应收账款周转次数$$
$$=360÷[销售收入(赊销收入)÷应收账款平均余额] \quad (9.12)$$

销售收入数据取自利润及利润分配表的销售收入,是指企业当期主要经营活动取得的收入减去销售折扣与折让后的数额。应收账款数据为资产负债表中应收账款期初、期末数据的算术平均数,未扣除期初坏账准备。

应收账款周转次数越多,说明其收回越快,变现能力越强,资产管理水平越高;反之,说明营运资金过多占用在应收账款上,影响资金周转效率。及时收回应收账款,不仅可以避免坏账损失,而且可以加速企业资金周转。应收账款周转次数越多，说明收账能力越强，资金周转效率越高。

【例9-8】根据星辉公司的财务报表数据，应收账款周转率计算如下：

上年度应收账款周转率 = 2 850 ÷ [(101 + 199) ÷ 2] = 19（次）

上年度应收账款周转期 = 360 ÷ 19 = 18.94（天）

本年度应收账款周转率 = 3 000 ÷ [(199 + 396) ÷ 2] = 10.08（次）

本年度应收账款周转期 = 360 ÷ 10.08 = 35.71（天）

计算表明，与上年度相比，该公司本年度的应收账款周转率下降幅度较大，周转次数由19次降为10.08次，周转天数由18.94天延长为35.71天，这反映出本公司的应收账款管理效率不如上年度，其原因可能与本年度应收账款增长幅度过大有关。

延伸阅读——应收账款周转率计算公司改进探讨

延伸阅读

（二）存货周转率

存货周转率是企业一定时期的销售成本总额与存货平均余额之比，表明一定时期内存货周转次数，或者说明每1元存货支持的销售收入。存货周转期表明存货周转一次需要的时间，也就是存货转换成现金平均需要的时间。计算公式如下：

$$存货周转率 = 销售成本 ÷ 平均存货余额 \quad (9.13)$$

$$存货周转天数 = 360 ÷ 存货周转率$$
$$= 360 ÷ (销售成本 ÷ 存货平均余额) \quad (9.14)$$

其中存货数据来自资产负债表，按年度平均额计算；销售成本数据取自利润表。

存货周转率反映了企业的销售状况及存货资金占用状况。在正常情况下，存货周转率越高，相应的周转天数越少，说明存货资金周转越快，资金利用效率越高，存货管理水平也越高。存货周转次数的分析有利于找出存货管理中存在的问题，尽可能降低资金占用水平。存货不能过量储存，否则可能造成积压、呆滞，也不能储存过少，否则可能造成生产中断或销售紧张，不利于竞争。合理的存货储备量可以减少企业的资金占用，提高其流动性。以销定产，快进快出，维持存货的正常水平，是降低资金占用水平的最佳途径。

【例9-9】根据星辉公司的财务报表数据，存货周转率的计算如下：

上年度存货周转率 = 2 503 ÷ [(380 + 326) ÷ 2] = 7.09（次）

上年度存货周转期 = 360 ÷ 7.09 = 50.78（天）

本年度存货周转率 = 2 644 ÷ [(326 + 117) ÷ 2] = 11.94（次）

本年度存货周转期 = 360 ÷ 11.94 = 30.15（天）

计算表明,该公司本年度的存货周转率比上年度略有改善,周转次数由 7.09 次提高为 11.94 次,周转天数由 50.78 天缩短为 30.15 天,这不仅说明公司的存货管理效率有所增强,而且还说明流动资产的变现能力和周转速度也有所增强。

延伸阅读

(三) 流动资产周转率

流动资产周转率是反映企业全部流动资产周转速度的重要指标,是指企业一定时期内销售收入总额与流动资产平均占用额的比率,表明一定时期内流动资产周转的次数,或者说明每 1 元流动资产支持的销售收入。流动资产周转期表明流动资产周转一次需要的时间,也就是流动资产转换成现金平均需要的时间。其计算公式如下:

$$流动资产周转转数销售收入 \div 平均流动资产总额 \quad (9.15)$$

$$流动资产周转天数 = 360 \div 流动资产周转率$$
$$= 360 \div (销售收入 \div 平均流动资产总额)$$
$$(9.16)$$

其中流动资产数来自资产负债表,按年度平均额计算;销售收入总额来自利润表。

流动资产周转率是从整体上反映和评价企业流动资产的周转和利用水平。一般来讲,流动资产周转率越高越好,流动资产周转率越高,表明以相同的流动资产完成的销售额越多,资产利用效果越好。而流动资产周转天数应该是越小越好,周转一次所需要的天数越少,表明流动资产在经历生产和销售各阶段占用的时间越短,企业经营管理水平越高,资源利用率越高。这说明企业整体流动资产流动快,在有限的资金总量下,能获得更多的销售收入,资产的利用水平较高。生产经营任何一个环节上的工作改善,都会反映到周转天数的缩短上来。

计算和分析流动资产周转率应该注意,流动资产中应收账款和存货占绝大部分,它们的周转状况对流动资产的周转具有决定性影响。

【例 9-10】根据星辉公司的财务报表数据,流动资产周转率的计算如下:

上年度流动资产周转率 = 2 850 ÷ [(500 + 610) ÷ 2] = 5.14 (次)
上年度流动资产周转期 = 360 ÷ 5.14 = 70.04 (天)
本年度流动资产周转率 = 3 000 ÷ [(610 + 694) ÷ 2] = 4.60 (次)
本年度流动资产周转期 = 360 ÷ 4.60 = 78.26 (天)

计算表明,该公司本年度流动资产周转率由上年的 5.14 次降为 4.60 次,流动资产周转期比上年延缓了 8.22 天。虽然该公司的存货管理效率有所增强,但由于本年度应收账款增长幅度过大导致应收账款管理效率不如上年度,因此流动资产的利用效果难以得到提高。

（四）固定资产周转率

固定资产周转率也称固定资产利用率，是企业一定时期销售收入总额与固定资产净值的比值，表明一定时期内固定资产周转的次数，或者说明1元固定资产投资产生的销售收入。固定资产周转期表明固定资产周转一次需要的时间，也就是固定资产转换成现金平均需要的时间。其计算公式如下：

$$固定资产周转率 = 销售收入 \div 平均固定资产净值 \quad (9.17)$$

$$固定资产周转期 = 360 \div 固定资产周转率$$
$$= 360 \div (销售收入 \div 平均固定资产净值) \quad (9.18)$$

需要说明的是，与固定资产有关的价值指标有固定资产原价、固定资产净值、固定资产净额。固定资产净值也称折余价值，是指扣除累计折旧后的金额。固定资产净额是指原价扣除累计折旧和已计提的减值准备后的金额。计算该指标时一般采用固定资产净值的平均额，特殊情况下也可用固定资产原值。

一般来说，企业在一定时期内固定资产的周转次数越多，周转的天数越少，说明固定资产的周转速度越快，表明企业固定资产利用充分，投资得当，结构合理；反之，则说明企业固定资产使用效率低下，营运能力不强。通常在制造企业中，设备投资在总投资中所占比例较大，设备能否充分利用，直接关系到投资效益的高低。

【例9-11】根据星辉公司的财务报表数据，固定资产周转率计算如下：

上年度固定资产周转率 = 2 850 ÷ [(755 + 1 055) ÷ 2] = 2 850 ÷ 905 = 3.15（次）

上年度固定资产周转期 = 360 ÷ 3.15 = 114.29（天）

本年度固定资产周转率 = 3 000 ÷ [(1 055 + 1 336) ÷ 2] = 3 000 ÷ 1 195.5 = 2.51（次）

本年度固定资产周转期 = 360 ÷ 2.51 = 143.43（天）

计算表明，该公司本年度固定资产周转率比上年度有所减缓，由上年的3.15次降为2.51次，固定资产周转期也比上年延长了29.14天，主要原因是固定资产平均净值的增长幅度32.01%[(1 195.5 - 905) ÷ 905] 远远高于销售收入净增长幅度5.26%[(3 000 - 2 850) ÷ 2 850]。可以看出，固定资产占用资金增加不但没有带来同比例增长的主营业务收入，反而减少了，这反映出公司的固定资产利用效果不如上年度。

（五）总资产周转率

总资产周转率是销售收入与总资产的比率，表明一定时期内总资产周转的次数,或者说明每 1 元总资产支持的销售收入。总资产周转期表明总资产周转一次需要的时间,也就是总资产转换成现金平均需要的时间。其计算公式如下:

$$总资产周转次数 = 销售收入 \div 平均总资产 \qquad (9.19)$$

$$总资产周转天数 = 360 \div 总资产周转次数$$
$$= 360 \div (销售收入 \div 平均总资产) \qquad (9.20)$$

其中总资产数来自资产负债表,按年度平均余额计算;销售收入总额来自利润表。总资产周转率用来反映全部资产的利用效率,借以评价企业管理者运用资产效率的高低。总资产周转率较高,说明企业利用全部资产进行经营的效率较高;反之,如果该指标较低,则说明企业经营效率较差,最终影响企业的盈利能力。企业应采取各种措施来提高企业的资产利用程度,如提高销售收入或处理多余的资产。

总资产由各项资产组成,在销售收入既定情况下,总资产周转的驱动因素是各项资产。驱动因素分析可以了解总资产周转率变动是由哪些资产项目引起的以及什么是影响较大的因素,从而为进一步分析指出方向。

【例 9 – 12】根据星辉公司的财务报表数据,总资产周转率计算如下:

上年度总资产周转率 = 2 850 ÷ [(1 500 + 1 780) ÷ 2] = 2 850 ÷ 1 640 = 1.74(次)

上年度总资产周转期 = 360 ÷ 1.74 = 206.90(天)

本年度总资产周转率 = 3 000 ÷ [(1 780 + 2 092) ÷ 2] = 3 000 ÷ 1 940 = 1.55(次)

本年度总资产周转期 = 360 ÷ 1.55 = 232.26(天)

计算表明,该公司本年度总资产周转率比上年度略有减缓,由上年的 1.74 次降为 1.55 次,总资产周转期也比上年延长了 25.36 天。这是因为流动资产、固定资产的增长幅度都大大高于销售收入净额的增长幅度,两者的共同作用导致总资产的利用效果下降了。

三、盈利能力分析

从财务角度看,盈利就是使资产获得超过其投资的回报。企业必须盈利,才有存在的价值。盈利是企业的出发点和归宿,不论是投资者、债权人还是企业经理人员,都非常重视和关心企业的盈利能力。一般来说,对企业盈利能力的分析,只涉及正常的经营获得。非正常的、特殊的经营获得,尽管也会给企业带来收益,但只是特殊状况下的偶发性结果,不能说明企业的可持续能力,应予以剔除。

评价企业的盈利能力主要可以从销售获利水平、资产收益水平和股权资本的盈利能力三方面进行分析。

(一) 销售获利水平

1. 销售毛利率

销售毛利率反映了企业一定时期销售毛利与销售收入的比率,说明了每 1 元收入能获取的毛利额,是一个非常重要的反映企业市场竞争能力的指标。计算公式如下:

$$销售毛利率 = 销售毛利 \div 销售收入$$
$$= (销售收入 - 销售成本) \div 销售收入 \quad (9.21)$$

该指标反映每 1 元销售收入扣除销售成本后,有多少钱可用于各项费用和形成盈利,是销售净利率形成的初始基础。毛利率越大,说明在销售收入净额中销售成本所占比重越低,企业通过销售获取利润的能力越强。一般来讲,该指标越大,说明企业销售的盈利能力越强。销售毛利率反映了企业销售毛利占销售收入的比率,说明企业销售收入的实际获利能力,一般来讲,该指标越大越好。

【例 9 – 13】根据星辉公司的财务报表数据,销售获利水平计算如下:

上年销售毛利率 = (2 850 – 2 503) ÷ 2 850 = 12.18%
本年销售毛利率 = (3 000 – 2 644) ÷ 3 000 = 11.87%

计算表明,销售收入净额中销售毛利所占比重很低,企业通过销售获取利润的能力不强,而且该公司本年度销售毛利率比上年度略有下降,将对销售净利率产生负面影响。

2. 销售净利率

销售净利率是企业一定时期净利润与销售收入净额的比率。销售净利率简称净利率,某个利润率如果前面没有指明计算比率使用的分母,则是指销售收入为分母。该指标说明了企业净利润占销售收入的比例,通过销售赚取利润的能力。其计算公式如下:

$$销售净利率 = 净利润 \div 销售收入 \times 100\% \quad (9.22)$$

净利润和销售收入均取自利润表的数据,两者相除可以概括企业的全部经营成果,反映每 1 元销售净收入中可带来多少净利润。显然该指标越高越好,说明企业通过销售获取利润的能力越强。

【例 9 – 14】根据星辉公司的财务报表数据:

上年销售净利率 = 160 ÷ 2 850 = 5.61%
本年销售净利率 = 136 ÷ 3 000 = 4.53%

计算表明,该公司的销售净利率呈下降趋势,这种趋势除了受到销售毛利率下降的影响外,还会因为公司本年度的成本费用增加所致。公司应当深入检查导致成本费用上升的因素,改进有关工作,以便扭转效益指标下降的状况。

(二) 资产收益水平

衡量企业利用资产获得净利润的能力主要通过资产净利率的高低来衡量。资产净利率也称资产收益率或投资报酬率。它是指企业一定时期的税后净利与总资产平均额的比率，说明企业每1元资产占用所能获得的净利润。其计算公式如下：

$$资产净利率 = 净利润 \div 平均资产总额 \times 100\% \qquad (9.23)$$

资产净利率反映企业运用全部资产获取税后净利润的能力，反映了企业总资产的利用水平和盈利能力。一般情况下，该指标越大越好，如明显低于同行业，说明企业经营管理存在严重问题，可利用资产净利率来分析经营中存在的问题，提高销售净利率，加速资金周转。

【例9–15】 根据星辉公司的报表数据，资产收益水平计算如下：

上年资产净利率 = $160 \div [(1\,500 + 1\,780) \div 2] = 9.76\%$

本年资产净利率 = $136 \div [(1\,780 + 2\,092) \div 2] = 7.02\%$

计算表明，企业本年度资产净利率比上年度有所下降，说明企业的资产盈利能力略微不如上年，需要对公司资产的使用状况、增产节约工作等情况做进一步的分析考察，以便改进管理，提高效益。

(三) 股权资本的盈利能力

股权资本的盈利能力是指企业所有者投入资本获取利润的能力。

1. 权益净利率

权益净利率也称权益资本净利率或净资产收益率，是指企业一定时期的税后净利润与权益资本平均额的比率。该指标反映了权益资本的盈利能力，即每1元股东权益赚取的净利润，可以衡量企业的总体盈利能力。其计算公式如下：

$$权益净利率 = 净利润 \div 所有者权益平均余额 \times 100\% \qquad (9.24)$$

该公式的分母一般使用"平均所有者权益"，也可以使用"年末所有者权益"。对于股权投资人来说，权益净利率的分母是股东的投入，分子是股东的所得，具有非常好的综合性，概括了企业的全部经营业绩和财务业绩。因此，该指标的变化和预期是权益投资人（股东）最为关心的。一般认为，权益净利率越高，企业自有资本获取收益的能力越强，运营效益越好，对企业投资人、债权人的保证程度越高。

该指标适用范围广，不受行业限制，通过对该指标的综合对比分析，可以看出企业获利能力在同行中所处的地位以及同类企业的差异水平。

【例9–16】 根据星辉公司的财务报表数据（假设上年所有者权

益期初数与期末数一样），权益净利率计算如下：

上年权益净利率 = 160 ÷ [（980 + 980）÷ 2] = 16.33%

本年权益净利率 = 136 ÷ [（980 + 1 060）÷ 2] = 136 ÷ 1 020 = 13.33%

计算表明，企业本年度权益净利率比上年度有所下降，本年度股东的报酬率减少了。总体来讲企业自有资本获取收益的能力不如上年，运营效益下降，对企业投资人保证程度有所减弱。

2. 市盈率

市盈率是指普通股每股市价与每股收益的比率，反映普通股股东愿意为每 1 元净利润支付的价格。其中，每股收益是指可分配给普通股股东的净利润与流通在外普通股加权平均股数的比率，反映每只普通股当年创造的净利润。其计算公式如下：

$$市盈率 = 普通股每股市价 \div 普通股每股收益 \qquad (9.25)$$

该指标反映了公司股票的市价是其每股收益的多少倍，直接表现出投资人和市场对公司的评价与长远发展的信心，无论对企业管理当局还是对市场投资人来说，这都是十分重要的财务指标。一般来讲，该指标越大，越说明公司具有良好的发展前景，并得到市场的好评。

3. 市净率

市净率也称为市账率，是指普通股每股市价与每股净资产的比率，反映普通股股东愿意为每 1 元净资产支付的价格，说明市场对公司资产质量的评价。其计算公式如下：

$$市净率 = 每股市价 \div 每股净资产 \qquad (9.26)$$

该指标反映了公司股票的市场价值是净资产的多少倍。一般来讲，该指标越大，说明投资者对公司发展前景越有信心，市场对其有好评，但也隐含着较大的潜在投资风险。

四、发展能力分析

公司的发展能力是众多因素共同影响的结果，可以通过不同的指标对其进行分析和综合评估。指标具体包括公司营业（销售）增长指标、资产增长指标和资本扩张指标三方面。

（一）公司营业（销售）增长指标分析

1. 营业收入增长率

营业收入增长率，即营业增长率，是公司本年营业收入增长额与上年营业收入总额的比率，反映公司营业收入的增减变动情况。由于营业收入包括主营业务收入和其他业务收入，在计算该指标时，可根据实际需要选择相关收入进行分析。其计算公式如下：

营业收入增长率＝本年营业收入增长额÷上年营业收入总额×100%

(9.27)

营业收入增长率大于零，表明公司本年营业收入有所增长。该指标值越高，表明公司营业收入的增长速度越快，公司市场前景越好。若增长率小于零，则表面公司销售萎缩，市场份额削弱，或者是产品不适销对路，或者售后服务不佳，或者已被竞争产品替代。这些都是需要引起管理者注意的因素，需要通过进一步调查予以确定，找出对策。

2. 三年平均营业收入增长率

营业收入增长率可能受到营业收入短期波动的影响，为了消除偶然性因素的影响，并反映营业收入的变动趋势，需要计算连续三年营业收入平均增长幅度。三年平均营业收入增长率表明公司营业收入连续三年的增长情况，反映公司的持续发展态势和市场扩张能力。其计算公式如下：

三年平均营业收入增长率 ＝ $(\sqrt[3]{\text{当年营业收入总额}/\text{三年前营业收入总额}}-1) \times 100\%$

(9.28)

式（9.28）中，三年前营业收入总额是指三年前的营业收入，如本年为2023年，则三年前的营业收入是指2020年的营业收入。

3. 净利润增长率

净利润增长率＝（本年利润－上年利润）÷上年净利润×100%

(9.29)

净利润增长率指标反映公司获利能力的增长情况，反映了公司长期的盈利能力趋势。该指标通常越大越好。

（二）资产增长指标分析

1. 总资产增长率

总资产增长率是公司本年总资产增长额同年初资产总额的比率，反映公司本期资产规模的增长情况。其计算公式如下：

总资产增长率＝本年总资产增长额÷年初资产总额×100%

(9.30)

式（9.30）中：

本年总资产增长额＝年末资产总额－年初资产总额

总资产增长率越高，表明公司一定时期内资产经营规模扩张的速度越快。

该指标是从公司资产总量扩张方面衡量公司的发展能力，表明公司规模的增长对公司发展后劲的影响。但在分析时，需要关注资产规模扩张的质和量的关系以及公司的后续发展能力，避免盲目扩张。

2. 三年平均资产增长率

由于资产的增长率受资产短期波动因素的影响，同样可以计算连续三年的平均资产增长率，以反映公司较长时间内的资产增长情况，避免偶然因素影响形成的资产异常变动。三年平均资产增长率表示公司资本连续三年的积累情况，在一定程度上反映了公司的持续发展水平和发展趋势。其计算公式如下：

$$三年平均资产增长率 = (\sqrt[3]{年末资产总额/三年前年末资产总额} - 1) \times 100\%$$

(9.31)

该指标值大于零，反映公司资产呈现增长趋势，有能力不断扩大生产规模。该指标值越大，表明资产增长的速度越快，发展性越强。

（三）资本扩张指标分析

1. 资本积累率

资本积累率，即股东权益增长率，是指公司本年所有者权益增长额同年初所有者权益的比率。资本积累率表示公司当年资本的积累能力，是评价公司发展潜力的重要指标。其计算公式如下：

$$资本积累率 = 本年所有者权益增长额 \div 年初所有者权益 \times 100\%$$

(9.32)

式（9.32）中：

本年所有者权益增长额 = 所有者权益年末数 - 所有者权益年初数

年末与年初数值取自资产负债表。

资本积累率是公司当年所有者权益总的增长率，反映了公司所有者权益在当年的变动水平。资本积累率体现了公司资本的积累情况，是公司发展强盛的标志，也是公司扩大再生产的源泉，展示了公司的发展潜力。资本积累率反映了投资者投入公司资本的保全性和增长性。该指标越高，表明公司的资本积累越多，资本保全性越强，应对风险、持续发展的能力越强。该指标如为负值，表明公司资本受到侵蚀，所有者权益受到损害，应予以充分重视。

2. 三年平均资本增长率

三年平均资本增长率表明公司资本连续三年的积累情况，体现了公司发展水平和发展趋势。其计算公式如下：

$$三年平均资本增长率 = (\sqrt[3]{年末所有者权益总额/三年前所有者权益总额} - 1) \times 100\%$$

(9.33)

该指标反映了公司资本增值的历史发展状况及公司稳定发展的趋势。该指标越高，表明公司的所有者权益得到的保障程度越高，公司可以长期使用的资金越充裕，抗风险能力和保持可持续发展能力越强。

综上所述，营业收入是公司获利、资本扩张和取得自身可动用资金的源泉，资产是公司发展的力量，而资本是公司的"家底"和后备力量，三者能为公司发展提供源源不断的动力。因此，对公司的发展能力进行分析要正确计算和分析营业（销售）增值指标、资产增长指标和资本扩张指标，将三类指标系统结合，从而对公司的发展阶段与发展能力作出正确的评价，并选择恰当的发展策略、作出正确的决策。

第四节　综合财务分析

利用财务比率进行分析，虽然可以了解企业各个方面的财务状况，但无法反映企业各方面财务状况之间的关系，因为每个财务分析指标都是从某一特定的角度对财务状况及经营成果进行分析，都不足以用来评价企业的整体财务状况。为了弥补这方面的不足，在掌握了财务分析的内容和方法的基础上，本节介绍财务综合分析方法，将企业的营运能力、偿债能力、盈利能力和发展能力等方面的因素纳入一个网络之中，对企业经营状况进行全面、系统的剖析，找出可能的症结所在，为制定政策提供参考。

一、杜邦分析法

杜邦分析法是最先由美国杜邦公司采用的财务分析方法，故因此命名。它是利用几种主要的财务比率之间的关系来综合地分析企业财务状况的一种方法。其实杜邦分析法本身的原理是比较简单的，关键是这种思维方法告诉了我们基本的综合财务分析的原理和指标之间的相互关系是如何构成的，通过杜邦分析法将以往的简单分析逐步引入财务综合分析的领域。

（一）传统杜邦分析体系

在传统杜邦分析体系中，净资产收益率是一个综合性最强、最具代表性的指标，是杜邦分析体系的核心，该指标的高低取决于总资产净利率与权益乘数。其中，总资产净利率反映企业的经营能力；权益乘数，即财务杠杆，反映企业的财务政策。

$$权益净利率 = 总资产净利率 \times 权益乘数$$
$$= 销售净利率 \times 总资产周转率 \times 权益乘数 \qquad (9.34)$$

权益乘数主要受资产负债率的影响。负债比率大，权益乘数就高，说明企业有较高的负债程度，给企业带来了较多的杠杆利益，同时也给企业带来了较多的风险。企业既要充分有效地利用全部资产，提高资产利用效率，又要妥善安排资本结构。

销售净利率是净利润与营业收入之比，是反映企业盈利能力的重要指标。提高这一比率的途径有扩大营业收入和降低成本费用等。

资产周转率是营业收入与资产平均总额之比，是反映企业运用资产以产生营业收入能力的指标。对资产周转率的分析，除了对资产构成部分从总占有量上是否合理进行分析外，还可以通过流动资产周转率、存货周转率、应收账款周转率等有关资产使用效率指标的分析，以判明影响资产周转的主要问题所在。

（二）权益净利率的驱动因素分解

在具体运用杜邦体系进行分析时，一般采用因素分析法，根据净资产收益率与销售净利率、总资产周转率、权益乘数的关系，分别计算三项指标变动时对净资产收益率的影响程度，还可以使用因素分析法进一步分解各个指标，分解的目的是识别引起变动（或产生差距）的原因，并衡量其重要性，与上年比较可以识别变动的趋势，与同业比较可以识别存在的差距，为后续分析指明方向。

【例9-17】下面以星辉公司权益净利率的比较和分解为例，说明杜邦分析的一般方法，为了简化计算，涉及平均数的指标均采取期末数代替平均数，如总资产周转率中的分母。

权益净利率的比较对象，可以是其他企业的同期数据，也可以是本企业的历史数据，这里仅以本企业的本年与上年的比较为例。

权益净利率因素的分解如表9-5所示。

表9-5　　　　　　　权益净利率的分解

项目	上年	本年	变动
①销售收入/万元	2 850	3 000	150
②净利润/万元	160	136	-24
③资产总额/万元	1 680	2 000	320
④所有者权益/万元	880	960	80
⑤权益净利率/%	18.18	14.17	-4.01
⑥=②/①销售净利率/%	5.614	4.533	-1.081
⑦=①/③总资产周转次数/次	1.6964	1.5	-0.1964
⑧=③/④权益乘数	1.9091	2.0833	0.1742

权益净利率 = 销售净利率 × 总资产周转次数 × 权益乘数
本年权益净利率 = 4.533% × 1.5 × 2.0833 = 14.17%
上年权益净利率 = 5.614% × 1.6964 × 1.9091 = 18.18%
权益净利率变动 = -4.01%

与上年相比，股东的报酬率下降了，公司整体业绩不如上年。影响权益净利率变动的不利因素是销售净利率和总资产周转次数下降；有利因素是权益乘数的提高，权益乘数与资产负债率成正比，即财务杠杆提高。

利用连环替代法可以定量分析它们对权益净利率变动的影响程度。

上年权益净利率 = 5.614% × 1.6964 × 1.9091 = 18.18%   式①
替代销售净利率 = 4.533% × 1.6964 × 1.9091 = 14.68%   式②
替代总资产周转次数 = 4.533% × 1.5 × 1.9091 = 12.98%   式③
替代权益乘数 = 4.533% × 1.5 × 2.0833 = 14.17%   式④
销售净利率变动的影响（②式 - ①式）= 14.68% - 18.18% = -3.5%

由于销售净利率下降，权益净利率下降35%；由于总资产周转次数下降，权益净利率下降1.7%；由于权益乘数上升，权益净利率上升1.19%，三者共同作用使权益净利率下降了4.01%，其中销售净利率下降是主要原因。

在杜邦财务分析体系中，各项财务比率在每个层次上与本企业历史或同行业的财务比率比较，比较之后再向下一级分解。这样逐级向下分解，就能逐步覆盖企业经营活动的每一个环节。分解的目的是识别引起变动（或产生差距）的原因，为后续分析指明方向。通过与上年比较可以识别变动的趋势，通过同行业的比较可以识别存在的差距。

第一层次的分解是把净资产收益率分解为资产净利率和权益乘数。第二层次的分解是把资产净利率分解为营业净利率和总资产周转率。营业净利率、总资产周转率和权益乘数三个比率在各企业之间可能存在显著差异。通过对差异的比较，可以观察本企业与其他企业的经营战略和财务政策有什么不同。

分解出来的营业净利率和总资产周转率可以反映企业的经营战略。一些企业营业净利率较高，而总资产周转率较低；另一些企业与之相反，总资产周转率较高而营业净利率较低。两者经常呈反方向变化，并且这种现象不是偶然的。为了提高营业净利率，就是要增加产品的附加值，往往需要增加投资，引起周转率的下降。与此相反，为了加快周转，就要降低价格，引起营业净利率下降。通常，营业净利率较高的制造业的周转率较低；周转率很高的零售商业，营业净利率很低。正因为如此，仅从营业净利率的高低并不能看出业绩好坏，把它与总资产周转率联系起来可以考察企业经营战略。

分解出来的财务杠杆可以反映企业的财务政策。在总资产净利率不变的情况下，提高财务杠杆可以提高净资产收益率，但同时也会增加财务风险。一般来说，总资产净利率较高的企业，财务杠杆较低，反之亦然。这种现象也不是偶然的。这就是说，为了提高流动性，只能降低营利性。因此，我们实际看到的是经营风险低的企业可以得到较多的贷款，其财务杠杆较高；经营风险高的企业只能得到较少的贷款，其财务杠杆较低。总资产净利率与财务杠杆呈现负相关关系，共同决定了企业的净资产收益率。

由于影响净资产收益率的因素关系到企业的经营战略和财务政策，因此企业必须使其经营战略和财务政策相匹配。

(三) 传统杜邦分析体系的局限性

1. 计算总资产利润率的"总资产"与"净利润"不匹配

被质疑的是总资产净利率的计算公式。总资产是属于全部资产提供者的，而净利润是专门属于股东的，两者不匹配。由于总资产净利率的"投入与产出"不匹配，该指标不能反映实际的回报率。为了改善该比率的配比，要重新调整其分子和分母。因此，需要计量股东和有息负债债权人投入的资本，并且计量这些资本产生的收益，两者相除才是合乎逻辑的总资产报酬率，才能准确反映企业的基础盈利能力。

2. 没有区分经营活动损益和金融活动损益

传统杜邦财务分析体系没有区分经营活动和金融活动。对于多数企业来说，金融活动是净筹资，它们从金融市场上主要是筹资，而不是投资。筹资活动没有产生净利润，而是支出净费用。这种筹资费用是否属于经营活动的费用，即使在会计规范的制定中也存在争议。从财务管理的基本理念看，企业的金融资产是投资活动的剩余，应将其从经营资产中剔除。与此相适应，金融费用也应从经营收益中剔除，才能使经营资产和经营收益匹配。因此，正确计量基础盈利能力的前提是区分经营资产和金融资产，区分经营损益与金融损益。

3. 没有区分有息负债与无息负债

既然要把金融活动分离出来单独考察，就会涉及单独计量筹资活动的成本。负债的成本（利息支出）仅仅是有息负债的成本。因此，必须区分有息负债与无息负债。这样利息与有息负债相除，才是实际的平均利息率。此外，区分有息负债与无息负债后，有息负债与股东权益相除，可以得到更符合实际的杜邦财务杠杆。无息负债没有固定成本，本来就没有杠杆作用，将其计入财务杠杆，会歪曲杠杆的实际作用。

针对上述问题，人们对传统杜邦财务分析体系做了一系列的改进,逐步形成了一个新的分析体系,称为改进的杜邦分析体系。改进的部分有:第一,区分经营资产和金融资产;第二,区分经营负债和金融负债;第三,区分经营活动损益和金融活动损益;第四,经营活动损益内部进一步区分主要经营利润、其他营业利润和营业外收支;第五,区分经营利润所得税和利息费用所得税。

改进的杜邦分析体系的核心指标仍然是权益净利率,但权益净利率的高低取决于税后经营利润率、净经营资产周转次数、税后利息率和净财务杠杆4个驱动因素。

改进的杜邦分析体系中的主要指标的关系,用公式表示如下:

权益净利率 = 净经营资产利润率 × 杠杆贡献率
= 净经营资产利润率 + 经营差异率 × 净财务杠杆
= 净经营资产利润率 +(净经营资产利润率
    − 税后利息率)× 净财务杠杆
= 税后经营利润率 × 净经营资产周转次数
    +(税后经营利润率 × 净经营资产周转次数
    − 税后利息率)× 净财务杠杆   (9.35)

延伸阅读——基于可持续增长率的杜邦财务分析体系重构

延伸阅读

二、沃尔比重评分法

沃尔比重评分法,简称沃尔评分法,是除了杜邦财务分析体系之外,另外一个应用比较广泛的财务分析综合方法。

人们进行财务分析时遇到的一个主要困难就是计算出财务比率之后,无法判断是偏高还是偏低。与本企业的历史比较,也只能看出自身的变化,难以评价其在市场竞争中的优劣地位。为了弥补这些缺陷,亚历山大·沃尔在其于20世纪初出版的《信用晴雨表研究》和《财务报表比率分析》等著作中提出了信用能力指数概念,将流动比率、产权比率、固定资产比率、存货周转率、应收账款周转率、固定资产周转率、自有资金周转率七项财务比率用线性关系结合起来,并分别赋予各分数比重,然后通过与标准比率进行比较,确定各项指标的得分及总体指标的累计分数,从而对企业的信用水平作出评价。沃尔比重评分表如表9-6所示。

表9-6　　　　　　　沃尔比重评分表

财务比率	比重% ①	标准比率 ②	实际比率 ③	相对比率 ④=③/②	评分 ⑤=④×比重
流动比率	25	2			
产权比率	25	1.5			

续表

财务比率	比重% ①	标准比率 ②	实际比率 ③	相对比率 ④=③/②	评分 ⑤=④×比重
固定资产比率	15	2.5			
存货周转率	10	8			
应收账款周转率	10	6			
固定资产周转率	10	4			
自有资金周转率	5	3			
合计	100				

（一）沃尔评分法的步骤

运用沃尔评分法进行企业财务状况综合分析，一般要遵循如下程序：

（1）选定评价企业财务状况的财务比率。沃尔评分法通常选择能否说明问题的重要指标。选择指标时要注意：一要具有全面性，反映企业偿债能力、盈利能力、营运能力和发展能力的三大类财务比率都应当包括在内。二要具有代表性，即选择能否说明问题的重要财务比率。三要具有变化方向的一致性，即当财务比率增大时，表示财务状况的改善；反之，当财务比率减少时，表示财务状况的恶化。

（2）根据各项财务指标的重要程度，确定其标准评分值（重要性系数）。各项财务比率的标准评分之和应等于100分。各项财务比率评分值的确定是财务比率综合评分法的一个重要问题，直接影响对企业财务状况的评分。现代社会与沃尔的时代相比已经有了很大变化，对各项财务比率的重视程度不同，就会有截然不同的态度。另外，确定具体评分标准时还应结合企业经营活动的性质、企业生产经营的规模、分析者的分析目的等因素。

（3）确定各项财务比率评分值的上限和下限，即最高评分值和最低评分值。这主要是为了避免个别财务比率的异常值给总评分造成不合理的影响。

（4）确定各项财务比率的标准值。财务比率指标的标准值是指本企业现时条件下财务比率的最理想数值，即最优值。

（5）计算企业在一定时期各项财务比率的实际值。

（6）求出各指标实际值与标准值的比率，称为关系比率或相对比率。

（7）计算各项财务比率的实际得分。各项财务比率的实际得分是关系比率和标准评分值的乘积。每项财务比率的得分都不得超过上限或下限，所有各项财务比率实际得分的合计数就是企业财务状况的综合得分。企业财务状况的综合得分反映了企业综合财务状况是否良好。如果综合得分等于或接近 100 分，说明企业的财务状况是良好的；如果综合得分低于 100 分很多，就说明企业的财务状况很差，应当采取适当的措施加以改善。

（二）对沃尔评分法的评价

沃尔评分法是评价企业总体财务状况的一种比较可取的方法，这一方法的关键在于指标的决定、权重的分配以及标准值的确定等。

原始意义上的沃尔评分法存在两个缺陷：一是从理论上讲有一个明显的问题，就是未能证明为什么要选择这七个指标，而不是更多或更少些，或者选择别的财务比率，也未能证明每个指标所占比重的合理性，所选定的七项指标缺乏证明力。二是从技术上讲还有一个问题，就是某一指标严重异常时，会对总评分产生不合逻辑的重大影响。这个欠缺是由财务比率与其比重相乘造成的，财务比率提高一倍，评分增加 100%，而缩小 1/2，其评分只减少 50%。现代社会与沃尔所处的时代相比，已经发生了很大的变化。沃尔最初提出的七项指标已经难以完全适用当前企业评价的需要。现在通常认为，在选择指标时，偿债能力、营运能力、盈利能力和发展能力指标均应当被选到，除此之外还应当适当选取一些非财务指标作为参考。

【本章总结】

本章介绍了企业财务分析的基本理论与方法应用，介绍了财务分析的定义和目的、内容和基本依据，在此基础上详细阐述了财务比率分析的主要内容，即偿债能力分析、营运能力分析、盈利能力分析和发展能力分析的基本指标以及应用，最后介绍了两种综合财务分析的思路和基本方法，并总结财务分析的局限性。

财务分析是以企业的财务报告等会计资料为基础，对企业的财务状况和经营成果进行的分析和评价。财务分析的主要内容是评价企业的偿债能力、营运能力、获利能力和发展趋势。企业偿债能力分析包括短期偿债能力分析和长期偿债能力分析，短期偿债能力分析指标主要有流动比率、速动比率、现金比率等；长期偿债能力分析指标主要有资产负债率、产权比率、利息保障倍数等。企业营运能力分析指标主要有资金周转率和资金周转天数，周转率越大，周转天数越短，说明企业资金管理和使用的效率越高。企业获利能力分析指标主要有销售净利率、资产净利率、净资产收益率、每股收益等，这些比率越大，反映企业获利能力越强。企业发展能力分析指标主要包括营业收入增长率、营业收入三年平均增长率、净利润增长率、总资产增长率、三年平均资产增长率、资本积累率、三年平均资本增长率等，这些比率越大,反映企业发展能力越强。企业财务状况综合分析方法主要有杜邦分析法和沃尔比重评分法。

【重要术语】

流动比率 速动比率 现金比率 资产负债率 产权比率 已获利息保障倍数 应收账款周转率 存货周转率 流动资产周转率 销售毛利率 销售净利率 资产净利率 权益净利率

术语释义

【复习与思考】

1. 财务分析的方法有哪些?
2. 衡量企业偿债能力、盈利能力、营运能力、发展能力的指标有哪些?
3. 财务比率分析法存在哪些局限性?
4. 杜邦财务分析体系的核心指标是哪个?

参 考 文 献

[1] 常叶青：《财务管理》，西南交通大学出版社2014年版。
[2] 陈玉珍：《财务管理学实验》，科学出版社2013年版。
[3] 荆新、王化成、刘俊彦：《财务管理学（第10版）》，中国人民大学出版2024年版。
[4] 彭娟、陈虎、王泽霞、胡仁昱：《数字财务》，清华大学出版社2020年版。
[5] 王克军：《财务管理学》，西南财经大学出版社2012年版。
[6] 吴秀曼：《财务管理》，中国轻工业出版社2017年版。
[7] 杨昀、杜剑：《高级财务管理》，科学出版社2021年版。
[8] 杨忠智：《财务管理》，厦门大学出版社2014年版。
[9] 姚永红：《财务管理（第二版）》，西南财经大学出版社2022年版。
[10] 岳虹：《财务报表分析（第3版）》，中国人民大学出版社2022年版。
[11] 葬慧姆、汤谷良、祝继高：《财务管理学（第4版）》，北京大学出版社2021年版。
[12] 张功富、索建宏：《财务管理原理》，首都经济贸易大学出版社、中国农业大学出版社2012年版。
[13] 张功富：《财务管理学（第二版）》，清华大学出版社2023年版。
[14] 张先治等：《高级财务管理》，东北财经大学出版社2018年版。
[15] 张新民、钱爱民：《财务报表分析（第6版）》，中国人民大学出版社2023年版。
[16] 张绪军：《高级财务管理（第2版）》，中国邮电出版社2022年版。
[17] 中国注册会计师协会：《财务成本管理》，中国财政经济出版社2021年版。
[18] 中国注册会计师协会：《财务成本管理》，中国财政经济出版社2024年版。
[19] 周守华、汤谷良、陆正飞、王化成：《财务管理理论前言专题》，中国人民大学出版社2013年版。

附录

附表 1 复利终值系数 (F/P, i, n) 表

期数	1%	2%	3%	4%	5%	6%	7%	8%	9%	10%	11%	12%	13%	14%	15%	16%	17%	18%	19%	20%
1	1.0100	1.0200	1.0300	1.0400	1.0500	1.0600	1.0700	1.0800	1.0900	1.1000	1.1100	1.1200	1.1300	1.1400	1.1500	1.1600	1.1700	1.1800	1.1900	1.2000
2	1.0201	1.0404	1.0609	1.0816	1.1025	1.1236	1.1449	1.1664	1.1881	1.2100	1.2321	1.2544	1.2769	1.2996	1.3225	1.3456	1.3689	1.3924	1.4161	1.4400
3	1.0303	1.0612	1.0927	1.1249	1.1576	1.1910	1.2250	1.2597	1.2950	1.3310	1.3676	1.4049	1.4429	1.4815	1.5209	1.5609	1.6016	1.6430	1.6852	1.7280
4	1.0406	1.0824	1.1255	1.1699	1.2155	1.2625	1.3108	1.3605	1.4116	1.4641	1.5181	1.5735	1.6305	1.6890	1.7490	1.8106	1.8739	1.9388	2.0053	2.0736
5	1.0510	1.1041	1.1593	1.2167	1.2763	1.3382	1.4026	1.4693	1.5386	1.6105	1.6851	1.7623	1.8424	1.9254	2.0114	2.1003	2.1924	2.2878	2.3864	2.4883
6	1.0615	1.1262	1.1941	127%	1.3401	1.4185	1.5007	1.5869	1.6771	1.7716	1.8704	1.9738	2.0820	2.1950	2.3131	2.4364	2.5652	2.6996	2.8398	2.9860
7	1.0721	1.1487	1.2299	1.3159	1.4071	1.5036	1.6058	1.7138	1.8280	1.9487	2.0762	2.2107	2.3526	2.5023	2.6600	2.8262	3.0012	3.1855	3.3793	3.5832
8	1.0829	1.1717	1.2668	1.3686	1.4775	1.5938	1.7182	1.8509	1.9926	2.1436	2.3045	2.4760	2.6584	2.8526	3.0590	3.2784	3.5115	3.7589	4.0214	4.2998
9	1.0937	1.1951	1.3048	1.4233	1.5513	1.6895	1.8385	1.9990	2.1719	2.3579	2.5580	2.7731	3.0040	3.2519	3.5179	3.8030	4.1084	4.4355	4.7854	5.1598
10	1.1046	1.2190	1.3439	1.4802	1.6289	1.7908	1.9672	2.1589	2.3674	2.5937	2.8394	3.1058	3.3946	3.7072	4.0456	4.4114	4.8068	5.2338	5.6947	6.1917
11	1.1157	1.2434	1.3842	1.5395	1.7103	1.8983	2.1049	2.3316	2.5804	2.8531	3.1518	3.4786	3.8359	4.2262	4.6524	5.1173	5.6240	6.1759	6.7767	7.4301
12	1.1268	1.2682	1.4258	1.6010	1.7959	2.0122	2.2522	2.5182	2.8127	3.1384	3.4985	3.8960	4.3345	4.8179	5.3503	5.9360	6.5801	7.2876	8.0642	8.9161
13	1.1381	1.2936	1.4685	1.6651	1.8856	2.1329	2.4098	2.7196	3.0658	3.4523	3.8833	4.3635	4.8980	5.4924	6.1528	6.8858	7.6987	8.5994	9.5964	10.6993
14	1.1495	1.3195	1.5126	1.7317	1.9799	2.2609	2.5785	2.9372	3.3417	3.7975	4.3104	4.8871	5.5348	6.2613	7.0757	7.9875	9.0075	10.1472	11.4198	12.8392
15	1.1610	1.3459	1.558	1.8009	2.0789	2.3966	2.7590	3.1722	3.6425	4.1772	4.7846	5.4736	6.2543	7.1379	8.1371	9.2655	10.5387	11.9737	13.5895	15.4070
16	1.1726	1.3728	1.6047	1.8730	2.1829	2.5404	2.9522	3.4259	3.9703	4.5950	5.3109	6.1304	7.0673	8.1372	9.3576	10.7480	12.3303	14.1290	16.1715	18.4884
17	1.1843	1.4002	1.6528	1.9479	2.2920	2.6928	3.1588	3.7000	4.3276	5.0545	5.8951	6.8660	7.9861	9.2765	10.7613	12.4677	14.4265	16.6722	19.2441	22.1861
18	1.1961	1.4282	1.7024	2.0258	2.4066	2.8543	3.3799	3.9960	4.7171	5.5599	6.5436	7.6900	9.0243	10.5752	12.3755	14.4625	16.8790	19.6733	22.9005	26.6233
19	1.2081	1.4568	1.7535	2.1068	2.5270	3.0256	3.6165	4.3157	5.1417	6.1159	7.2633	8.6128	10.1974	12.0557	14.2318	16.7765	19.7484	23.2144	27.2516	31.9480
20	1.2202	1.4859	1.8061	2.1911	2.6533	3.2071	3.8697	4.6610	5.6044	6.7275	8.0623	9.6463	11.5231	13.7435	16.3665	19.4608	23.1056	27.3930	32.4294	38.3376

附表 2 复利现值系数（P/F, i, n）表

期数	1%	2%	3%	4%	5%	6%	7%	8%	9%	10%	11%	12%	13%	14%	15%	16%	17%	18%	19%	20%
1	0.9901	0.9804	0.9709	0.9615	0.9524	0.9434	0.9346	0.9259	0.9174	0.9091	0.9009	0.8929	0.8850	0.8772	0.8696	0.8621	0.8547	0.8475	0.8403	0.8333
2	0.9803	0.9612	0.9426	0.9246	0.9070	0.8900	0.8734	0.8573	0.8417	0.8264	0.8116	0.7972	0.7831	0.7695	0.7561	0.7432	0.7305	0.7182	0.7062	0.6944
3	0.9706	0.9423	0.9151	0.8890	0.8638	0.8396	0.8163	0.7938	0.7722	0.7513	0.7312	0.7118	0.6931	0.6750	0.6575	0.6407	0.6244	0.6086	0.5934	0.5787
4	0.9610	0.9238	0.8885	0.8548	0.8227	0.7921	0.7629	0.7350	0.7084	0.6830	0.6587	0.6355	0.6133	0.5921	0.5718	0.5523	0.5337	0.5158	0.4987	0.4823
5	0.9515	0.9057	0.8626	0.8219	0.7835	0.7473	0.7130	0.6806	0.6499	0.6209	0.5935	0.5674	0.5428	0.5194	0.4972	0.4761	0.4561	0.4371	0.4190	0.4019
6	0.9420	0.8880	0.8375	0.7903	0.7462	0.7050	0.6663	0.6302	0.5963	0.5645	0.5346	0.5066	0.4803	0.4556	0.4323	0.4104	0.3898	0.3704	0.3521	0.3349
7	0.9327	0.8706	0.8131	0.7599	0.7107	0.6651	0.6227	0.5835	0.5470	0.5132	0.4817	0.4523	0.4251	0.3996	0.3759	0.3538	0.3332	0.3139	0.2959	0.2791
8	0.9235	0.8535	0.7894	0.7307	0.6768	0.6274	0.5820	0.5403	0.5019	0.4665	0.4339	0.4039	0.3762	0.3506	0.3269	0.3050	0.2848	0.2660	0.2487	0.2326
9	0.9143	0.8368	0.7664	0.7026	0.6446	0.5919	0.5439	0.5002	0.4604	0.4241	0.3909	0.3606	0.3329	0.3075	0.2843	0.2630	0.2434	0.2255	0.2090	0.1938
10	0.9053	0.8203	0.7441	0.6756	0.6139	0.5584	0.5083	0.4632	0.4224	0.3855	0.3522	0.3220	0.2946	0.2697	0.2472	0.2267	0.2080	0.1911	0.1756	0.1615
11	0.8963	0.8043	0.7224	0.6496	0.5847	0.5268	0.4751	0.4289	0.3875	0.3505	0.3173	0.2875	0.2607	0.2366	0.2149	0.1954	0.1778	0.1619	0.1476	0.1346
12	0.8874	0.7885	0.7014	0.6246	0.5568	0.4970	0.4440	0.3971	0.3555	0.3186	0.2858	0.2567	0.2307	0.2076	0.1869	0.1685	0.1520	0.1372	0.1240	0.1122
13	0.8787	0.7730	0.6810	0.6006	0.5303	0.4688	0.4150	0.3677	0.3262	0.2897	0.2575	0.2292	0.2042	0.1821	0.1625	0.1452	0.1299	0.1163	0.1042	0.0935
14	0.8700	0.7579	0.6611	0.5775	0.5051	0.4423	0.3878	0.3405	0.2992	0.2633	0.2320	0.2046	0.1807	0.1597	0.1413	0.1252	0.1110	0.0985	0.0876	0.0779
15	0.8613	0.7430	0.6419	0.5553	0.4810	0.4173	0.3624	0.3152	0.2745	0.2394	0.2090	0.1827	0.1599	0.1401	0.1229	0.1079	0.0949	0.0835	0.0736	0.0649
16	0.8528	0.7284	0.6232	0.5339	0.4581	0.3936	0.3387	0.2919	0.2519	0.2176	0.1883	0.1631	0.1415	0.1229	0.1069	0.0930	0.0811	0.0708	0.0618	0.0541
17	0.8444	0.7142	0.6050	0.5134	0.4363	0.3714	0.3166	0.2703	0.2311	0.1978	0.1696	0.1456	0.1252	0.1078	0.0929	0.0802	0.0693	0.0600	0.0520	0.0451
18	0.8360	0.7002	0.5874	0.4936	0.4155	0.3503	0.2959	0.2502	0.2120	0.1799	0.1528	0.1300	0.1108	0.0946	0.0808	0.0691	0.0592	0.0508	0.0437	0.0376
19	0.8277	0.6864	0.5703	0.4746	0.3957	0.3305	0.2765	0.2317	0.1945	0.1635	0.1377	0.1161	0.0981	0.0829	0.0703	0.0596	0.0506	0.0431	0.0367	0.0313
20	0.8195	0.6730	0.5537	0.4564	0.3769	0.3118	0.2584	0.2145	0.1784	0.1486	0.1240	0.1037	0.0868	0.0728	0.0611	0.0514	0.0433	0.0365	0.0308	0.0261

附表 3 年金终值系数 (F/A, i, n) 表

期数	1%	2%	3%	4%	5%	6%	7%	8%	9%	10%	11%	12%	13%	14%	15%	16%	17%	18%	19%	20%
1	1.0000	1.0000	1.0000	1.0000	1.0000	1.0000	1.0000	1.0000	1.0000	1.0000	1.0000	1.0000	1.0000	1.0000	1.0000	1.0000	1.0000	1.0000	1.0000	1.0000
2	2.0100	2.0200	2.0300	2.0400	2.0500	2.0600	2.0700	2.0800	2.0900	2.1000	2.1100	2.1200	2.1300	2.1400	2.1500	2.1600	2.1700	2.1800	2.1900	2.2000
3	3.0301	3.0604	3.0909	3.1216	3.1525	3.1836	3.2149	3.2464	3.2781	3.3100	3.3421	3.3744	3.4069	3.4396	3.4725	3.5056	3.5389	3.5724	3.6061	3.6400
4	4.0604	4.1216	4.1836	4.2465	4.3101	4.3746	4.4399	4.5061	4.5731	4.6410	4.7097	4.7793	4.8498	4.9211	4.9934	5.0665	5.1405	5.2154	5.2913	5.3680
5	5.1010	5.2040	5.3091	5.4163	5.5256	5.6371	5.7507	5.8666	5.9847	6.1051	6.2278	6.3528	6.4803	6.6101	6.7424	6.8771	7.0144	7.1542	7.2966	7.4416
6	6.1520	6.3081	6.4684	6.6330	6.8019	6.9753	7.1533	7.3359	7.5233	7.7156	7.9129	8.1152	8.3227	8.5355	8.7537	8.9775	9.2068	9.4420	9.6830	9.9299
7	7.2135	7.4343	7.6625	7.8983	8.1420	8.3938	8.6540	8.9228	9.2004	9.4872	9.7833	10.0890	10.4047	10.7305	11.0668	11.4139	11.7720	12.1415	12.5227	12.9159
8	8.2857	8.5830	8.8923	9.2142	9.5491	9.8975	10.2598	10.6366	11.0285	11.4359	11.8594	12.2997	12.7573	13.2328	13.7268	14.2401	14.7733	15.3270	15.9020	16.4991
9	9.3685	9.7546	10.1591	10.5828	11.0266	11.4913	11.9780	12.4876	13.0210	13.5795	14.1640	14.7757	15.4157	16.0853	16.7858	17.5185	18.2847	19.0859	19.9234	20.7989
10	10.4622	10.9497	11.4639	12.0061	12.5779	13.1808	13.8164	14.4866	15.1929	15.9374	16.7220	17.5487	18.4197	19.3373	20.3037	21.3215	22.3931	23.5213	24.7089	25.9587
11	11.5668	12.1687	12.8078	13.4864	14.2068	14.9716	15.7836	16.6455	17.5603	18.5312	19.5614	20.6546	21.8143	23.0445	24.3493	25.7329	27.1999	28.7551	30.4035	32.1504
12	12.6825	13.4121	14.1920	15.0258	15.9171	16.8699	17.8885	18.9771	20.1407	21.3843	22.7132	24.1331	25.6502	27.2707	29.0017	30.8502	32.8239	34.9311	37.1802	39.5805
13	13.8093	14.6803	15.6178	16.6268	17.7130	18.8821	20.1406	21.4953	22.9534	24.5227	26.2116	28.0291	29.9847	32.0887	34.3519	36.7862	39.4040	42.2187	45.2445	48.4966
14	14.9474	15.9739	17.0863	18.2919	19.5986	21.0151	22.5505	24.2149	26.0192	27.9750	30.0949	32.3926	34.8827	37.5811	40.5047	43.6720	47.1027	50.8180	54.8409	59.1959
15	16.0969	17.2934	18.5989	20.0236	21.5786	23.2760	25.1290	27.1521	29.3609	31.7725	34.4054	37.2797	40.4175	43.8424	47.5804	51.6595	56.1101	60.9653	66.2607	72.0351
16	17.2579	18.6393	20.1569	21.8245	23.6575	25.6725	27.8881	30.3243	33.0034	35.9497	39.1899	42.7533	46.6717	50.9804	55.7175	60.9250	66.6488	72.9390	79.8502	87.4421
17	18.4304	20.0121	21.7616	23.6975	25.8404	28.2129	30.8402	33.7502	36.9737	40.5447	44.5008	48.8837	53.7391	59.1176	65.0751	71.6730	78.9792	87.0680	96.0218	105.9306
18	19.6147	21.4123	23.4144	25.6454	28.1324	30.9057	33.9990	37.4502	41.3013	45.5992	50.3959	55.7497	61.7251	68.3941	75.8364	84.1407	93.4056	103.7403	115.2659	128.1167
19	20.8109	22.8406	25.1169	27.6712	30.5390	33.7600	37.3790	41.4463	46.0185	51.1591	56.9395	63.4397	70.7494	78.9692	88.2118	98.6032	110.2846	123.4135	138.1664	154.7400
20	22.0190	24.2974	26.8704	29.7781	33.0660	36.7856	40.9955	45.7620	51.1601	57.2750	64.2028	72.0524	80.9468	91.0249	102.4436	115.3797	130.0329	146.6280	165.4180	186.6880

年金现值系数表（P/A, i, n）

期数	1%	2%	3%	4%	5%	6%	7%	8%	9%	10%	11%	12%	13%	14%	15%	16%	17%	18%	19%	20%
1	0.9901	0.9804	0.9709	0.9615	0.9524	0.9434	0.9346	0.9259	0.9174	0.9091	0.9009	0.8929	0.8850	0.8772	0.8696	0.8621	0.8547	0.8475	0.8403	0.8333
2	1.9704	1.9416	1.9135	1.8861	1.8594	1.8334	1.8080	1.7833	1.7591	1.7355	1.7125	1.6901	1.6681	1.6467	1.6257	1.6052	1.5852	1.5656	1.5465	1.5278
3	2.9410	2.8839	2.8286	2.7751	2.7232	2.6730	2.6243	2.5771	2.5313	2.4869	2.4437	2.4018	2.3612	2.3216	2.2832	2.2459	2.2096	2.1743	2.1399	2.1065
4	3.9020	3.8077	3.7171	3.6299	3.5460	3.4651	3.3872	3.3121	3.2397	3.1699	3.1024	3.0373	2.9745	2.9137	2.8550	2.7982	2.7432	2.6901	2.6386	2.5887
5	4.8534	4.7135	4.5797	4.4518	4.3295	4.2124	4.1002	3.9927	3.8897	3.7908	3.6959	3.6048	3.5172	3.4331	3.3522	3.2743	3.1993	3.1272	3.0576	2.9906
6	5.7955	5.6014	5.4172	5.2421	5.0757	4.9173	4.7665	4.6229	4.4859	4.3553	4.2305	4.1114	3.9975	3.8887	3.7845	3.6847	3.5892	3.4976	3.4098	3.3255
7	6.7282	6.4720	6.2303	6.0021	5.7864	5.5824	5.3893	5.2064	5.0330	4.8684	4.7122	4.5638	4.4226	4.2883	4.1604	4.0386	3.9224	3.8115	3.7057	3.6046
8	7.6517	7.3255	7.0197	6.7327	6.4632	6.2098	5.9713	5.7466	5.5348	5.3349	5.1461	4.9676	4.7988	4.6389	4.4873	4.3436	4.2072	4.0776	3.9544	3.8372
9	8.5660	8.1622	7.7861	7.4353	7.1078	6.8017	6.5152	6.2469	5.9952	5.7590	5.5370	5.3282	5.1317	4.9464	4.7716	4.6065	4.4506	4.3030	4.1633	4.0310
10	9.4713	8.9826	8.5302	8.1109	7.7217	7.3601	7.0236	6.7101	6.4177	6.1446	5.8892	5.6502	5.4262	5.2161	5.0188	4.8332	4.6586	4.4941	4.3389	4.1925
11	10.3676	9.7868	9.2526	8.7605	8.3064	7.8869	7.4987	7.1390	6.8052	6.4951	6.2065	5.9377	5.6869	5.4527	5.2337	5.0286	4.8364	4.6560	4.4865	4.3271
12	11.2551	10.5753	9.9540	9.3851	8.8633	8.3838	7.9427	7.5361	7.1607	6.8137	6.4924	6.1944	5.9176	5.6603	5.4206	5.1971	4.9884	4.7932	4.6105	4.4392
13	12.1337	11.3484	10.6350	9.9856	9.3936	8.8527	8.3577	7.9038	7.4869	7.1034	6.7499	6.4235	6.1218	5.8424	5.5831	5.3423	5.1183	4.9095	4.7147	4.5327
14	13.0037	12.1062	11.2961	10.5631	9.8986	9.2950	8.7455	8.2442	7.7862	7.3667	6.9819	6.6282	6.3025	6.0021	5.7245	5.4675	5.2293	5.0081	4.8023	4.6106
15	13.8651	12.8493	11.9379	11.1184	10.3797	9.7122	9.1079	8.5595	8.0607	7.6061	7.1909	6.8109	6.4624	6.1422	5.8474	5.5755	5.3242	5.0916	4.8759	4.6755
16	14.7179	13.5777	12.5611	11.6523	10.8378	10.1059	9.4466	8.8514	8.3126	7.8237	7.3792	6.9740	6.6039	6.2651	5.9542	5.6685	5.4053	5.1624	4.9377	4.7296
17	15.5623	14.2919	13.1661	12.1657	11.2741	10.4773	9.7632	9.1216	8.5436	8.0216	7.5488	7.1196	6.7291	6.3729	6.0472	5.7487	5.4746	5.2223	4.9897	4.7746
18	16.3983	14.9920	13.7535	12.6593	11.6896	10.8276	10.0591	9.3719	8.7556	8.2014	7.7016	7.2497	6.8399	6.4674	6.1280	5.8178	5.5339	5.2732	5.0333	4.8122
19	17.2260	15.6785	14.3238	13.1339	12.0853	11.1581	10.3356	9.6036	8.9501	8.3649	7.8393	7.3658	6.9380	6.5504	6.1982	5.8775	5.5845	5.3162	5.0700	4.8435
20	18.0456	16.3514	14.8775	13.5903	12.4622	11.4699	10.5940	9.8181	9.1285	8.5136	7.9633	7.4694	7.0248	6.6231	6.2593	5.9288	5.6278	5.3527	5.1009	4.8696